Das Barnabas-Evangelium

Diese Bildergeschichte aus der Grabeskirche des Apostels Barnabas von Salamis auf Zypern erzählt aus dem Leben des Heiligen, wie es zur Entdeckung des Evangeliums kam und welche Folgen das hatte.

DAS
BARNABAS-EVANGELIUM

WAHRES EVANGELIUM JESU,
GENANNT CHRISTUS, EINES NEUEN PROPHETEN,
VON GOTT DER WELT GESANDT GEMÄSS
DEM BERICHT DES BARNABAS,
SEINES APOSTELS

SPOHR

Bibliographische Information der Deutschen Bibliothek
Die Deutsche Bibliothek
verzeichnet diese Publikation in der
Deutschen Nationalbibliographie;
detaillierte bibliographische Daten sind
im Internet über *http//dnb.ddb.de* abrufbar.
ISBN 3–927606–30–8

Die italienisch-englische Originalausgabe
erschien 1907 unter dem Titel
The Gospel of Barnabas
bei Clarendon Press Oxford
© 1907 by Clarendon Press.

Ins Deutsche übersetzt und herausgegeben von
Safiyya M. Linges

1994
2004
© für die deutsche Ausgabe 1994 by
Spohr Verlag, Salim Spohr,
Kandern im Schwarzwald [www.spohrverlag.de].
Alle Rechte, auch die des auszugsweisen Nachdrucks,
der fotomechanischen Wiedergabe und der Übersetzung,
vorbehalten.
Gesetzt aus Garamond.
Covergestaltung: Salim Spohr.
Druck: Brijbasi Art Press Ltd.
Printed in India.

ISBN 3–927606–02–2 [gebundene Ausgabe].
ISBN 3–927606–30–8 [kartonierte Ausgabe].

INHALT

Zur Geschichte
des Barnabas-Evangeliums

Als Autor des vorliegenden Evangeliums wird der Apostel Barnabas genannt. Die *Apostelgeschichte* kennt ihn als herausragendes Mitglied der ersten Christengemeinde (Apg. 4, 36-37). Er war ein Levit aus Zypern, „ein bewährter Mann, erfüllt mit heiligem Geist und Glauben" (Apg. 11, 22). Sein Ansehen in der christlichen Urgemeinde muß beträchtlich gewesen sein, denn durch seine Fürsprache wurde es möglich, daß Paulus dort Fuß fassen konnte. Die *Apostelgeschichte* berichtet: „Als er (Saulus) aber nach Jerusalem kam, versuchte er, sich den Jüngern anzuschließen; doch sie fürchteten sich alle vor ihm und glaubten nicht daran, daß er ein Jünger wäre. Barnabas aber nahm sich seiner an und führte ihn zu den Aposteln ..." (Apg. 9, 26-27). Weiterhin heißt es dort, daß Barnabas zusammen mit Johannes Markus nach der Trennung von Paulus in Antiochien in seine Heimat Zypern zurückkehrte (Apg. 15, 36-39).

Der späteren Überlieferung zufolge starb er auf Zypern um das Jahr 56 den Märtyrertod. Sein zu Tode gesteinigter Leichnam habe jedoch den Flammen des Scheiterhaufens widerstanden und sei von Johannes Markus nach Salamis gebracht worden.[1] Dort, in der Kirche, die über seinem Grab

---

1. Vgl. „Alexandri Monachi Laudatio in Apostolum Barnabam" in Migne, *Patrologia Graeca*, Bd. LXXXVII–3, S. 4087-4106; ferner J. Hackett, *A History of the Orthodox Church of Cyprus.* New York 1972, S. 374.

erbaut wurde, ist auf Wandbildern dargestellt, wie es zur Wiederentdeckung des *Barnabas-Evangeliums* kam:

Zur Regierungszeit des Kaisers Zeno (474-91) hatte Anthemios, der zwölfte Erzbischof von Zypern, einen Traum, in welchem Barnabas ihm mitteilte, wo sein Grab zu finden sei. Als man am folgenden Tag an der besagten Stelle zu graben begann, stieß man auf eine Höhle, in der sich der Leichnam des Märtyrers befand, zusammen mit dem von ihm verfaßten Evangelium. Die Folgen dieser Entdeckung waren weitreichend: Der Erzbischof von Zypern machte dem Kaiser von Byzanz das Evangelium zum Geschenk und erhielt als Gegengabe kaiserliche Privilegien. So entstand die autokephale, d. h. unabhängige, zyprische Kirche, welche durch die Jahrhunderte der Fremdherrschaft hindurch einen entscheidenden Anteil an der Bewahrung der zyprischen Identität hatte.[2]

Das *Barnabas-Evangelium* findet als „Evangelium unter dem Namen des Barnabas" eine erste gesicherte Erwähnung im *Decretum Gelasianum de libris recipiendis et non recipiendis* (496 n.Chr.), einem Verzeichnis erlaubter und verbotener Bücher. Es wird dort den nicht-kanonischen (apokryphen) Schriften zugeordnet.[3]

Der hier vorgelegten Übersetzung liegt eine Fassung des Barnabas-Evangeliums zugrunde, die in einem italienischen Manuskript aus dem 16. Jahrhundert überliefert ist.[4]

Über die Umstände der Entdeckung dieses Manuskripts gibt ein Bericht Auskunft, der in dem Vorwort einer – heute

---

2. Siehe dazu die oben (S. 2) wiedergegebene Bildergeschichte. Vgl. auch F. G. MAIER, *Cypern.* Stuttgart 1964, S. 58; ferner *Laudatio in Apostolum Barnabam*, a. a. O., S. 24 ff.

3. Vgl. W. SCHNEEMELCHER, *Neutestamentliche Apokryphen,* Band 1. Tübingen 1987, S. 26 u. 30 ff.

4. *L´ Evangelio di Giesu/Christo da S. Barnaba*, Cod. 2662 Eug. der Wiener Hofbibliothek.

nur noch als Fragment erhaltenen – spanischen Ausgabe erwähnt wird:

„Ihr (der spanischen Ausgabe) ist ein Vorwort vorausgeschickt, in dem der Entdecker des ursprünglichen Manuskripts, ein christlicher Mönch namens Fra Marino, uns berichtet, er habe sich über die Maßen gewünscht, dieses Evangelium zu finden, da er zufällig auf eine Schrift des Irenäus gestoßen sei, in der er gegen den heiligen Paulus spricht und zur Bekräftigung seines Standpunktes das Barnabas-Evangelium anführt; GOTT in Seiner Gnade habe ihm das Vertrauen des Papstes Sixtus V. geschenkt. Als sie eines Tages zusammen in der Bibliothek des Papstes waren, habe diesen der Schlaf übermannt, und er, um sich zu beschäftigen, habe ein Buch genommen, um zu lesen. Das erste, auf das er die Hand legte, habe sich als ebenjenes Evangelium erwiesen, welches sein Wunsch gewesen sei. Überglücklich über die Entdeckung habe er nicht davor zurückgescheut, den Schatz in seinem Ärmel zu verbergen ...".[5]

1709 ging das Manuskript in den Besitz von J. F. Cramer über, den Berater des Königs von Preußen, der es an John Toland[6] auslieh und vier Jahre später an Prinz Eugen von Savoyen verkaufte. Durch diesen fand es dann 1738 seinen Weg in die Wiener Hofbibliothek, wo es bis heute aufbewahrt ist.

In der türkischen Presse erschien 1986 ein im Westen wenig beachteter Bericht, demzufolge eine Handschrift des

5. *The Gospel of Barnabas*. Edited and translated from the Italian manuscript in the imperial library at Vienna by LONSDALE and LAURA RAGG. With a facsimile. Oxford 1907, S. XI f. – Papst SIXTUS V. amtierte von 1585-90. Zur Auffindung des ital. Manuskriptes vgl. J. E. FLETCHER „The Spanish Gospel of Barnabas" in: *Novum Testamentum*, Nr. XVIII. Leiden 1976, S. 314-320.
6. Vgl. JOHN TOLAND, *Nazarenus*. London 1718, Kap. V, vgl. L. u. L. RAGG, a. a. O., S. X.

Barnabas-Evangeliums entdeckt wurde, und zwar auf dem Berg Mem in Uludere, einem Dorf bei Hakkari in Süd-Anatolien.[7] Dieses Manuskript sei geschrieben auf einem Gemisch aus Baumwolle und Papyrus und in aramäischer Sprache verfaßt, der Sprache Jesu, einer seit etwa 1500 Jahren zu den toten Sprachen gerechneten Form des Hebräischen. Seit 1984 soll sich die Handschrift in Ankara im Besitz der türkischen Regierung befinden; eine Studienausgabe ist noch nicht verfügbar.

7. *Türkiye* vom 25. 7. 1986.

„Sie fürchten die Wahrheit!"

Bemerkung zur zweiten Auflage

Seit dem Erscheinen des vorliegenden Werkes in deutscher Sprache war es zu heftigen Auseinandersetzungen der Exegeten um seine Bedeutung und die Geschichte seiner Entstehung gekommen, ein Streit, zu dem an dieser Stelle folgendes angemerkt sei.

Haben sich die von aufgeschreckten Christen gegen die Echtheit des Evangeliums ins Feld geführten Einwände im Rahmen neuer Forschungen zunehmend als Bumerang erwiesen, sofern gerade sie die Authentizität und den hohen Rang des Werkes in nur um so hellerem Licht erstrahlen ließen, zeigt sich die Brisanz des Barnabas-Evangeliums unvermindert darin, daß es das gegenwärtige (paulinische) Christentum als eine gravierende Verfälschung der ursprünglichen Lehre Jesu und allesentscheidender Momente seiner Lebensgeschichte erweist. Daß es dabei zugleich eine Nähe zu den alten Judenchristen und ebenso zur muslimischen Sicht Jesu, des Sohnes der Maria, erkennen läßt, auf dem der Friede sei, kommt aus paulinischer Sicht erschreckend hinzu.

Eine von Scharfmachern regelrecht inszenierte Kampagne zur Herabsetzung der Authentizität des vorliegenden Werkes hat inzwischen schon den Charakter verzweifelter Zwanghaftigkeit angenommen. So werden die Attacken Jan Slomps und Christine Schirrmachers beispielsweise, es handele sich bei der vorliegenden Schrift nur um die Rache eines zum Islam konvertierten Juden aus dem 16. Jahrhundert, in ungebrochener Stereotypie bis heute fortgesetzt, obwohl sie von Luigi Cirillo, einem Schüler Henry Corbins, schon längst als unhaltbar widerlegt worden waren, der im vorgelegten Werk deutlich Teile eines uralten judenchristlichen Evangeliums erkennt.

Als hintergründiges Motiv jener von guten Argumenten bislang unbeeindruckt gebliebenen Propaganda gegen das Barnabas-Evangelium zeigt sich indes nurmehr genau das, was ein weiser Mann angesichts eines dem Theologischen Seminar der Universität Freiburg entliehenen Exemplars jener Erstausgabe von LONSDALE and LAURA RAGG von 1907 empfand, als er bemerkte, daß es nach fast einem Jahrhundert im Besitze der Theologen noch nicht einmal aufgeschnitten war: „They fear the truth!"

So wünschen wir dieser neuen Ausgabe des vorliegenden Werkes denn eine weite Verbreitung unter all denen, die seine Weisheit schätzen, seine umwerfende Schönheit lieben und seine Wahrheit nicht fürchten.

Kandern im Schwarzwald,
im Februar 2004,   SALIM SPOHR

Wahres Evangelium Jesu,
genannt Christus, eines neuen Propheten,
von Gott der Welt gesandt
gemäß dem Bericht des Barnabas,
seines Apostels

BARNABAS, Apostel des Jesus von Nazareth, genannt Christus, wünscht allen, die auf Erden weilen, Frieden und Trost.

Innig Geliebte! Der große und erhabene Gott hat uns in diesen vergangenen Tagen durch seinen Propheten Jesus Christus besucht, der aus großer Gnade lehrte und Wunder wirkte, weshalb viele, von Satan getäuscht, in vorgeblicher Frömmigkeit eine höchst unfromme Lehre predigen, indem sie Jesus Gottes Sohn nennen, die Beschneidung ablehnen, die Gott auf immer angeordnet hat, und alle unreine Speise erlauben; von diesen wurde auch Paulus getäuscht, wovon ich nicht ohne Kummer spreche und weshalb ich jene Wahrheit niederschreibe, die ich gesehen und gehört habe, als ich mit Jesus zusammen war, damit ihr gerettet werden könnt und nicht von Satan getäuscht werdet und im Urteil Gottes untergeht. Darum hütet euch vor jedem, der euch neue Lehre predigt dem widerstreitend, was ich schreibe, auf daß ihr für ewig gerettet werdet.

Möge der große Gott mit euch sein und euch vor Satan und allem Übel bewahren. Amen.

1. Die Verkündigung der Geburt Jesu

IN DIESEN LETZTEN Jahren wurde eine Jungfrau namens Maria aus dem Geschlecht Davids vom Stamme Juda von Gottes Engel Gabriel besucht. Diese Jungfrau lebte in aller Heiligkeit ohne jeden Makel frei von Schuld und hielt Gebet und Fasten ein. Als sie eines Tages allein war, trat der Engel Gabriel in ihre Kammer, grüßte sie und sprach: „Gott sei mit dir, o Maria."

Die Jungfrau erschrak beim Erscheinen des Engels, aber der Engel tröstete sie und sprach: „Fürchte dich nicht, Maria, denn du hast Gnade gefunden bei Gott, der dich zur Mutter eines Propheten erwählt hat, den er dem Volke Israel senden wird, damit es in seinen Gesetzen wandele mit der Wahrheit des Herzens." Die Jungfrau antwortete: „Wie soll ich Söhne gebären, wo ich doch keinen Mann kenne?" Der Engel antwortete: „O Maria, Gott, der den Menschen ohne einen Mann erschuf, kann in dir einen Menschen ohne einen Mann erzeugen, denn bei ihm ist nichts unmöglich." Maria antwortete: „Ich weiß, daß Gott allmächtig ist, daher möge sein Wille geschehen." Der Engel antwortete: „Nun sei in dir der Prophet empfangen, den du Jesus nennen sollst, und du sollst ihn von Wein und starken Getränken und von jeder unreinen Speise fernhalten, weil das Kind ein Heiliger Gottes ist." Maria verbeugte sich in Demut und sagte: „Siehe die Magd Gottes, es geschehe nach deinem Wort." Der Engel schied von dannen, und die Jungfrau pries Gott und sagte: „Erkenne, o meine Seele, die Größe Gottes und freue dich, mein Geist, in Gott meinem Erlöser; denn er hat die Niedrigkeit seiner Magd geachtet, da alle Völker mich selig preisen werden, weil er, der mächtig ist, mich groß gemacht hat, und gesegnet sei sein heiliger Name. Denn seine Gnade schreitet fort von Geschlecht zu Geschlecht bei denen, die ihn fürchten. Mächtig hat er seine Hand gemacht, und er hat die Stolzen zerschmettert nach dem Sinne seines Herzens. Er hat die Mächtigen entthront und hat die Demütigen erhöht. Den Hungrigen hat er mit Gutem erfüllt, und den Reichen hat er leer ausgehen lassen. Denn auf immer gedenkt er der Versprechen, die an Abraham und seinen Sohn ergingen."

2. *Die Warnung des Engels Gabriel an Joseph*

ALS MARIA DEN Willen Gottes erfahren hatte, fürchtete sie, daß das Volk Anstoß an ihr nehmen würde, da sie schwanger war, sie der Unzucht bezichtigen und sie steinigen würde. Da wählte sie einen Gefährten aus ihrem eigenen Stamm, einen Mann namens Joseph, von lauterem Lebenswandel; als rechtschaffener Mann fürchtete er Gott und diente ihm mit Fasten und Beten, und er lebte von seiner Hände Arbeit, denn er war Zimmermann.

Da die Jungfrau einen solchen Mann kannte, nahm sie ihn zum Gefährten und teilte ihm den göttlichen Beschluß mit. Joseph war ein rechtschaffener Mann, und als er sah, daß Maria schwanger war, wollte er sie verstoßen, weil er Gott fürchtete. Siehe, als er schlief, wurde er gescholten vom Engel Gottes, der ihm sagte: „O Joseph, warum willst du Maria, deine Frau, verstoßen? Wisse, daß alles, was an ihr geschah, durch den Willen Gottes geschah. Die Jungfrau wird einen Sohn gebären, dem du den Namen Jesus geben sollst; diesen sollst du von Wein und starken Getränken und jeder unreinen Speise fernhalten, denn er ist ein Heiliger Gottes vom Mutterleibe an. Er ist ein Prophet Gottes, dem Volke Israel gesandt, auf daß sich Juda zu seinem Herzen bekehre und auf daß Israel im Gesetze des Herrn wandele, wie es im Gesetz Mose geschrieben steht. Er wird mit großer Macht kommen, die Gott ihm geben wird, und große Wunder wirken, wodurch vielen Rettung zuteil werden wird."

Joseph erhob sich vom Schlafe, dankte Gott und blieb sein ganzes Leben lang bei Maria, und er diente Gott in aller Aufrichtigkeit.

3. Die Geburt Jesu

ES REGIERTE ZU jener Zeit in Judäa Herodes auf Befehl des Kaisers Augustus, und Pilatus war Statthalter zur Zeit der Priesterschaft von Hannas und Kajaphas. Da wurde auf Geheiß des Augustus alle Welt gezählt, und ein jeder ging zu seinem Geburtsort, und sie wiesen sich durch ihren Stamm aus und wurden eingetragen. So machte auch Joseph sich auf von Nazareth, einer Stadt in Galiläa, mit Maria, seiner Frau, die schwanger war, und ging nach Bethlehem – denn dies war seine Stadt, da er aus dem Stamme Davids war –, um sich nach des Kaisers Befehl einschreiben zu lassen. Als Joseph in Bethlehem ankam, fand er keinen Platz, denn die Stadt war klein und groß die Menge derer, die dort fremd waren, so daß er außerhalb der Stadt eine Unterkunft nahm in einem Stall, der den Hirten als Schutz diente. Als Joseph dort weilte, kam die Zeit, da Maria gebären sollte. Die Jungfrau wurde von einem strahlend hellen Licht umgeben und gebar ihren Sohn ohne Schmerzen. Sie nahm ihn in ihre Arme, wickelte ihn in Windeln und legte ihn in die Futterkrippe, weil in der Herberge kein Platz war. Da kam mit Freude eine große Schar Engel zu der Herberge, lobte Gott und verkündete Frieden denen, die Gott fürchten. Maria und Joseph priesen den Herrn für die Geburt Jesu und nährten ihn mit größter Freude.

4. Die Verkündigung und der Lobgesang der Engel

ZU JENER ZEIT hüteten Hirten ihre Herden, wie es ihr Brauch ist. Und siehe, sie waren von einem strahlend hellen Licht umgeben, in ihm erschien ihnen ein Engel, der lobte

Gott. Die Hirten waren wegen des plötzlichen Lichtes und der Engelserscheinung von Furcht erfüllt. Da tröstete sie der Engel Gottes und sagte: „Seht, ich verkünde euch eine große Freude, denn in der Stadt Davids ist ein Kind geboren, welches ein Prophet des Herrn ist. Dieser bringt dem Hause Israel großes Heil. Das Kind werdet ihr in der Krippe finden mit seiner Mutter, die Gott lobt." Und als er dies gesagt hatte, kam eine große Schar Engel, die lobten Gott und verkündeten Frieden denen, die guten Willen haben.

Als die Engel gegangen waren, sprachen die Hirten miteinander und sagten: „Lasset uns nach Bethlehem gehen und das Wort sehen, das Gott uns durch seinen Engel verkündet hat." Es kamen viele Hirten nach Bethlehem und suchten das neugeborene Kind, und sie fanden außerhalb der Stadt das Knäblein in der Krippe liegend, wie es der Engel gesagt hatte. Da näherten sie sich ihm in Ehrfurcht und gaben der Mutter das, was sie hatten, und berichteten ihr, was sie gesehen und gehört hatten. Maria aber behielt all dies in ihrem Herzen, ebenso Joseph, und sie dankten Gott. Die Hirten kehrten zu ihren Herden zurück und verkündeten allen, welch große Dinge sie gesehen hatten. Und so wurden alle Berge von Judäa mit Furcht erfüllt, und jeder bedachte diese Worte in seinem Herzen und sagte: „Wer mag dieses Kind wohl sein?"

5. Jesu Beschneidung

ALS GEMÄSS DEM Gesetz des Herrn, wie es im Buch Mose geschrieben steht, die acht Tage erfüllt waren, nahmen sie das Kind und trugen es zum Tempel, um es beschneiden zu lassen. Und also beschnitten sie das Kind und gaben ihm den Namen Jesus, wie es der Engel des Herrn gesagt hatte, bevor es im Mutterleib empfangen wurde. Maria und Joseph erkannten, daß das Kind vielen zum Heil und zum Untergang gereichen würde. Und so fürchteten sie Gott und hielten das Kind in der Furcht Gottes.

6. Die drei Weisen

ZU DER ZEIT der Herrschaft des Herodes, des Königs von Judäa, als Jesus geboren wurde, beobachteten drei Weise in östlichen Ländern die Sterne am Himmel. Da erschien ihnen ein Stern von großer Helligkeit, und so kamen sie nach Judäa, wie sie es untereinander beschlossen hatten, geführt von dem Stern, der vor ihnen herging, und als sie in Jerusalem ankamen, fragten sie, wo der König der Juden geboren sei. Und als Herodes dies hörte, erschrak er, und die ganze Stadt geriet in Unruhe. Deshalb versammelte Herodes die Priester und Schriftgelehrten und sagte: „Wo soll Christus geboren werden?" Sie antworteten: „Er soll in Bethlehem geboren werden, denn so steht es bei dem Propheten geschrieben: ‚Und du, Bethlehem, bist nicht gering unter den Fürstentümern in Juda, denn aus dir wird ein Führer kommen, der mein Volk Israel führen wird.'"

Herodes rief also die Weisen zu sich und befragte sie über ihr Kommen. Sie antworteten, daß sie einen Stern im Osten gesehen hatten, der sie hergeführt hatte; deshalb wollten sie mit Geschenken diesem neuen König huldigen, der durch seinen Stern geoffenbart wurde.

Da sagte Herodes: „Geht nach Bethlehem und sucht mit aller Sorgfalt nach dem Kinde, und wenn ihr es gefunden habt, kommt und sagt es mir, denn auch ich würde gern gehen und es anbeten." Und er sprach dies in betrügerischer Absicht.

7. Die Warnung vor Herodes

DIE WEISEN VERLIESSEN also Jerusalem, und siehe, der Stern, der ihnen im Osten erschienen war, ging vor ihnen her. Als sie den Stern sahen, waren die Weisen voller Freude. Und als sie nach Bethlehem kamen, sahen sie, daß außerhalb der Stadt der Stern stillstand, oberhalb der Herberge, wo Jesus geboren war. Also gingen die Weisen dorthin, und als sie in die Behausung eintraten, fanden sie das Kind bei seiner Mutter, und sie verbeugten sich und entboten ihm ihre Ehrerbietung. Und die Weisen brachten ihm Spezereien sowie Silber und Gold als Geschenk dar und berichteten der Jungfrau alles, was sie gesehen hatten.

Darauf wurden sie im Schlafe von dem Kinde gewarnt, nicht zu Herodes zu gehen, und indem sie einen anderen Weg nahmen, kehrten sie in ihre Heimat zurück und berichteten alles, was sie in Judäa gesehen hatten.

8. Die Flucht nach Ägypten

ALS HERODES SAH, daß die Weisen nicht zurückkehrten, glaubte er sich von ihnen hintergangen, und er befahl, den neugeborenen Knaben töten zu lassen. Doch siehe, als Joseph schlief, erschien ihm der Engel des Herrn und sagte: „Erhebe dich schnell und nimm das Kind mit seiner Mutter und geh nach Ägypten, denn Herodes will es töten." Joseph erhob sich in großer Furcht und nahm Maria mit dem Kind, und sie gingen nach Ägypten und blieben dort bis zum Tode des Herodes. Dieser glaubte sich von den Weisen hintergangen und schickte seine Soldaten aus, alle neugeborenen Knaben in Bethlehem zu töten. Da kamen die Soldaten und töteten alle Knaben, die dort waren, wie Herodes ihnen befohlen hatte. Wodurch die Worte des Propheten erfüllt wurden, die lauten: „Es erhebt sich Weinen und großes

Wehklagen in Ramah; Rachel beweint ihre Söhne, aber Trost wird ihr nicht zuteil, da sie nicht sind."

9. Der zwölfjährige Jesus im Tempel

ALS HERODES GESTORBEN war, siehe, da erschien der Engel des Herrn dem Joseph im Traum und sagte: „Geh zurück nach Judäa, denn die sind gestorben, die den Tod des Kindes wollten." Da nahm Joseph das Kind mit Maria – es war nun sieben Jahre alt – und ging nach Judäa. Als er dort vernahm, daß Archelaus, Sohn des Herodes, in Judäa regierte, ging er nach Galiläa aus Furcht, in Judäa zu bleiben, und sie ließen sich in Nazareth nieder.

Das Kind wuchs heran in Gnade und Weisheit vor Gott und den Menschen. Als Jesus zwölf Jahre alt war, ging er mit Maria und Joseph nach Jerusalem, um dort zu beten gemäß dem Gesetz des Herrn, wie es im Buch Mose geschrieben steht. Als sie ihre Gebete verrichtet hatten, reisten sie ab. Sie hatten Jesus verloren, da sie dachten, er sei mit ihren Verwandten heimgekehrt. So ging Maria mit Joseph nach Jerusalem zurück und suchte Jesus bei den Verwandten und Nachbarn. Am dritten Tag fanden sie das Kind im Tempel, umgeben von Gelehrten, mit denen es das Gesetz erörterte. Und alle waren erstaunt über seine Fragen und Antworten und sagten: „Wie kann er solches Wissen haben, wo er so klein ist und noch nicht lesen kann?" Maria schalt ihn und sagte: „Sohn, was hast du uns angetan? Siehe, ich und dein Vater haben dich drei Tage in Sorge gesucht." Jesus antwortete: „Wißt ihr nicht, daß der Dienst an Gott vor Mutter und Vater kommen soll?" Jesus ging dann mit seiner Mutter und Joseph nach Nazareth und gehorchte ihnen in Demut und Ehrerbietung.

10. Jesus empfängt das Evangelium

JESUS HATTE DAS Alter von dreißig Jahren erreicht, wie er mir selbst sagte, als er mit seiner Mutter auf den Ölberg ging, um Oliven zu sammeln. Dann, am Mittag, als er im Gebet zu diesen Worten kam: „Herr, in Gnade...", war er von einem strahlend hellen Licht umgeben und von einer unendlich großen Schar Engel, die sprachen: „Gelobt sei Gott." Der Engel Gabriel hielt ihm ein Buch vor, einem leuchtenden Spiegel gleich, das sich in Jesu Herz senkte. Durch dieses erlangte er Wissen von dem, was Gott getan und gesagt hatte und was Gott wollte, da ihm alles geoffenbart wurde, und so sagte er zu mir: „Glaube, Barnabas, daß ich alle Propheten sowie alle Prophezeiungen kenne, so daß alles, was ich sage, aus jenem Buche heraus gekommen ist."

Als Jesus diese Vision empfangen hatte und erkannte, daß er ein Prophet war, der dem Hause Israel gesandt war, erzählte er alles seiner Mutter Maria und sagte ihr, daß er große Verfolgungen um der Ehre Gottes willen erleiden müsse und daß er nicht mehr bei ihr bleiben könne, um ihr zu dienen. Als Maria dies vernahm, antwortete sie: „Sohn, bevor du geboren warst, wurde mir alles verkündet, darum sei der heilige Name Gottes gesegnet." Jesus zog an jenem Tag von seiner Mutter fort, um seine prophetische Aufgabe zu erfüllen.

11. Heilung eines Aussätzigen in Jerusalem

JESUS STIEG VOM Berg herab und ging nach Jerusalem; er traf einen Aussätzigen, der aus göttlicher Eingebung heraus wußte, daß Jesus ein Prophet war. Deshalb flehte er ihn unter Tränen an und sagte: „Jesus, Sohn des David, hab Mitleid mit mir." Jesus antwortete: „Was willst du, Bruder, daß ich an dir tun soll?" Der Aussätzige antwortete: „Herr, gib mir Gesundheit." Jesus schalt ihn und sagte: „Du bist töricht; bete zu Gott, der dich erschaffen hat, und er wird dir Gesundheit geben, denn ich bin ein Mensch, wie du es bist." Der Aussätzige antwortete: „Ich weiß, daß du, Herr, ein Mensch bist, aber ein Heiliger des Herrn. Darum bete du zu Gott, und er wird mir Gesundheit geben." Da seufzte Jesus und sagte: „Allmächtiger Herr und Gott, um der Liebe deiner heiligen Propheten willen, gib diesem kranken Mann Gesundheit." Als er dies gesagt hatte, berührte er den Kranken mit seinen Händen im Namen Gottes und sagte: „O Bruder, empfange deine Gesundheit!" Und als er dies gesagt hatte, war der Aussatz gereinigt, so daß das Fleisch des Aussätzigen wie das eines Kindes war. Und als der Aussätzige sah, daß er geheilt war, rief er mit lauter Stimme: „Komm, Israel, und empfange den Propheten, den Gott dir sendet." Jesus bat ihn inständig und sagte: „Bruder, schweig und sag nichts." Aber je mehr er ihn bat, um so lauter rief dieser: „Sehet den Propheten! Sehet den Heiligen Gottes!" Bei diesen Worten kamen viele zurückgelaufen, die im Begriff waren, Jerusalem zu verlassen, und kamen mit Jesus nach Jerusalem; sie erzählten davon, was Gott durch Jesus an dem Aussätzigen getan hatte.

12. Jesu erste Predigt

DIE GANZE STADT Jerusalem war bewegt von diesen Worten, weshalb sie alle zusammen zum Tempel liefen, um Jesus zu sehen, der sich dorthin zum Gebet begeben hatte, so daß sie nur mit Mühe Platz fanden. Die Priester aber kamen zu Jesus und sagten: „Dieses Volk will dich hören und sehen; steig also auf die höchste Stelle hinauf, und wenn Gott dir das Wort gibt, sprich im Namen des Herrn."

Da stieg Jesus auf den Platz, von dem aus die Schriftgelehrten für gewöhnlich sprachen. Und nachdem er mit der

Hand das Zeichen zum Schweigen gegeben hatte, hub er an zu reden und sagte: „Gesegnet sei der heilige Name Gottes, der in seiner Güte und Gnade beschloß, seine Geschöpfe zu erschaffen, damit sie ihn verherrlichen. Gesegnet sei der heilige Name Gottes, der den Glanz aller Heiligen und Propheten vor allen Dingen erschuf, um ihn für die Rettung der Welt zu entsenden, wie er durch seinen Diener David sprach, der da sagt: ‚Vor Luzifer im Licht der Heiligen erschuf ich dich.' Gesegnet sei der heilige Name Gottes, der die Engel erschuf, auf daß sie ihm dienen, und gesegnet sei Gott, der Satan und sein Gefolge bestrafte und verdammte, weil er den nicht ehren wollte, von dem Gott befahl, daß er geehrt werde. Gesegnet sei der heilige Name Gottes, der den Menschen aus dem Lehm der Erde erschuf und ihn über seine Werke setzte. Gesegnet sei der heilige Name Gottes, der den Menschen aus dem Paradies vertrieb, weil er sein heiliges Gebot verletzt hatte. Gesegnet sei der heilige Name Gottes, der mit Gnade auf die Tränen Adams und Evas schaute, der Ureltern des Menschengeschlechts. Gesegnet sei der heilige Name Gottes, der Kain, den Brudermörder, gerecht bestrafte, die Sintflut auf die Erde schickte, drei gottlose Städte niederbrannte, der Ägypten geißelte, den Pharao im Roten Meer überwältigte, der die Feinde seines Volkes zerstreute, die Ungläubigen zurechtwies und die Reulosen bestrafte. Gesegnet sei der heilige Name Gottes, der mit Gnade auf seine Geschöpfe schaute und ihnen darum seine heiligen Propheten schickte, damit sie in Wahrheit und Rechtschaffenheit vor ihm wandeln mögen, der seine Diener vor allem Bösen bewahrte und ihnen dieses Land gab, wie er unserem Vater Abraham und seinem Sohn auf immer versprach.

Dann gab er uns durch seinen Diener Moses sein heiliges Gesetz, damit Satan uns nicht täuschen möge, und er erhöhte uns über die anderen Völker. Aber, ihr Brüder, was tun wir heute, daß wir nicht für unsere Sünden bestraft werden?"

Und dann tadelte Jesus aus tiefster Seele das Volk, da es das Wort Gottes vergessen hatte und sich nur der Eitelkeit hingab; er tadelte die Priester wegen ihres nachlässigen Gottesdienstes und wegen ihrer weltlichen Gier; er tadelte die Doktoren, weil sie eitle Lehre predigten und vom Gesetz Gottes abwichen; er tadelte die Schriftgelehrten, weil sie das Gesetz Gottes durch ihre Überlieferungen zunichte machten. Und in solcher Weise sprach Jesus zu dem Volk, daß alle weinten und um Vergebung riefen, vom Geringsten bis zum Größten, und sie baten Jesus inständig, für sie zu beten; nur ihre Priester und Führer nicht, die an jenem Tag begannen, Jesus zu hassen, da er so gegen die Priester, Schriftgelehrten und Doktoren gesprochen hatte, und sie sannen auf seinen Tod, aber sie sprachen kein Wort aus Furcht vor dem Volk, das ihn als Propheten Gottes empfangen hatte.

Jesus erhob seine Hände zu Gott dem Herrn und betete, und das Volk sagte weinend: „So sei es, o Herr, so sei es." Als das Gebet beendet war, verließ Jesus den Tempel, und an jenem Tag zog er fort aus Jerusalem, und es folgten ihm viele.

Und die Priester sprachen untereinander Böses von Jesus.

13. Jesu Gebet und Tröstung

ALS EINIGE TAGE vergangen waren, hatte Jesus im Geist von dem Wunsch der Priester erfahren, und er stieg auf den Ölberg, um zu beten. Und als Jesus die ganze Nacht im Gebet verbracht hatte, sagte er morgens im Gebet: „O Herr, ich weiß, daß die Schriftgelehrten mich hassen und daß die Priester mich, deinen Diener, töten wollen; daher, allmächtiger und gnädiger Gott, höre in Gnade die Gebete deines Dieners und rette mich vor ihren Versuchungen, denn du bist meine Rettung. Du weißt, Herr, daß ich, dein Diener, dich allein suche, o Herr, und dein Wort spreche; denn dein Wort ist Wahrheit, welche auf ewig währt."

Als Jesus diese Worte gesprochen hatte, siehe, da kam zu ihm der Engel Gabriel und sagte: „Fürchte dich nicht, o Jesus, denn tausend mal Tausend, die über dem Himmel wohnen, behüten deine Gewänder; und du wirst nicht sterben, bis alles erfüllt ist und die Welt ihrem Ende nahe sein wird."

Jesus warf sich mit dem Gesicht zu Boden und sagte: „O großer Herr und Gott, wie groß ist deine Gnade über mir, und was soll ich dir geben, Herr, für alles, was du mir gewährt hast?"

Der Engel Gabriel antwortete: „Erhebe dich, Jesus, und gedenke Abrahams, der willens war, Gott seinen einzigen Sohn Ismael zu opfern, um das Wort Gottes zu erfüllen, und als das Messer nicht fähig war, den Sohn zu schneiden, bot er auf mein Wort ein Schaf zum Opfer dar. Ebenso sollst du es tun, o Jesus, Diener Gottes."

Jesus antwortete: „Das will ich, aber wo soll ich das Lamm finden, da ich kein Geld habe und das Stehlen ungesetzlich ist?"

Darauf zeigte ihm der Engel Gabriel ein Schaf, welches Jesus zum Opfer darbrachte, und er pries und lobte Gott, der auf immer glorreich ist.

14. Die Erwählung der zwölf Apostel

JESUS STIEG VOM Berg herab und ging allein des Nachts zur anderen Seite des Jordan und fastete vierzig Tage und vierzig Nächte lang und aß nichts, weder bei Tag noch bei Nacht. Und inständig betete er ohne Unterlaß zum Herrn um die Rettung seines Volkes, zu dem ihn Gott entsandt hatte. Und als die vierzig Tage vorüber waren, war er hungrig. Da erschien ihm Satan, und er versuchte ihn mit vielen Worten, doch Jesus vertrieb ihn durch die Kraft des Gotteswortes. Als

Satan gegangen war, kamen die Engel und bedienten Jesus mit allem, dessen er bedurfte.

Nachdem Jesus in die Gegend von Jerusalem zurückgekehrt war, wurde er vom Volk in überschwenglicher Freude begrüßt, und sie baten ihn, bei ihnen zu bleiben; denn seine Worte waren nicht wie jene der Schriftgelehrten, sondern sie hatten Kraft, da sie das Herz berührten.

Jesus sah, daß die Menge derer groß war, die sich wieder ihrem Herzen zuwandten, um im Gesetz Gottes zu wandeln, und er ging auf den Berg und verbrachte die ganze Nacht im Gebet, und als der Tag kam, stieg er vom Berg herab, und er wählte zwölf aus, die er Apostel nannte, unter ihnen Judas, der am Kreuz getötet wurde. Ihre Namen sind: Andreas und sein Bruder Petrus, die Fischer; Barnabas, der dies schrieb, sowie Matthäus, der Zöllner, der in der Zollannahme saß; Johannes und Jakobus, Söhne des Zebedäus; Thaddäus und Judas; Bartholomäus und Philippus, Jakobus und Judas Ischariot, der Verräter. Diesen enthüllte er stets die göttlichen Geheimnisse, aber den Ischariot Judas machte er zu seinem Verwalter von all dem, was an Almosen gegeben wurde; der aber stahl den zehnten Teil von allem.

15. Die Verwandlung von Wasser in Wein

ALS DAS LAUBHÜTTENFEST sich näherte, wurde Jesus mit seinen Jüngern und seiner Mutter von einem reichen Mann zu einer Hochzeit eingeladen. Jesus ging also, und als sie zu Tische saßen, ging ihnen der Wein aus. Seine Mutter kam zu Jesus und sagte: „Sie haben keinen Wein." Jesus antwortete: „Was habe ich damit zu tun, o Mutter?" Seine Mutter befahl den Dienern, daß sie alles befolgen sollten, was Jesus befehlen würde. Es waren dort sechs Gefäße mit Wasser gemäß dem Brauch Israels, sich zum Gebet zu reinigen. Jesus sagte: „Füllt diese Gefäße mit Wasser." Die Diener taten es. Jesus sagte zu ihnen: „Im Namen Gottes, gebt denen zu trinken, die zu Tische sitzen." Da brachten die Diener dem Küchenmeister davon, dieser schalt die Bediensteten und sagte: „Ihr unwürdigen Diener, warum habt ihr den besseren Wein bis jetzt zurückgehalten?" Denn er wußte nichts von all dem, was Jesus getan hatte. Die Diener antworteten: „O Herr, es gibt einen heiligen Mann Gottes hier, denn er hat Wein aus Wasser gemacht." Der Küchenmeister dachte, daß die Diener betrunken seien; aber die in der Nähe Jesu saßen und alles gesehen hatten, erhoben sich von ihren Tischen und erwiesen ihm Ehrerbietung und sagten: „Du bist wahrlich ein Heiliger Gottes, ein wahrer Prophet, der uns von Gott gesandt wurde!"

Da glaubten seine Jünger an ihn, und viele wandten sich wieder ihrem Herzen zu und sagten: „Gelobt sei Gott, der Gnade mit Israel hat und das Haus Juda mit Liebe besucht, und gesegnet sei sein heiliger Name."

16. Jesu Lehre vom neuen Menschen

EINES TAGES VERSAMMELTE Jesus seine Jünger und ging hinauf auf den Berg, und als er sich dort niedergelassen hatte, setzten sich seine Jünger zu ihm, und er hub an zu reden und lehrte sie und sprach: „Groß sind die Wohltaten, die uns Gott erwiesen hat; darum ist es nötig, daß wir ihm in der Wahrheit des Herzens dienen. Und ebenso wie man neuen Wein in neue Gefäße füllt, so sollt ihr neue Menschen werden, wenn ihr die neue Lehre aufnehmt, die aus meinem Munde kommen wird. Wahrlich, ich sage euch, wie ein Mensch mit seinen Augen Himmel und Erde nicht gleichzeitig sehen kann, so ist es unmöglich, Gott und die Welt zu lieben.

Ein Mensch kann unmöglich zwei Herren dienen, die einander feindlich sind, denn wenn der eine dich lieben wird, wird der andere dich hassen. Ebenso sage ich euch in Wahrheit, daß ihr nicht Gott und der Welt dienen könnt, denn das Fundament der Welt ist Lüge, Gier und Bosheit. Ihr könnt daher in der Welt keine Ruhe finden, sondern nur Verfolgung und Verlust. Deshalb dient Gott und verachtet die Welt, denn bei mir werdet ihr Ruhe finden für eure Seelen. Höret meine Worte, denn ich rede zu euch in Wahrheit.

Wahrlich, gesegnet sind die, die über dieses irdische Leben trauern, denn sie werden getröstet werden. Gesegnet sind die Armen, die wahrhaft die Freuden der Welt hassen, denn sie werden Überfluß haben an den Freuden des Königreiches Gottes. Wahrlich, gesegnet sind die, die am Tische Gottes essen, denn die Engel Gottes werden ihnen dienen.

Ihr reist als Pilger. Umgibt sich der Pilger mit Palästen und Feldern und anderen irdischen Dingen unterwegs? Gewiß nicht, sondern er führt leichte Dinge mit sich, die nach ihrer Nützlichkeit und Brauchbarkeit für die Reise beurteilt werden. Dieses soll euch nun ein Beispiel sein; und wenn ihr ein weiteres Beispiel wollt, werde ich es euch geben, damit ihr all das tut, was ich euch sage.

Macht euer Herz nicht schwer mit irdischen Wünschen, indem ihr sagt: ,Wer wird uns kleiden?' oder ,Wer wird uns zu essen geben?' Sondern sehet die Blumen und die Bäume und auch die Vögel, die Gott unser Herr kleidet und nährt mit größerer Herrlichkeit als aller Herrlichkeit Salomons. Und ebendieser Gott vermag euch zu nähren, der euch erschaffen und zu seinem Dienst gerufen hat; der vierzig Jahre lang das Manna vom Himmel fallen ließ für sein Volk Israel in der Wildnis und nicht zuließ, daß ihre Kleidung alt oder verschlissen wurde, wo sie doch sechshundertvierzigtausend Männer waren, die Frauen und Kinder nicht gerechnet. Wahrlich, ich sage euch, Himmel und Erde werden vergehen, denen aber, die ihn fürchten, wird es an seiner Gnade nicht fehlen. Aber die Reichen der Welt hungern in ihrem Wohlstand und gehen zugrunde. Da war ein reicher Mann, dessen Einkommen zunahm, und er sagte: ‚Was soll ich tun, o meine Seele? Ich werde meine Scheunen niederreißen, weil sie zu klein sind, und ich werde neue und größere bauen; daher sollst du triumphieren, meine Seele.' O unglückseliger Mann! Denn er starb in jener Nacht. Er hätte an die Armen denken sollen, und er hätte sich Freunde machen sollen mit Almosen aus den unrechtmäßigen Reichtümern dieser Welt; denn jene bringen Schätze im Königreich des Himmels.

Sagt mir, ich bitte euch, wenn ihr euer Geld in die Bank zu einem Beamten geben würdet, und er gäbe euch das Zehn- oder Zwanzigfache, würdet ihr solch einem Manne nicht alles geben, was ihr habt? Doch wahrlich, ich sage euch, alles, was ihr geben und lassen werdet um der Liebe Gottes willen, das bekommt ihr hundertfach zurück und das ewige Leben. Seht doch, wie sehr ihr euch freuen solltet, Gott zu dienen."

17. Die Lehre vom wahren Gott

ALS JESUS DIES gesagt hatte, antwortete Philippus: „Wir sind froh, Gott zu dienen, jedoch wünschen wir, Gott zu kennen, denn der Prophet Jesaja sagte: ‚Wahrlich, du bist ein verborgener Gott', und Gott sagte zu Moses, seinem Diener: ‚Ich bin der ich bin.'"

Jesus antwortete: „Philippus, Gott ist ein Gut, ohne das kein Gutes ist; Gott ist ein Wesen, ohne das nichts ist, was ist; Gott ist ein Leben, ohne das nichts ist, das lebt, so groß, daß er alles erfüllt und überall ist. Er allein hat nicht seinesgleichen. Er hatte keinen Anfang, noch wird er je ein Ende haben, aber allem hat er einen Anfang gegeben, und allem wird er ein Ende geben. Er hat weder Vater noch Mutter, er hat weder Söhne noch Geschwister, noch Gefährten. Und weil Gott keinen Körper hat, darum ißt er nicht, schläft er nicht, stirbt er nicht, geht er nicht, bewegt er sich nicht, sondern er bleibt auf ewig ohne menschliche Ähnlichkeit, da er nicht körperlich und nicht zusammengesetzt ist, nicht stofflich und von einfachster Beschaffenheit. Er ist so gut, daß er nur das Gute liebt; er ist so gerecht, daß, wenn er straft oder vergibt, ihm nicht widersprochen werden kann. Kurzum, ich sage dir, Philippus, daß du ihn hier auf Erden weder vollkommen sehen noch kennen kannst; aber in seinem Königreich wirst du ihn für immer sehen. Hierin besteht all unsere Glückseligkeit und Herrlichkeit." Philippus antwortete: „Herr, was sagst du? Gewiß steht bei Jesaja geschrieben, daß Gott unser Vater ist, wieso hat er dann keine Söhne?"

Jesus antwortete: „Es stehen bei den Propheten viele Gleichnisse geschrieben, achte also nicht auf den Buchstaben, sondern auf den Sinn. Denn alle Propheten, das sind hundertvierundvierzigtausend, die Gott in die Welt geschickt hat, haben dunkel gesprochen. Aber nach mir wird der Glanz aller Propheten und Heiligen kommen und Licht werfen auf die Dunkelheit all dessen, was die Propheten gesagt haben, weil er der Gesandte Gottes ist." Und als Jesus so gesprochen hatte, seufzte er und sagte: „Hab Gnade mit Israel, o Herr und Gott, und schau mit Mitleid auf Abraham und seine Nachkommen, damit sie dir dienen mögen mit der Wahrheit des Herzens."

Seine Jünger antworteten: „So sei es, o Herr unser Gott!" Jesus sagte: „Wahrlich, ich sage euch, die Schriftgelehrten und Doktoren haben das Gesetz Gottes mit ihren falschen Prophezeiungen vereitelt, im Gegensatz zu den Prophezeiungen der wahren Propheten Gottes; daher ist Gott zornig mit dem Hause Israel und mit diesem ungläubigen Geschlecht." Seine Jünger weinten bei diesen Worten und sagten: „O Gott, hab Gnade, hab Gnade mit dem Tempel und mit der heiligen Stadt, und gib sie nicht der Verachtung der Völker preis, damit sie nicht deinen heiligen Bund verachten."

Jesus antwortete: „So sei es, Herr, Gott unserer Väter."

18. Gottes Schutz über seinen Dienern

ALS JESUS DIES gesagt hatte, sprach er: „Ihr habt mich nicht erwählt, sondern ich habe euch erwählt, daß ihr meine Jünger seid. Wenn euch die Welt hassen wird, werdet ihr wahrhaft meine Jünger sein, denn die Welt war immer ein Feind der Diener Gottes. Gedenkt der heiligen Propheten, die von der Welt getötet wurden, ebenso wie zur Zeit des Elias zehntausend Propheten von Isebel getötet wurden, so daß es dem armen Elias kaum gelang zu entrinnen, und auch der siebentausend Söhne der Propheten, die von dem Hauptmann von Ahabs Heer versteckt wurden. O ungerechte Welt, die du Gott nicht kennst! Fürchtet euch also nicht, denn die Haare auf eurem Haupt sind gezählt, so daß sie nicht vergehen werden. Sehet die Spatzen und andere Vögel, denen nicht eine Feder ausfällt ohne den Willen Gottes. Soll Gott denn mehr Sorge um die Vögel tragen denn um den Menschen, um dessentwillen er alles geschaffen hat? Gibt es denn vielleicht einen Menschen, der sich mehr um seine Schuhe sorgt als um seinen eigenen Sohn? Gewiß nicht. Um wieviel weniger solltet ihr glauben, daß Gott euch verläßt, während er sich um die Vögel kümmert! Und warum rede ich von den Vögeln? Ein Blatt fällt nicht vom Baum ohne den Willen Gottes.

Glaubet mir, denn ich sage euch die Wahrheit, daß die Welt euch sehr fürchten wird, wenn ihr meinen Worten gehorcht. Denn wenn sie nicht fürchtete, daß ihre Bosheit offenbar werde, würde sie euch nicht hassen, aber sie fürchtet die Entdeckung, darum wird sie euch hassen und verfolgen.

Wenn euer Wort von der Welt verachtet wird, nehmt es euch nicht zu Herzen, sondern bedenkt, um wie vieles größer als ihr Gott ist, den die Welt in solcher Weise verachtet, daß sie seine Weisheit Torheit nennt. Wenn Gott die Welt in Geduld erträgt, warum wollt ihr traurig sein, o Staub und Lehm der Erde? In eurer Geduld werdet ihr eure Seele besitzen. Wenn euch daher jemand schlägt auf eine Seite des Gesichts, haltet ihm die andere hin, damit er sie schlage. Vergeltet nicht Böses mit Bösem, denn dies tun all die schlimmsten Tiere, sondern vergeltet Böses mit Gutem, und bittet Gott für die, die euch hassen. Feuer wird nicht durch Feuer ausgelöscht, sondern vielmehr durch Wasser; ebenso sage ich euch, daß ihr Böses nicht durch Böses überwinden werdet, sondern vielmehr durch Gutes. Sehet Gott, der die Sonne über das Gute und das Böse kommen läßt und ebenso den Regen. So sollt ihr allen Gutes tun, denn im Gesetz steht geschrieben: ,Seid heilig, denn ich, euer Gott, bin heilig; seid rein, denn ich bin rein; und seid vollkommen, denn ich bin vollkommen.' Wahrlich, ich sage euch, der Diener tut alles, um seinem Herrn zu gefallen, und so legt er kein Gewand an, das seinem Herrn mißfällt. Eure Gewänder sind euer Wille und eure Liebe. Hütet euch also davor, ein Ding zu wollen oder zu lieben, das Gott eurem Herrn mißfällt. Seid gewiß, daß Gott Prunk und Wollust der Welt haßt, und darum sollt ihr die Welt hassen."

19. Die Heilung von zehn Aussätzigen

ALS JESUS DIES gesagt hatte, antwortete Petrus: „O Meister, siehe, wir haben alles verlassen, um dir zu folgen, was soll aus uns werden?" Jesus antwortete: „Wahrlich, am Tag des Gerichts sollt ihr neben mir sitzen und wider die zwölf Stämme Israels Zeugnis ablegen." Und als Jesus dies gesagt hatte, seufzte er und sprach: „O Herr, was ist dies für eine Sache?

Habe ich doch zwölf ausgesucht, und einer von ihnen ist ein Teufel."

Die Jünger waren tief betrübt über dieses Wort; und der, der dies schreibt, fragte Jesus heimlich unter Tränen: „O Herr, wird Satan mich täuschen, und werde ich dann verdammt sein?"

Jesus antwortete: „Sei nicht traurig, Barnabas, denn die, die Gott vor der Erschaffung der Welt erwählt hat, werden nicht untergehen. Freue dich, denn dein Name steht geschrieben im Buch des Lebens."

Jesus tröstete seine Jünger und sagte: „Fürchtet euch nicht, denn der mich hassen wird, ist über meine Rede nicht betrübt; denn in ihm ist nicht der göttliche Funke." Durch seine Worte wurden die Erwählten getröstet. Jesus verrichtete das Gebet, und seine Jünger sprachen: „Amen, so sei es, allmächtiger Herr und Gott."

Nach Beendigung seiner Andacht kam Jesus herunter vom Berg mit seinen Jüngern und traf auf zehn Aussätzige, die von weitem riefen: „Jesus, Sohn Davids, hab Mitleid mit uns!"

Jesus rief sie zu sich und fragte sie: „Was wollt ihr von mir, o Brüder?"

Sie riefen alle aus: „Gib uns Gesundheit!"

Jesus antwortete ihnen: „O ihr, die ihr elend seid, habt ihr denn euren Verstand verloren, daß ihr sagt: ‚Gib uns Gesundheit!' Seht ihr denn nicht, daß ich ein Mensch bin wie ihr? Ruft euren Gott an, der euch erschaffen hat, und er, der allmächtig und gnädig ist, wird euch heilen."

Unter Tränen antworteten die Aussätzigen: „Wir wissen, daß du ein Mensch bist wie wir und dennoch ein Heiliger Gottes und ein Prophet des Herrn; bitte doch du Gott, und er wird uns heilen."

Da baten die Jünger Jesus und sagten: „Herr, hab Erbarmen mit ihnen." Da seufzte Jesus und betete zu Gott und sagte: „Allmächtiger und gnädiger Herr und Gott, erbarme dich und höre die Worte deines Dieners, und um der Liebe unseres Vaters Abraham und um deines heiligen Bundes willen, erbarme dich der Bitte dieser Männer und gib ihnen Gesundheit." Als Jesus dies gesagt hatte, wandte er sich den Aussätzigen zu und sagte: „Gehet und zeiget euch den Priestern, wie es das Gesetz Gottes befiehlt."

Die Aussätzigen machten sich auf und wurden unterwegs gereinigt. Und als einer von ihnen sah, daß er geheilt war, kehrte er zurück, um Jesus zu finden, und er war ein Ismaelit. Und als er Jesus gefunden hatte, verbeugte er sich ehrerbietig vor ihm und sagte: „Wahrlich, du bist ein Heiliger Gottes", und dankend bat er ihn, daß er ihn als Diener annähme. Jesus antwortete: „Zehn wurden gereinigt, wo sind die neun?" Und er sagte zu dem, der gereinigt war: „Ich bin nicht gekommen, damit man mir diene, sondern um zu dienen; geh also nach Hause und berichte, was Gott an dir getan hat, damit sie erfahren, daß die Erfüllung der Versprechen, die an Abraham und seinen Sohn ergingen, sowie das Königreich Gottes näherrücken." Der gereinigte Aussätzige ging von dannen, und er kehrte heim und berichtete von all dem, was Gott durch Jesus an ihm vollbracht hatte.

20. Der Sturm auf dem See

JESUS GING ZUM See von Galiläa und nahm ein Schiff in Richtung Nazareth, seiner Stadt; da erhob sich ein großer Sturm auf dem See, so daß das Schiff zu kentern drohte. Und Jesus schlief auf dem vorderen Teil des Schiffs. Da kamen seine Jünger zu ihm, weckten ihn und sagten: „O Herr, rette dich, denn wir ertrinken!" Sie waren voller Furcht wegen des starken Windes, der ungünstig war, und wegen des heftigen Seegangs. Jesus stand auf, erhob die Augen gen Himmel und sagte: „O Elohim Sabaoth, hab Erbarmen mit deinen Die-

nern." Als Jesus dies gesagt hatte, legte sich plötzlich der
Wind, und der See wurde ruhig. Und die Seeleute fürchteten
sich und sagten: „Und wer ist dieser, daß der See und der
Wind ihm gehorchen?"

Als sie in der Stadt Nazareth ankamen, berichteten die
Schiffer in der Stadt alles, was Jesus vollbracht hatte, weshalb
das Haus, wo Jesus war, von so vielen Menschen umringt
wurde, wie in der Stadt waren. Und die Schriftgelehrten und
Doktoren kamen zu ihm und sagten: „Wir haben gehört, was
du auf dem See und in Judäa alles vollbracht hast; gib uns
deshalb ein Zeichen hier in deinem eigenen Land."

Jesus antwortete: „Dieses ungläubige Geschlecht sucht
ein Zeichen, aber es soll nicht gegeben werden, weil kein
Prophet in seinem eigenen Lande willkommen geheißen
wird. Zur Zeit des Elias gab es viele Witwen in Judäa, aber
nur einer Witwe aus Sidon wurde er geschickt, damit er
versorgt wurde. Zahlreich waren die Aussätzigen zur Zeit des
Elischa in Judäa, dennoch wurde nur Naaman, der Syrer,
gereinigt."

Da waren die Bürger erbost und packten ihn und trugen
ihn auf eine steile Klippe hinauf, um ihn hinunterzustürzen.
Aber Jesus ging durch ihre Mitte hindurch und wandte sich
von ihnen.

21. Heilung eines Besessenen und einer Kanaaniterin

JESUS GING NACH Kapernaum, und als er sich der Stadt näherte, siehe, da kam aus den Gräbern einer, der von einem
Teufel besessen war auf eine Weise, daß keine Kette ihn halten konnte, und er tat den Menschen großen Schaden an.

Die Dämonen riefen durch seinen Mund aus: „O Heiliger
Gottes, warum bist du vor der Zeit gekommen, um uns
Verdruß zu bereiten?" Und sie baten ihn, daß er sie nicht
austreibe.

Jesus fragte sie, wie viele sie seien. Sie antworteten: „Sechstausendsechshundertsechsundsechzig." Als die Jünger dies hörten, erschraken sie und baten Jesus zu gehen. Da sagte Jesus: „Wo ist euer Glaube? Es ist nötig, daß der Dämon geht und nicht ich." Da riefen die Dämonen: „Wir werden herauskommen, aber gestatte uns, in die Schweine hineinzugehen." Es waren dort in der Nähe des Sees ungefähr zehntausend Schweine auf der Weide, die den Kanaanitern gehörten. Da sagte Jesus: „Geht hinaus und in die Schweine hinein." Mit Gebrüll gingen die Dämonen in die Schweine hinein und warfen sie kopfüber in den See. Da flohen die in die Stadt, die die Schweine hüteten, und berichteten all das, was durch Jesus geschehen war. Also kamen die Männer der Stadt heraus und fanden Jesus und den Mann, der geheilt war. Die Männer waren voller Furcht und baten Jesus, aus ihrer Gegend wegzugehen. Also verließ sie Jesus und ging hinauf in die Gegend von Tyrus und Sidon.

Und siehe, da war eine Frau aus Kanaan mit ihren beiden Söhnen, die aus ihrem Heimatland gekommen waren, Jesus zu finden. Als sie ihn also mit seinen Jüngern kommen sah, rief sie aus: „Jesus, Sohn Davids, hab Erbarmen mit meiner Tochter, die vom Teufel gequält wird!" Jesus antwortete kein einziges Wort, weil sie von dem unbeschnittenen Volk waren. Die Jünger waren von Mitleid bewegt und sagten: „O Herr, hab Mitleid mit ihnen! Sieh, wie sehr sie rufen und weinen!"

Jesus antwortete: „Ich bin nur dem Volk Israels gesandt." Da ging die Frau mit ihren Söhnen weinend vor Jesus her und sagte: „O Sohn Davids, hab Erbarmen mit mir!" Jesus antwortete: „Es ist nicht gut, das Brot aus den Händen der Kinder zu nehmen und es den Hunden zu geben." Und dies sagte Jesus wegen ihrer Unreinheit und weil sie vom unbeschnittenen Volk waren.

Die Frau antwortete: „O Herr, die Hunde essen die Krümel, die vom Tisch ihres Herrn fallen." Da wurde Jesus von Verwunderung ergriffen über die Worte der Frau und sagte: „O Frau, groß ist dein Glaube." Und er erhob die Hände zum Himmel und betete zu Gott, dann sagte er: „O Frau, deine Tochter ist befreit, geh deinen Weg in Frieden." Die Frau machte sich auf und fand bei ihrer Rückkehr die Tochter vor, wie sie Gott pries. Die Frau aber sprach: „Wahrlich, es gibt keinen anderen Gott als den Gott Israels." Und all ihre Verwandten schlossen sich zusammen unter dem Gesetz Gottes, gemäß dem Gesetz, wie es im Buch Mose geschrieben steht.

22. Von der Beschneidung

AN JENEM TAG befragten die Jünger Jesus und sagten: „O Herr, warum hast du der Frau eine solche Antwort gegeben und gesagt, sie seien Hunde?"

Jesus antwortete: „Wahrlich, ich sage euch, ein Hund ist besser als ein unbeschnittener Mann." Da waren die Jünger betrübt und sagten: „Hart sind diese Worte, und wer soll sie verstehen?" Jesus antwortete: „Wenn ihr betrachtet, o ihr Törichten, was der Hund tut als Dienst an seinem Herrn ohne Grund, dann werdet ihr finden, daß ich die Wahrheit sage. Sagt mir, bewacht der Hund das Haus seines Herrn und setzt er sein Leben ein gegen die Räuber? Ja, gewiß. Aber was bekommt er? Viele Schläge und Beschimpfungen mit wenig Brot, und er zeigt seinem Herrn immer Freude. Ist das wahr?"

„Wahr ist es, o Herr", antworteten die Jünger.

Da sagte Jesus: „Betrachtet nun, wieviel Gott dem Menschen gegeben hat, und ihr werdet sehen, wie unrecht es von ihm ist, daß er nicht den Bund achtet, den Gott mit seinem Diener Abraham geschlossen hat. Bedenkt, was David zu Saul, dem König von Israel, sagte gegen Goliath, den Philister: ‚Mein Herr', sagte David, ‚als dein Diener die Herde deines Dieners hütete, kamen der Wolf, der Bär und der Löwe und packten die Schafe deines Dieners. Da ging dein Diener hin und tötete sie und rettete die Schafe. Und was ist dieser Unbeschnittene anders als einer von ihnen? Darum wird dein Diener im Namen des Gottes von Israel hingehen und diesen Unreinen töten, der das heilige Volk Gottes schmäht.'" Da sagten die Jünger: "Sag uns, o Herr, aus welchem Grund muß der Mann beschnitten werden?"

Jesus antwortete: "Laßt es euch genügen, daß Gott es dem Abraham befohlen hat, als er sagte: ,Abraham, beschneide deine Vorhaut und alle aus deinem Hause, denn dies ist ein Bund zwischen mir und dir für immer.'"

23. Der Ursprung der Beschneidung

UND ALS JESUS dies gesagt hatte, ließ er sich in der Nähe des Berges nieder, auf den sie schauten. Und seine Jünger setzten sich zu ihm, um seine Worte zu hören.

Da sagte Jesus: "Als Adam, der erste Mensch, durch Betrug des Satan die von Gott verbotene Frucht im Paradies gegessen hatte, lehnte sein Fleisch sich gegen den Geist auf; da fluchte er und sagte: ,Bei Gott, ich will dich schneiden!' Und als er ein Stück Stein abgebrochen hatte, richtete er die scharfe Seite des Steines gegen sein eigenes Fleisch; aber der Engel Gabriel schalt ihn. Und er antwortete: ,Ich habe bei Gott geschworen, es zu schneiden, ich werde nie ein Lügner sein.' Da zeigte ihm der Engel, was an seinem Fleisch unnötig war, und das schnitt er ab. Und wie jeder Mann am Fleisch des Adam teilhat, so muß er alles befolgen, was Adam durch Eid gelobte. Dies befolgte Adam bei seinen Söhnen, und von Geschlecht zu Geschlecht wurde die Pflicht zur Beschneidung überliefert. Aber zur Zeit des Abraham gab es nur wenige Beschnittene auf der Erde, weil die Götzendienerei auf der Erde verbreitet war. Da teilte Gott dem Abraham alles mit, was die Beschneidung betraf, und schloß diesen Bund und sprach: ‚Die Seele, die ihr Fleisch nicht beschneiden läßt, will ich auf immer von meinem Volk trennen!'"

Die Jünger zitterten vor Furcht bei diesen Worten Jesu, denn aus der Kraft des Geistes sprach er. Da sagte Jesus: „Überlaßt das Fürchten demjenigen, der seine Vorhaut nicht beschnitten hat, denn ihm ist das Paradies genommen." Und als Jesus dies gesagt hatte, sprach er von neuem und sagte: „Der Geist ist bei vielen bereit zum Dienst an Gott, aber das Fleisch ist schwach. Also sollte der Mensch, der Gott fürchtet, bedenken, was das Fleisch ist und woher es seinen Ursprung hat und wohin es zurückkehren soll. Aus dem Lehm der Erde schuf Gott das Fleisch, und er hauchte ihm den Atem des Lebens ein, indem er hineinatmete. Wenn also das Fleisch beim Dienst an Gott hinderlich ist, sollte man es wie Lehm mit den Füßen treten, denn wer sein Leben in dieser Welt haßt, wird es auf ewig behalten.

Was das Fleisch gegenwärtig ist, das machen seine Wünsche deutlich, nämlich, daß es ein erbitterter Feind alles Guten ist; denn es allein begehrt die Sünde.

Sollte denn der Mensch, um einen seiner Feinde zu befriedigen, davon ablassen, Gott seinem Schöpfer zu gefallen? Bedenkt dies. Alle Heiligen und Propheten waren Feinde ihres Fleisches, um Gott zu dienen; deshalb gingen sie bereitwillig und mit Freuden in den Tod, um das Gesetz Gottes nicht zu verletzen, das durch seinen Diener Moses gegeben wurde, damit sie nicht den falschen und lügnerischen Göttern dienten.

Gedenkt des Elias, der auf seiner Flucht in der Verlassenheit der Berge nur Gras aß und sich in Ziegenhaut kleidete. Ach, wie viele Tage waren es, daß er nicht aß! Ach, wieviel Kälte ertrug er! Ach, wie oft wurde er naßgeregnet, und das sieben Jahre lang, während der er die fürchterliche Verfolgung durch die unreine Isebel ertrug.

Gedenkt des Elischa, der Gerstenbrot aß und die gröbsten Gewänder trug. Wahrlich, ich sage euch, daß die, die sich nicht fürchten, das Fleisch zu verachten, gewaltig gefürchtet wurden vom König und den Fürsten. Dies sollte genügen über die Verachtung des Fleisches, o Menschen. Aber wenn ihr die Gräber betrachtet, werdet ihr wissen, was das Fleisch ist."

24. Lazarus und der Reiche

ALS JESUS DIES gesagt hatte, weinte er und sagte: „Wehe denen, die Diener ihres Fleisches sind, denn gewiß werden sie nichts Gutes im anderen Leben haben, sondern nur Strafe für ihre Sünden.

Ich sage euch: Es war ein reicher Schlemmer, dessen ganzes Augenmerk seiner Völlerei galt, und so hielt er jeden Tag ein prächtiges Gastmahl. Es stand an seiner Tür ein armer Mann namens Lazarus, der voller Wunden war und gern die Krumen haben wollte, die vom Tisch des Reichen herabfielen. Aber keiner gab sie ihm, ja alle verspotteten ihn. Nur die Hunde hatten Mitleid mit ihm, denn sie leckten ihm die Wunden. Es geschah, daß der Arme starb, und die Engel trugen ihn in die Arme Abrahams, unseres Vaters. Der Reiche starb ebenfalls, und die Teufel trugen ihn in die Arme Satans; und während er die größten Qualen erlitt, erhob er die Augen und sah von weitem den Lazarus in den Armen unseres Vaters Abraham. Da rief der Reiche: ‚O Vater Abraham, hab Erbarmen mit mir und schicke Lazarus zu mir, damit er auf seinem Finger einen Tropfen Wasser bringe, um meine Zunge zu kühlen, die in dieser Flamme vor Qualen vergeht.‘

Abraham antwortete: ‚Sohn, bedenke, daß du dein Gutes in dem anderen Leben bekommen hast und Lazarus sein Schlechtes; darum sollst du nun Qualen erleiden, Lazarus aber soll getröstet werden.‘ Der Reiche wehklagte von neuem und sagte: ‚O Vater Abraham, in meinem Haus sind meine drei Brüder. Deshalb schick Lazarus, daß er ihnen sagt, wie sehr ich leide, damit sie bereuen und nicht hierherkommen.‘

Abraham antwortete: ‚Sie haben Moses und die Propheten, auf die mögen sie hören.‘

Der Reiche antwortete: ‚Nein, Vater Abraham, erst wenn ein Toter aufersteht, werden sie glauben.‘

Abraham antwortete: ‚Wer nicht an Moses und die Propheten glaubt, wird nicht glauben, selbst wenn die Toten auferstehen sollten.‘

Nun seht doch, wie gesegnet die Armen sind", sagte Jesus, „die Geduld haben und nur wünschen, was nötig ist, und das Fleisch hassen. O unglücklich die, die andere zu Grabe tragen und ihr Fleisch den Würmern zum Futter geben und nicht die Wahrheit erkennen. Sie sind so fern von ihr, daß sie hier wie Unsterbliche leben; denn sie bauen große Häuser und kaufen viel Besitz und leben in Stolz."

25. Warnung vor Gier und Habsucht

DA SAGTE DER, der dies schreibt: „O Herr, wahr sind deine Worte, und darum haben wir alles verlassen, um dir zu folgen. Sag uns also, wie wir das Fleisch hassen sollen; denn sich selbst zu töten ist gegen das Gesetz, und da wir leben, müssen wir es am Leben erhalten."

Jesus antwortete: „Halte dein Fleisch wie ein Pferd, und du wirst in Sicherheit leben. Denn einem Pferd wird Futter in Maßen gegeben und Arbeit ohne Maß, und ihm werden Zügel angelegt, damit es nach deinem Willen gehe; es ist angebunden, damit es keinen ärgert; es wird an einem ärmlichen Ort gehalten und geschlagen, wenn es nicht gehorcht. Dies tu auch du, o Barnabas, und du wirst immer mit Gott leben.

Und nehmt keinen Anstoß an meinen Worten, denn der Prophet David tat das Gleiche, wenn er bekennt und sagt: ‚Ich bin wie ein Pferd vor dir, und ich bin immer durch dich.‘

Nun sagt mir: Wer ist ärmer, der, der mit wenigem zufrieden ist, oder der, der viel begehrt? Wahrlich, ich sage euch, hätte die Welt einen gesunden Verstand, niemand würde irgend etwas für sich erwerben, sondern alles würde geteilt. Aber hierin zeigt sich ihre Torheit, daß sie um so mehr begehrt, je mehr sie erwirbt. Und alles, was sie erwirbt, erwirbt sie für das leibliche Wohl anderer.

Daher möge euch ein einziges Gewand genügen, werft eure Börse weg, tragt keine Geldtasche, keine Sandalen an den Füßen; und denkt nicht: ‚Was soll mit uns geschehen?‘, sondern gedenket, den Willen Gottes zu tun, und er wird für eure Bedürfnisse sorgen, so daß es euch an nichts mangeln wird.

Wahrlich, ich sage euch, daß die Anhäufung vieler Dinge in diesem Leben sicher bezeugt, daß es in dem anderen nichts zu empfangen gibt. Denn wer Jerusalem als Heimat hat, baut keine Häuser in Samaria, denn es ist Feindschaft zwischen diesen Städten. Versteht ihr?" „Ja", antworteten die Jünger.

26. Von der wahren Gottesliebe
Abraham und sein Vater

DA SAGTE JESUS: „Da war ein Mann auf Reisen, der, als er wanderte, einen Schatz in einem Feld entdeckte, das für fünf Geldstücke verkauft werden sollte. Als der Mann dies erfuhr, verkaufte er sofort seinen Mantel, um jenes Feld zu kaufen. Ist das zu glauben?"

Die Jünger antworteten: „Wer dies nicht glauben mag, ist töricht."

Darauf sagte Jesus: „Ihr seid töricht, wenn ihr nicht eure Sinne Gott gebt, um eure Seele zu kaufen, in welcher der

Schatz der Liebe wohnt, denn Liebe ist ein Schatz ohnegleichen. Denn wer Gott liebt, hat Gott zu eigen; und wer Gott hat, hat alles."

Petrus antwortete: „O Herr, wie soll man Gott mit wahrer Liebe lieben? Sag es uns."

Jesus erwiderte: „Wahrlich, ich sage euch, daß der, der nicht seinen Vater und seine Mutter haßt und dazu sein eigenes Leben und seine Kinder und seine Frau aus Liebe zu Gott, solch einer ist es nicht wert, von Gott geliebt zu werden." Petrus antwortete: „O Herr, es steht geschrieben im Gesetz Gottes im Buche Mose: ‚Ehre deinen Vater, auf daß du lange lebest auf Erden‘, und weiterhin sagt er: ‚Verflucht sei der Sohn, der nicht seinem Vater und seiner Mutter gehorcht‘, weshalb Gott befahl, daß solch ein ungehorsamer Sohn durch den Zorn des Volkes gesteinigt werde vor dem Stadttor. Und wieso gebietest du uns nun, Vater und Mutter zu hassen?"

Jesus erwiderte: „Jedes meiner Worte ist wahr, denn es sind nicht meine, sondern Gottes Worte, welcher mich dem Hause Israel geschickt hat. Deshalb sage ich euch, daß alles, was ihr besitzt, von Gott an euch verliehen wurde. Was ist also kostbarer, die Gabe oder der Geber? Wenn dein Vater und deine Mutter oder irgend etwas anderes dir ein Hindernis im Dienst an Gott sind, verlasse sie als Feinde. Sagte nicht Gott zu Abraham: ‚Geh fort vom Hause deines Vaters und deiner Verwandten und zieh in das Land, das ich dir und deinen Nachkommen geben werde‘? Und sagte Gott dies nicht, weil der Vater Abrahams ein Bildermacher war, der falsche Götter herstellte und anbetete, weshalb zwischen ihnen Feindschaft war, so daß der Vater den Sohn verbrennen wollte?"

Petrus antwortete: „Wahr sind deine Worte, darum bitte ich dich, erzähl uns, wie Abraham seinen Vater in Verlegenheit brachte."

Jesus antwortete: „Abraham war sieben Jahre alt, als er begann, Gott zu suchen. So sagte er eines Tages zu seinem Vater: ‚Vater, was machte den Menschen?'

Der törichte Vater antwortete: ‚Der Mensch, denn ich machte dich, und mein Vater machte mich.'

Abraham antwortete: ‚Vater, es ist nicht so; denn ich hörte einen alten Mann weinen und sagen: »O mein Gott, warum hast du mir keine Kinder gegeben?«'

Sein Vater erwiderte: ‚Es ist wahr, mein Sohn, daß Gott dem Menschen hilft, den Menschen zu erschaffen, aber er benutzt dazu nicht seine Hände; es ist nur nötig, daß der Mensch zu seinem Gott betet und ihm Lämmer und Schafe gibt, und sein Gott wird ihm helfen.'

Abraham antwortete: ‚Wie viele Götter gibt es, Vater?'

Der alte Mann erwiderte: ‚Ihre Zahl ist unendlich, mein Sohn.' Da sagte Abraham: ‚O Vater, was soll ich tun, wenn ich einem Gott dienen werde und ein anderer mir Böses wünscht, weil ich ihm nicht diene? In jedem Fall wird Uneinigkeit zwischen sie kommen, und so wird Krieg entstehen unter den Göttern. Wenn aber der Gott, der mir Böses will, meinen eigenen Gott töten wird, was soll ich tun? Es ist sicher, daß er mich ebenso töten wird.'

Der alte Mann lachte und antwortete: ‚O Sohn, hab keine Furcht, denn kein Gott führt Krieg gegen einen anderen Gott; vielmehr gibt es im großen Tempel eintausend Götter und dazu den großen Gott Baal; und ich bin nun fast siebzig Jahre alt und habe doch nie erlebt, daß ein Gott einen anderen Gott getötet hat. Und gewiß dienen nicht alle Menschen einem Gott, sondern ein Mensch dem einen und ein anderer einem anderen.'

Abraham antwortete: ‚So haben sie also Frieden untereinander?' Sagte sein Vater: ‚Sie haben.'

Da fragte Abraham: ‚O Vater, wie sehen die Götter aus?'

Der alte Mann antwortete: ‚Du Narr, jeden Tag mache

ich einen Gott, den ich anderen verkaufe, um Brot zu kaufen, und du weißt nicht, wie die Götter aussehen!' Und gerade in jenem Moment machte er ein Götzenbild. ‚Dies', sagte er, ‚ist aus Palmenholz, jenes ist aus Olivenholz, das kleine dort ist aus Elfenbein, sieh, wie schön es ist! Sieht es nicht aus, als wäre es am Leben? Gewiß fehlt ihm nur der Atem!' Abraham antwortete: ‚Sind also, Vater, die Götter ohne Atem? Wie geben sie dann Atem? Und wenn sie ohne Leben sind, wie geben sie Leben? Es ist sicher, Vater, daß diese nicht Gott sind.'

Der alte Mann war erzürnt über diese Worte und sagte: ‚Wenn du alt genug wärest zu verstehen, würde ich dir den Schädel mit dieser Axt einschlagen. Aber schweig still, denn du hast keinen Verstand.'

Abraham erwiderte: ‚Vater, wenn die Götter helfen, den Menschen zu machen, wie kann es sein, daß der Mensch die Götter machen sollte? Und wenn die Götter aus Holz gemacht sind, ist es eine große Sünde, Holz zu verbrennen. Aber sag mir, Vater, wie ist es, wenn du so viele Götter gemacht hast, daß die Götter dir nicht geholfen haben, so viele andere Kinder zu machen, daß du der mächtigste Mann der Welt wärest?'

Der alte Mann war außer sich, als er seinen Sohn so reden hörte; der Sohn aber fuhr fort: ‚Vater, war die Welt eine Zeitlang ohne Menschen?'

‚Ja', antwortete der alte Mann, ‚und warum?'

‚Weil', sagte Abraham, ‚ich gern wüßte, wer den ersten Gott machte.'

‚Nun geh aus meinem Haus!' sagte der alte Mann, ‚und laß mich schnell diesen Gott machen und sag kein Wort mehr zu mir, denn wenn du hungrig bist, verlangst du Brot und nicht Worte.'

Sagte Abraham: ‚Ein feiner Gott, fürwahr, daß du ihn schneidest, wie du willst, und er wehrt sich nicht!'

Da wurde der alte Mann zornig und sagte: ‚Alle Welt sagt, daß er ein Gott ist, und du verrückter Kerl sagst, er sei es nicht. Bei meinen Göttern, wenn du ein Mann wärest, würde ich dich umbringen!' Und als er dies gesagt hatte, gab er Abraham Schläge und Tritte und jagte ihn aus dem Haus."

27. Widerstand des Abraham
gegen seinen Vater

DIE JÜNGER LACHTEN über die Torheit des alten Mannes und waren erstaunt über die Klugheit Abrahams. Aber Jesus schalt sie und sagte: „Ihr habt die Worte des Propheten vergessen, der sagt: ‚Gegenwärtiges Lachen ist ein Vorbote kommenden Weinens', und weiterhin: ‚Du sollst nicht dorthin gehen, wo gelacht wird, sondern sitzen, wo sie weinen, denn dieses Leben vergeht in Elend!'" Dann sagte Jesus: „Wißt ihr nicht, daß in der Zeit des Moses viele Menschen in Ägypten von Gott in fürchterliche Tiere verwandelt wurden, weil sie andere verlachten und verhöhnten? Hütet euch, in irgendeiner Weise über jemanden zu lachen, denn ihr werdet gewiß darüber weinen."

Die Jünger antworteten: „Wir lachten über die Torheit des alten Mannes." Da sagte Jesus: „Wahrlich, ich sage euch, jeder liebt seinesgleichen und findet hieran Gefallen. Wenn ihr also nicht töricht wäret, würdet ihr nicht über die Torheit lachen."

Sie antworteten: „Möge Gott sich unser erbarmen."

Sagte Jesus: „So sei es."

Da fragte Philippus: „Wie kam es dazu, daß Abrahams Vater seinen Sohn verbrennen wollte?"

Jesus antwortete: „Eines Tages, als Abraham zwölf Jahre alt geworden war, sagte sein Vater zu ihm: ‚Morgen ist das Fest aller Götter; darum werden wir zum großen Tempel gehen und meinem Gott, dem großen Baal, ein Geschenk bringen. Und du sollst für dich selbst einen Gott aussuchen, denn du bist in dem Alter, einen Gott zu haben.'

Abraham antwortete mit List: ,Gern, o mein Vater.' Und so gingen sie beizeiten des Morgens vor allen anderen zum Tempel. Aber Abraham trug unter seinem Unterkleid eine Axt versteckt. Als er nun den Tempel betreten hatte und die Menge zahlreicher wurde, versteckte sich Abraham hinter einem Götzenbild in einem dunklen Teil des Tempels. Als sein Vater ging, glaubte er, daß Abraham vor ihm heimgegangen sei, und so blieb er nicht, ihn zu suchen.

28. Abrahams Errettung

ALS ALLE AUS dem Tempel hinausgegangen waren, verschlossen die Priester den Tempel und gingen weg. Da nahm Abraham die Axt und schlug allen Götzenbildern die Füße ab, außer dem großen Gott Baal. Ihm legte er die Axt zu Füßen, zwischen die Trümmer der Statuen, denn diese, alt und aus Stücken zusammengesetzt, waren in Teile zerfallen.

Als Abraham daraufhin den Tempel verließ, wurde er von einigen Männern gesehen, die ihn verdächtigten, daß er gegangen sei, etwas aus dem Tempel zu stehlen. Daher faßten sie ihn, und als sie zum Tempel kamen und ihre Götter so in Stücken sahen, riefen sie voller Wehklagen aus: ,Kommt schnell, ihr Männer, und laßt uns den töten, der unsere Götter getötet hat!' Es liefen um die zehntausend Männer zusammen, und mit ihnen die Priester, und sie fragten Abraham, aus welchem Grund er ihre Götter zerstört habe. Abraham antwortete: ,Ihr seid töricht! Soll denn ein Mensch Gott töten? Es ist der große Gott, der sie getötet hat. Seht ihr nicht die Axt, die zu seinen Füßen liegt? Er wünscht sich doch gewiß keine Gefährten!'

Da kam der Vater Abrahams hinzu, der sich der vielen Reden Abrahams gegen ihre Götter erinnerte und die Axt, mit der Abraham die Götzenbilder in Stücke geschlagen hatte, als die eigene wiedererkannte, und er rief aus: ‚Es war mein Sohn, dieser Verräter, der unsere Götter getötet hat! Denn diese Axt gehört mir.' Und er erzählte ihnen alles, was zwischen ihm und seinem Sohn geschehen war.

Die Männer sammelten also eine große Menge Holz, und als sie Abraham an Händen und Füßen gebunden hatten, setzten sie ihn auf das Holz und machten darunter Feuer.

Doch siehe! Gott befahl dem Feuer durch seinen Engel, daß es Abraham, seinen Diener, nicht verbrennen sollte. Das Feuer loderte empor mit großer Kraft und verbrannte etwa zweitausend Männer von denen, die Abraham zum Tode verurteilt hatten. Abraham aber fand sich in Freiheit und wurde vom Engel Gottes in die Nähe seines Vaterhauses getragen, ohne zu sehen, wer ihn trug; und so entkam Abraham dem Tode."

29. Gott spricht zu Abraham

DA SAGTE PHILIPPUS: „Groß ist die Gnade Gottes für den, der ihn liebt. Sag uns, o Herr, wie Abraham zu dem Wissen von Gott kam."

Jesus antwortete: „Als Abraham in die Nähe seines Vaterhauses gekommen war, fürchtete er, in das Haus hineinzugehen; also setzte er sich in einiger Entfernung von dem Hause unter eine Palme, wo er für sich blieb und sagte: ‚Es muß gewiß so sein, daß es einen Gott gibt, der mehr Leben und Macht hat als der Mensch, weil er den Menschen erschafft, und der Mensch könnte den Menschen nicht erschaffen ohne Gott.' Daraufhin schaute er umher auf Sterne, Mond und Sonne und dachte, sie seien Gott. Aber als er gesehen hatte, daß sie sich durch ihre Bewegungen verändern, sagte er: ‚Es muß gewiß so sein, daß Gott sich nicht bewegt und daß die Wolken ihn nicht verstecken, sonst würden die Menschen zunichte gemacht.' Und als er sich so im Zweifel befand, hörte er, wie sein Name gerufen wurde: ‚Abraham!' Und als er sich daraufhin umwandte und weit und breit niemanden sah, sagte er: ‚Ich habe deutlich gehört, wie jemand meinen Namen rief: »Abraham!«' Da hörte er, wie noch zweimal in gleicher Weise sein Name gerufen wurde: ‚Abraham!'

Er antwortete: ‚Wer ruft mich?'

Da hörte er jemanden sagen: ‚Ich bin der Engel Gottes, Gabriel.' Da wurde Abraham von heiliger Furcht erfüllt, der Engel aber beruhigte ihn und sprach: ‚Fürchte dich nicht, Abraham; du bist ja ein Freund Gottes. Denn als du die Götter der Menschen in Stücke zerschlagen hast, wurdest du erwählt vom Gott der Engel und Propheten, so daß du geschrieben stehst im Buche des Lebens.'

Da sagte Abraham: ‚Was muß ich tun, um dem Gott der Engel und der heiligen Propheten zu dienen?'

Der Engel antwortete: ‚Geh zu jener Quelle und wasch dich, denn Gott will mit dir sprechen.'

Abraham antwortete: ‚Wie soll ich mich denn waschen?'

Da zeigte sich ihm der Engel als ein schöner Jüngling und wusch sich in der Quelle und sagte: ‚Tue nun desgleichen auch an dir, o Abraham.' Als Abraham sich gewaschen hatte, sagte der Engel: ‚Geh auf jenen Berg hinauf, denn Gott will dort mit dir sprechen.'

Abraham stieg auf den Berg hinauf, wie der Engel es ihm gesagt hatte, und nachdem er sich niedergekniet hatte, sagte er zu sich selbst: ‚Wann wird der Gott der Engel zu mir sprechen?'

Er hörte, wie ihn jemand mit sanfter Stimme rief: ‚Abraham!' Abraham antwortete ihm: ‚Wer ruft mich?'

Die Stimme antwortete: ‚Ich bin dein Gott, o Abraham.' Voller Furcht fiel Abraham mit dem Gesicht zur Erde und sprach: ‚Wie soll dein Diener dich anhören, der Staub und Asche ist!'

Da sagte Gott: ‚Fürchte dich nicht, sondern erhebe dich, denn ich habe dich zu meinem Diener erwählt, und ich will dich segnen und dich zu einem großen Volk machen. Darum geh fort vom Hause deines Vaters und deiner Verwandten und laß dich in dem Land nieder, das ich dir und deinen Nachkommen geben werde.‘

Abraham antwortete: ‚Alles will ich tun, Herr, aber beschütze mich, damit kein anderer Gott mir etwas antun kann.‘

Da sprach Gott und sagte: ‚Ich bin Gott allein, und es gibt keinen anderen Gott als mich. Ich zerschlage und mache heil, ich töte und gebe Leben, ich führe zur Hölle hinunter, und ich bringe daraus zurück, und niemand kann meinen Händen entkommen.‘ Da gab ihm Gott den Bund der Beschneidung, und so erkannte unser Vater Abraham Gott.“

Und als Jesus dies gesagt hatte, erhob er seine Hände und sagte: „Dir sei Ehre und Herrlichkeit, o Gott. So sei es!“

30. Das Gleichnis vom Samariter

JESUS GING NACH Jerusalem um die Zeit des Laubhüttenfestes, eines Festes unseres Volkes. Die Schriftgelehrten und Pharisäer hatten davon erfahren und beschlossen, ihn in seiner Rede zu fangen.

Da kam ein Doktor zu ihm und sagte: „Herr, was muß ich tun, um ewiges Leben zu haben?“

Jesus antwortete: „Wie steht es im Gesetz geschrieben?“

Der Versucher antwortete und sagte: „Liebe den Herrn deinen Gott und deinen Nächsten. Du sollst deinen Gott über alles lieben, mit deinem ganzen Herzen und Geist, und deinen Nächsten wie dich selbst.“

Jesus antwortete: „Du hast gut geantwortet. Geh also hin und tu dies, so sage ich dir, und du wirst ewiges Leben haben.“ Er aber fragte: „Und wer ist mein Nächster?“

Seine Augen erhebend antwortete Jesus: „Ein Mann ging von Jerusalem nach Jericho, einer Stadt, die unter einem Fluch wiederaufgebaut wurde. Dieser Mann wurde unterwegs von Räubern ergriffen, verwundet und entkleidet; darauf gingen sie weg und ließen ihn halbtot liegen. Es geschah, daß ein Priester an der Stelle vorbeikam. Er sah den Verwundeten und ging weiter, ohne ihn zu grüßen. In gleicher Weise ging ein Levit vorbei, ohne ein Wort zu sagen. Es geschah, daß ein Samariter vorbeikam. Er sah den Verwundeten, wurde von Mitleid bewegt und stieg von seinem Pferd, und er nahm den Verwundeten und wusch seine Wunden mit Wein und salbte sie mit Salben, dann verband er ihm seine Wunden und tröstete ihn und setzte ihn auf sein eigenes Pferd. Als er dann am Abend die Herberge erreichte, gab er ihn in die Obhut des Gastwirtes. Und als er am nächsten Morgen aufgestanden war, sagte er: ‚Trage Sorge für diesen Mann, und ich werde dir alles bezahlen.‘ Und nachdem er dem Kranken vier Goldstücke für die Übernachtung gegeben hatte, sagte er: ‚Sei guten Mutes, denn ich werde rasch zurückkehren und dich in mein eigenes Heim führen!‘ Nun sage mir", sprach Jesus, „welcher von diesen war der Nächste?"

Der Doktor antwortete: „Der, der Mitleid zeigte."

Da sagte Jesus: „Du hast richtig geantwortet; deshalb geh hin und tu du das Gleiche."

Der Doktor schied in Verwirrung.

31. *Die Frage nach der Steuer und die Genesung des Sohnes des römischen Hauptmanns*

DA KAMEN DIE Priester auf Jesus zu und sagten: „Herr, ist es gesetzlich, dem Kaiser Tribut zu zahlen?" Jesus wandte sich an Judas und sagte: „Hast du etwas Geld?" Und Jesus nahm einen Denar in die Hand, wandte sich den Priestern zu und sagte zu ihnen: „Dieser Denar hat ein Bild: Sagt mir, wessen Bild ist es?"

Sie antworteten: „Des Kaisers."

„Gebt also", sagte Jesus, „dem Kaiser, was dem Kaiser gehört, und was Gott gehört, das gebt Gott."

Da schieden sie in Verwirrung.

Und siehe, ein römischer Hauptmann trat vor und sagte: „Herr, mein Sohn ist krank, erbarme dich meines Alters!"

Jesus antwortete: „Der Herr und Gott Israels möge sich deiner erbarmen."

Der Mann war im Weggehen begriffen, als Jesus sagte: „Warte auf mich, denn ich will in dein Haus kommen, um das Gebet über deinen Sohn zu sprechen."

Der Hauptmann antwortete: „Herr, ich bin nicht würdig, daß du, ein Prophet Gottes, in mein Haus kommst; mir genügt das Wort, das du für die Heilung meines Sohnes gesprochen hast. Denn dein Gott hat dich zum Herrn über jede Krankheit gemacht, wie sein Engel es mir im Schlaf gesagt hat."

Da verwunderte sich Jesus sehr, wandte sich der Menge zu und sagte: „Sehet diesen Fremden, denn er hat mehr Glauben als alle, die ich in Israel gefunden habe." Und er wandte sich zu dem Hauptmann und sagte: „Geh in Frieden, denn Gott hat, des großen Glaubens wegen, den er dir gab, deinem Sohn Gesundheit gewährt."

Der Hauptmann ging seiner Wege, und unterwegs begegnete er seinen Dienern, die ihm berichteten, wie sein Sohn geheilt worden war.

Der Mann fragte: „Zu welcher Stunde verließ ihn das Fieber?"

Sie sagten: „Gestern um die sechste Stunde wich die Hitze von ihm."

Der Mann wußte, daß sein Sohn gesund wurde, als Jesus sagte: „Der Herr und Gott Israels möge sich deiner erbarmen." Daraufhin glaubte der Mann an unseren Gott, und als er in sein Haus kam, brach er all seine eigenen Götter in Stücke und sagte: „Es gibt nur den Gott Israels, den wahren und lebendigen Gott." Deshalb sagte er: „Niemand soll von meinem Brot essen, der nicht dem Gott Israels dient."

32. Warnung vor der Heuchelei
Über den Ursprung der Götzendienerei

Einer, der im Gesetz bewandert war, lud Jesus zum Essen ein, um ihn zu versuchen. Jesus kam mit seinen Jüngern dorthin, und viele Schriftgelehrte warteten in dem Haus auf ihn, um ihn zu versuchen. Da setzten sich die Jünger zu Tisch, ohne ihre Hände zu waschen. Die Schriftgelehrten riefen Jesus und sagten: „Warum achten deine Jünger nicht die Überlieferungen unserer Vorfahren, indem sie sich die Hände waschen, bevor sie Brot essen?"

Jesus antwortete: „Und ich frage euch, aus welchem Grunde habt ihr Gottes Gebot ungültig gemacht, um eure Überlieferungen zu befolgen? Ihr sagt zu den Söhnen armer Väter: ‚Opfert und spendet Gaben an den Tempel.' Und sie spenden von dem wenigen, mit dem sie ihre Väter unterstützen müssen. Und wenn die Väter Geld nehmen möchten, rufen die Söhne aus: ‚Dieses Geld ist Gott geweiht', wodurch die Väter leiden. O ihr falschen Schriftgelehrten, ihr Heuchler, braucht Gott dieses Geld? Gewiß nicht, denn Gott ißt nicht, wie er durch seinen Diener David, den Propheten, sagt: ‚Soll ich denn das Fleisch der Rinder essen und das Blut der Schafe trinken? Erweist mir das Opfer der Lobpreisung, und entbietet mir eure Gelübde; denn würde ich hungern, ich würde nichts von euch erbitten, wo doch alle Dinge in meiner Hand sind und der Überfluß des Paradieses mit mir ist.' Heuchler! Ihr tut dies, um eure Börse zu füllen, und deshalb erhebt ihr den Zehnten von Raute und Minze. O ihr

Elenden! Denn ihr zeigt anderen den wahren Weg, auf dem ihr nicht gehen wollt.

Ihr Schriftgelehrten und Doktoren legt unerträglich schwere Lasten auf die Schultern anderer, während ihr selbst nicht gewillt seid, sie auch nur mit einem Finger zu tragen.

Wahrlich, ich sage euch, daß jedes Übel Eingang in die Welt gefunden hat unter Berufung auf die Vorfahren. Sagt mir, wer verschaffte dem Götzendienst Einlaß in die Welt, wenn nicht das Brauchtum der Vorfahren? Denn da war ein König, der seinen Vater über die Maßen liebte, dessen Name war Baal. Als nun der Vater gestorben war, ließ sein Sohn ein Abbild seines Vaters anfertigen, um sich zu trösten, und stellte es auf dem Marktplatz der Stadt auf. Und er erschuf einen Erlaß, daß jeder, der sich der Statue innerhalb von fünfzehn Ellen näherte, in Sicherheit sein sollte, und keinesfalls sollte ihm Schaden zugefügt werden. Daher begannen die Übeltäter, des Nutzens wegen, den sie daraus zogen, der Statue Rosen und Blumen darzubieten, und in kurzer Zeit wurden aus den Opfergaben Geld und Nahrungsmittel, so daß sie sie schließlich Gott nannten, um sie zu ehren. Aus dieser Gewohnheit wurde ein Gesetz, so daß sich das Götzenbild des Baal über die ganze Welt verbreitete. Und wie sehr beklagte Gott dies durch seinen Propheten Jesaja mit den Worten: ‚Wahrhaft dient mir dieses Volk umsonst, denn sie haben mein Gesetz ungültig gemacht, das ihnen durch meinen Diener Moses gegeben wurde, und folgen den Überlieferungen ihrer Vorfahren.‘

Wahrlich, ich sage euch, Brot zu essen mit unreinen Händen verunreinigt den Menschen nicht; denn was in den Menschen hineingeht, verunreinigt den Menschen nicht, sondern was aus dem Menschen herauskommt, verunreinigt den Menschen."

Da sagte einer der Schriftgelehrten: „Wenn ich Schweinefleisch esse oder andere unreine Speisen, wird dies nicht meinen Geist verunreinigen?"

Jesus antwortete: „Ungehorsam wird nicht hineingehen in den Menschen, sondern wird aus dem Menschen herauskommen, aus seinem Herzen; deshalb wird er verunreinigt, wenn er verbotene Speise ißt."

Da sagte einer der Doktoren: „Herr, du hast viel gegen die Götzendienerei gesprochen, so als hätte das Volk Israel Götzen, und damit hast du uns Unrecht getan."

Jesus antwortete: „Ich weiß wohl, daß es in Israel heute keine Statuen aus Holz gibt, aber es gibt Statuen aus Fleisch."

Da antworteten alle Schriftgelehrten voller Zorn: „So sind wir also Götzendiener?"

Jesus antwortete: „Wahrlich, ich sage euch, das Gebot heißt nicht: ‚Du sollst dienen', sondern ‚Du sollst den Herrn deinen Gott mit deiner ganzen Seele lieben, und mit deinem ganzen Herzen, und mit deinem ganzen Geist.'Ist dies wahr?" sagte Jesus. „Es ist wahr", antwortete ein jeder.

33. Warnung vor Götzendienerei

DA SAGTE JESUS: „Wahrlich, alles, was ein Mensch liebt, wofür er alles andere läßt, das ist sein Gott. Und so hat der Unzüchtige als Bild die Hure, der Schlemmer und der Trinker haben als Bild ihr eigenes Fleisch, und der Geizige hat als Bild Silber und Gold, und so ist es mit jedem anderen Sünder."

Da sagte der, der ihn eingeladen hatte: „Herr, was ist die größte Sünde?"

Jesus antwortete: „Was ist der größte Schaden eines Hauses?" Alle schwiegen, als Jesus mit dem Finger auf das Fundament zeigte und sagte: „Wenn das Fundament nachgibt, fällt das Haus sofort zusammen, so daß es notwendig wird, es neu aufzubauen; aber wenn die anderen Teile nachgeben, kann es repariert werden. Ebenso sage ich euch, daß Götzendienerei die größte Sünde ist, weil sie dem Menschen den Glauben raubt und damit Gott, so daß er keine geistige Liebe haben kann. Aber jede andere Sünde läßt dem Menschen die Hoffnung, Gnade zu erlangen, und darum sage ich, daß Götzendienerei die größte Sünde ist."

Alle verwunderten sich über die Rede Jesu, denn sie begriffen, daß sie in keiner Weise bezweifelt werden konnte.

Da fuhr Jesus fort: „Erinnert euch an das, was Gott sprach und was Moses und Josua als Gesetz niederschrieben, und ihr werdet sehen, wie schwer diese Sünde ist. Es sagte Gott, als er zu Israel sprach: ‚Du sollst dir kein Bild von jenen Dingen machen, die im Himmel sind; noch von jenen Dingen, die unter dem Himmel sind, noch sollst du eines machen von jenen Dingen, die über der Erde sind, noch von denen, die unter der Erde sind; und nicht von denen, die über dem Wasser sind, noch von denen, die unter Wasser sind. Denn ich bin dein Gott, stark und eifersüchtig, der Rache nehmen wird für diese Sünde an den Vätern und an ihren Kindern bis ins vierte Glied.' Erinnert euch, als unser Volk das Kalb gemacht hatte und es anbetete, wie Josua und der Stamm Levi auf Gottes Befehl hin das Schwert nahmen und einhundertzwanzigtausend erschlugen von jenen, die nicht die Gnade Gottes erflehten. O schreckliches Urteil Gottes über die Götzendiener!"

34. Von der Demut

DA STAND EINER vor der Tür, dessen rechte Hand so geschrumpft war, daß er sie nicht benutzen konnte. Da erhob Jesus sein Herz zu Gott und betete und sagte darauf: „Damit ihr wißt, daß meine Worte wahr sind, sage ich: ‚Im Namen Gottes, Mann, strecke deine kranke Hand aus!'" Er streckte sie aus, und sie war heil, als wäre sie nie krank gewesen.

Da begannen sie zu essen in Gottesfurcht. Und als Jesus etwas gegessen hatte, sprach er von neuem: „Wahrlich, ich sage euch, es wäre besser, eine Stadt zu verbrennen, als eine schlechte Sitte dort zu lassen. Denn deshalb zürnt Gott den Fürsten und Königen der Erde, denen Gott das Schwert gab, um die Schlechtigkeit zu zerstören."

Dann sagte Jesus: „Wenn du eingeladen bist, denk daran, daß du dich nicht auf den höchsten Platz setzt, damit der Gastgeber nicht sagt, wenn ein größerer Freund des Gastgebers kommt: ‚Erhebe dich und nimm einen niedrigeren Platz ein!', was dich beschämen würde. Sondern geh und nimm den niedrigsten Platz ein, damit der, der dich eingeladen hat, komme und sage: ‚Steh auf, Freund, und setz dich hierher nach oben.' Denn dann wirst du große Ehre haben, denn jeder, der sich erhöht, wird erniedrigt werden, und wer sich erniedrigt, wird erhöht werden. Wahrlich, ich sage euch, daß Satan wegen keiner anderen Sünde als wegen seines Stolzes verdammt wurde. Ebenso sagt es der Prophet Jesaja, der ihn mit diesen Worten tadelt: ‚Wie bist du doch vom Himmel gefallen, o Luzifer, der du die Schönheit der Engel warst und strahltest wie die Morgenröte; so ist denn dein Stolz zur Erde gefallen!'

Wahrlich, ich sage euch, würde ein Mensch sein Elend kennen, er würde stets weinen hier auf Erden und sich selbst niedriger einschätzen als alles andere. Aus keinem anderen Grunde weinte der erste Mann und mit ihm seine Frau hundert Jahre lang ohne Unterlaß, und sie flehten Gott um Gnade an. Denn sie wußten wahrhaft, wohin sie durch ihren Stolz gefallen waren."

Und nachdem Jesus dies gesagt hatte, sagte er Dank; und an jenem Tag wurde in Jerusalem bekannt, welch große Dinge Jesus gesagt hatte, und auch das Wunder, das er gewirkt hatte, so daß das Volk Gott dankte und seinen heiligen Namen segnete.

Aber die Schriftgelehrten und Priester, die erkannt hatten, daß er gegen die Überlieferungen der Vorfahren sprach, wurden von immer größerem Haß angestachelt. Und wie Pharao verhärteten sie ihr Herz; deshalb suchten sie eine Gelegenheit, ihn zu töten, fanden aber keine.

35. Satans Fall durch Stolz

JESUS MACHTE SICH auf aus Jerusalem und ging in die Wüste jenseits des Jordan; und seine Jünger, die um Jesus herum saßen, sagten zu ihm: „O Herr, erzähl uns, wie Satan zu Fall kam durch Stolz; denn wir haben verstanden, daß er durch Ungehorsam zu Fall kam und weil er den Menschen stets in Versuchung führt, Böses zu tun."

Jesus antwortete: „Gott hatte einen Klumpen Erde erschaffen und ihn fünfundzwanzigtausend Jahre lang ruhen lassen, ohne etwas damit zu tun; Satan, der gleichsam Priester und Oberster der Engel war, wußte durch den großen Verstand, den er besaß, daß Gott von diesem Klumpen Erde einhundertvierundvierzigtausend mit dem Zeichen des Prophetentums Versehene nehmen würde sowie den Gesandten Gottes. Und die Seele dieses Gesandten hatte er sechzigtausend Jahre vor allem anderen erschaffen. Da er aber aufsässig war, stachelte er die Engel auf und sagte: ‚Sehet, eines Tages wird Gott wollen, daß diese Erde von uns verehrt wird. Deshalb bedenket, daß wir Geist sind, und deshalb ziemt es sich nicht, dies zu tun.'

Deshalb wandten sich viele von Gott ab. Da sagte Gott eines Tages, als die Engel alle versammelt waren: ‚Jeder, der mich für seinen Herrn hält, möge sich rasch vor dieser Erde verneigen.' Die, die Gott liebten, verbeugten sich; aber Satan und die, die eines Sinnes mit ihm waren, sagten: ‚O Herr, wir sind Geist, und deshalb ist es nicht recht, daß wir diesem Lehm Ehrfurcht erweisen.' Als Satan dies gesagt hatte, bekam er ein scheußliches und fürchterliches Aussehen; und seine Gefolgsleute wurden schreckenerregend; denn ihrer

Auflehnung wegen nahm Gott die Schönheit von ihnen, mit der er sie ausgestattet hatte, als er sie schuf. Und als die heiligen Engel ihr Haupt erhoben, da sahen sie, welch schreckliche Ungeheuer aus Satan und seinen Gefolgsleuten geworden waren, und in Furcht warfen sie sich mit dem Gesicht zur Erde nieder.

Da sagte Satan: ,O Herr, du hast mich ungerechterweise zum Unhold gemacht, aber ich bin hierüber zufrieden, denn ich wünsche, alles zunichte zu machen, was du tun wirst.' Und die anderen Teufel sagten: ,Nenne ihn nicht Herr, o Luzifer, denn du bist Herr.'

Da sagte Gott zu den Gefolgsleuten Satans: ,Bereuet und erkennet mich an als Gott, euren Schöpfer.'

Sie antworteten: ,Wir bereuen, daß wir dir jemals Ehrfurcht erwiesen haben, denn du bist nicht gerecht, aber Satan ist gerecht und unschuldig, und er ist unser Herr.'

Da sagte Gott: ,Weichet von mir, o ihr Verdammten, denn ich habe keine Gnade mit euch.'

Und beim Weggehen spuckte Satan auf jenen Klumpen Erde, und jenen Speichel hob der Engel Gabriel auf mit etwas Erde, so daß der Mensch deswegen nun den Bauchnabel hat."

36. Vom Gebet

DIE JÜNGER WAREN in großem Staunen über den Aufstand der Engel. Da sagte Jesus: „Wahrlich, ich sage euch, daß der, der nicht betet, mehr Bosheit hat als Satan und größere Qualen erleiden wird. Denn Satan kannte vor seinem Fall kein Beispiel von Furcht, noch schickte Gott ihm auch nur einen Propheten, um ihn zur Reue aufzufordern; aber der Mensch – nun, da alle Propheten gekommen sind außer dem Gesandten Gottes, der nach mir kommen wird, weil Gott es so will, auf daß ich seinen Weg bereite –, und der Mensch, sage ich, obwohl er unendlich viele Beispiele der Gerechtigkeit Gottes hat, lebt sorglos ohne jede Furcht, als gäbe es Gott nicht. Eben darüber sagte der Prophet David: ‚Der Narr hat in seinem Herzen gesagt, es gibt keinen Gott. Deshalb sind sie verdorben und werden verachtenswert, und keiner von ihnen tut Gutes.‘

Betet unaufhörlich, o meine Jünger, damit ihr empfangen möget. Denn wer sucht, der findet, und wer anklopft, dem wird aufgemacht, und wer bittet, der empfängt. Und sucht in eurem Gebet nicht vieles Reden, denn Gott schaut auf das Herz, wie er durch Salomon verkündete: ‚O mein Diener, gib mir dein Herz.‘ Wahrlich, ich sage euch, so wahr Gott lebt: Die Heuchler beten viel in jedem Teil der Stadt, damit sie gesehen und von der Menge für Heilige gehalten werden; aber ihr Herz ist voller Bosheit, und deshalb meinen sie es nicht ehrlich mit dem, was sie erbitten. Es ist nötig, daß du dein Gebet ehrlich meinst, wenn du willst, daß Gott es annimmt. Nun saget mir, wer würde gehen, um mit dem römischen Statthalter oder mit Herodes zu sprechen, wenn er sich nicht zunächst bedenkt, zu wem er im Begriff ist zu gehen und was er tun wird? Gewiß niemand. Und wenn der Mensch dies tut, um mit einem Menschen zu sprechen, was soll der Mensch dann tun, um mit Gott zu sprechen, ihn um Gnade zu bitten für seine Sünden und ihm zu danken für alles, was er ihm gegeben hat?

Wahrlich, ich sage euch, daß sehr wenige wahrhaft beten, und deshalb hat Satan Macht über sie, denn Gott will die nicht, die ihm mit ihren Lippen dienen, die im Tempel mit ihren Lippen um Gnade bitten, und ihr Herz ruft nach Gerechtigkeit. Ebenso wie er zu dem Propheten Jesaja sprach und sagte: ‚Nimm dieses Volk von mir hinweg, welches mir ein Ärgernis ist, weil es mich mit seinen Lippen ehrt, aber sein Herz ist fern von mir.‘ Wahrlich, ich sage euch, daß der, der ohne Überlegung betet, Gott verhöhnt.

Wer würde nun zu Herodes gehen, um mit ihm zu reden, und ihm dabei den Rücken zuwenden und vor ihm Gutes reden über den Statthalter Pilatus, den er auf den Tod haßt? Gewiß niemand.

Doch nichts anderes tut derjenige, der zum Gebet geht und sich nicht vorbereitet. Er wendet sich mit dem Rücken zu Gott und mit dem Gesicht zu Satan, und von diesem spricht er Gutes. Denn in seinem Herzen ist Liebe zu der Schlechtigkeit, die er nicht bereut hat.

Wenn jemand, der dich beleidigt hat, mit den Lippen zu dir sagen würde ‚Vergib mir‘ und dir mit der Hand einen Schlag versetzen würde, wie würdest du ihm vergeben können! Geradeso wird Gott mit denen Gnade haben, die mit ihren Lippen sagen: ‚Herr, hab Gnade mit uns‘, und mit ihrem Herzen die Schlechtigkeit lieben und an neue Sünden denken.“

37. Das Gebet Jesu

DIE JÜNGER WEINTEN bei Jesu Worten und bedrängten ihn und sagten: „Herr, lehre uns beten.“

Jesus antwortete: „Bedenket, was ihr tun würdet, wenn der römische Statthalter euch fangen ließe, um euch zu töten, und tut dasselbe, wenn ihr zum Gebet geht. Und laßt dies eure Worte sein: ‚O Herr unser Gott, gesegnet sei dein heiliger Name, dein Königreich komme in uns, dein Wille geschehe allzeit, und wie er im Himmel geschieht, so geschehe er auf Erden; gib uns das Brot für jeden Tag und vergib uns unsere Sünden, so wie wir denen vergeben, die gegen uns sündigen, und laß uns nicht in Versuchung fallen, sondern errette uns von dem Bösen, denn du bist allein unser Gott, dem Herrlichkeit und Ehre für immer gebührt.‘“

38. Von der Kraft des Gebetes

DA ERWIDERTE JOHANNES: „Herr, wir wollen uns waschen, wie Gott es durch Moses befahl."

Jesus sagte: „Glaubt ihr, daß ich gekommen bin, um das Gesetz und die Propheten zu zerstören? Wahrlich, ich sage euch, so wahr Gott lebt, ich bin nicht gekommen, um es zu zerstören, sondern um es einzuhalten. Denn jeder Prophet hat das Gesetz Gottes gehalten und all das, was Gott durch die anderen Propheten gesprochen hat. So wahr Gott lebt, in dessen Gegenwart meine Seele steht, niemand, der auch nur das geringste Gebot bricht, kann Gott gefällig sein, sondern er wird der Geringste sein im Königreich Gottes, weil er daran nicht teilhaben wird. Mehr noch, ich sage euch, daß keine Silbe von Gottes Gesetz gebrochen werden kann ohne schwerste Sünde, und ihr sollt wissen, daß es nötig ist, dem zu folgen, was Gott durch den Propheten Jesaja sagte mit diesen Worten: ‚Wascht euch und seid rein, nehmt eure Gedanken von meinen Augen hinweg.'

Wahrlich, ich sage euch, alle Wasser der Meere werden den nicht reinwaschen, der mit seinem Herzen die Schlechtigkeit liebt. Und weiterhin sage ich euch, daß niemand ein gottgefälliges Gebet machen wird, wenn er nicht gewaschen ist, sondern seine Seele mit Sünde belädt wie durch Götzendienst.

Glaubt mir fürwahr, wenn ein Mensch zu Gott betete, wie es sich geziemt, würde er alles erhalten, was er erbittet. Denkt doch an Moses, Gottes Diener, der mit seinem Gebet Israel züchtigte, das Rote Meer öffnete und dort Pharao und seine Heerscharen ertränkte. Denkt an Josua, der die Sonne stillstehen ließ, an Samuel, der die zahllosen Scharen der Philister mit Furcht schlug, an Elias, der das Feuer vom Himmel regnen ließ, an Elischa, der einen Toten auferweckte, und an so viele andere heilige Propheten, die durch ihr Gebet alles

bekamen, was sie erbaten. Aber jene Männer suchten wahrhaft nicht ihr Eigenes in ihren Dingen, sondern suchten nur
Gott und seine Ehre."

39. Die Erschaffung des Menschen

DA SAGTE JOHANNES: „Wohl hast du gesprochen, o Herr,
aber wir wissen noch nicht, wie der Mensch durch Stolz
sündigte."

Jesus antwortete: „Als Gott Satan vertrieben und der
Engel Gabriel den Erdklumpen gereinigt hatte, auf den
Satan spie, da erschuf Gott alles, was lebt, sowohl die Tiere,
die fliegen, als auch die, die gehen und schwimmen, und er
schmückte die Welt mit allem, was in ihr ist. Eines Tages
näherte sich Satan den Toren des Paradieses, und als er die
grasenden Pferde sah, verkündete er ihnen, daß es, wenn
jener Klumpen Erde eine Seele bekäme, für sie schwere
Arbeit geben würde; daher sei es von Vorteil für sie, auf den
Erdklumpen in solcher Weise zu trampeln, daß er zu nichts
mehr zu gebrauchen sein würde. Die Pferde erhoben sich
und begannen, in ungestümer Weise über das Stück Erde zu
laufen, das zwischen Lilien und Rosen lag. Da gab Gott
jenem unreinen Stück Erde Leben, auf dem der Speichel des
Satan lag, welchen Gabriel von dem Klumpen aufgehoben
hatte; und er wiegelte den Hund auf, der die Pferde mit
seinem Bellen erschreckte, daß sie flohen. Da gab Gott dem
Menschen seine Seele, während alle heiligen Engel sangen:
‚Gesegnet sei dein heiliger Name, o Herr unser Gott.‘

Adam sprang auf und sah am Himmel eine Schrift, die
strahlte wie die Sonne und besagte: ‚Es gibt nur einen Gott,
und Mahomet ist der Gesandte Gottes.‘ Da öffnete Adam
den Mund und sagte: ‚Ich danke dir, o Herr mein Gott, daß
du mir die Ehre erwiesen hast, mich zu erschaffen; aber sag
mir, ich bitte dich, was bedeutet die Botschaft dieser Worte:

»Mahomet ist der Gesandte Gottes«? Hat es vor mir andere Menschen gegeben?'

Da sagte Gott: ‚Sei mir willkommen, o mein Diener Adam. Ich sage dir, daß du der erste Mensch bist, den ich erschaffen habe. Und der, von dem du sprachst, ist dein Sohn, der viele Jahre später in die Welt kommen und mein Gesandter sein wird, für den ich alle Dinge erschaffen habe; der der Welt Licht geben wird, wenn er kommt; dessen Seele in himmlischen Glanz gesetzt wurde sechzigtausend Jahre, bevor ich irgend etwas machte.'

Adam bat Gott und sagte: ‚Herr, erfülle mir die Bitte, dies auf die Nägel der Finger meiner Hände zu schreiben.' Da gab Gott dem ersten Menschen jene Schrift auf seine Daumen; auf dem Daumennagel der rechten Hand stand geschrieben: ‚Es gibt nur einen Gott!' Und auf dem Daumennagel der linken stand geschrieben: ‚Mahomet ist der Gesandte Gottes.' Da küßte der erste Mensch jene Worte mit väterlicher Zuneigung und rieb seine Augen und sagte: ‚Gesegnet sei der Tag, da du in die Welt kommen wirst.'

Als Gott sah, daß der Mensch allein war, sagte er: ‚Es ist nicht gut, daß er allein bleibe.' Deshalb ließ er Schlaf über ihn kommen und nahm eine Rippe aus der Nähe seines Herzens und füllte die Stelle mit Fleisch. Aus dieser Rippe machte er Eva und gab sie dem Adam zur Frau. Er machte sie beide zu Herren des Paradieses und sagte zu ihnen: ‚Seht, ich gebe euch jede Frucht zu essen außer Äpfeln und Getreide', und von diesen sagte er: ‚Hütet euch, daß ihr auf keinen Fall von diesen Früchten eßt, denn ihr werdet dadurch unrein werden, so daß ich nicht dulden werde, daß ihr hier bleibt, sondern euch fortjagen werde, und ihr werdet großes Elend erleiden.'

40. Satan verführt Eva

ALS SATAN DIES erfuhr, geriet er außer sich vor Zorn. Und so ging er hin zum Tor des Paradieses, wo eine schreckliche Schlange wachte, die hatte Beine wie ein Kamel, und ihre Fußnägel waren an den Seiten wie Messer geformt. Zu ihr sagte der Feind: ‚Laß mich ins Paradies eintreten.‘

Die Schlange antwortete: ‚Wie kann ich dich denn hineinlassen, wo Gott mir doch befohlen hat, dich zu verjagen?‘

Satan antwortete: ‚Du siehst, wie sehr Gott dich liebt, da er dich außerhalb des Paradieses gestellt hat, um über einen Klumpen Lehm zu wachen, welcher der Mensch ist. Wenn du mich ins Paradies bringst, will ich dich daher so schrecklich machen, daß jeder vor dir fliehen wird, und so kannst du nach deinem Gutdünken gehen und bleiben.‘

Da sagte die Schlange: ‚Und wie soll ich dich hineinbringen?‘

Satan sagte: ‚Du bist groß; öffne also deinen Mund, und ich werde in deinen Bauch hineingehen, und dann, wenn du ins Paradies hineingehst, sollst du mich in die Nähe dieser beiden Lehmklumpen bringen, die neuerdings auf Erden wandeln.‘

Das tat die Schlange und brachte Satan hin zu Eva, denn Adam, ihr Mann, schlief gerade. Satan zeigte sich der Frau in der Gestalt eines schönen Engels und sagte zu ihr: ‚Warum ißt du nicht von jenen Äpfeln und von dem Getreide?‘ Eva antwortete: ‚Unser Gott hat zu uns gesagt, daß wir unrein werden, wenn wir davon essen, und daß er uns deshalb aus dem Paradies vertreiben wird.‘

Satan antwortete: ‚Er sagt nicht die Wahrheit. Du mußt wissen, daß Gott böse und neidisch ist, und deshalb duldet er nicht seinesgleichen, sondern hält einen jeden wie einen Sklaven. Und deshalb hat er so zu euch gesprochen, damit ihr ihm nicht gleich werdet. Aber wenn du und dein Gefährte nach meinem Ratschlag handelt, werdet ihr von jenen Früchten essen genau wie von den anderen, und ihr werdet nicht anderen unterworfen bleiben, sondern wie Gott werdet ihr Gut und Böse erkennen, und ihr werdet tun, was euch gefällt, weil ihr Gott gleich sein werdet.'

Da nahm Eva und aß von jenen Früchten, und als ihr Mann erwachte, erzählte sie alles, was Satan gesagt hatte, und er nahm von dem, was seine Frau ihm anbot, und aß. Und dann, als er im Begriff war, das Essen hinunterzuschlucken, erinnerte er sich der Worte Gottes; daher wollte er das Essen anhalten und steckte sich die Hand in den Schlund, wo jeder Mann das Zeichen hat.

41. Die Vertreibung aus dem Paradies

DA WUSSTEN SIE beide, daß sie nackt waren; und da sie sich schämten, nahmen sie Feigenblätter, um ihre Scham zu bekleiden. Als Mittag vorüber war, siehe, da erschien ihnen Gott und rief Adam und sagte: ,Adam, wo bist du?' Er antwortete: ,Herr, ich habe mich vor deinem Antlitz verborgen, weil ich und meine Frau nackt sind, und deshalb schämen wir uns, vor dich hinzutreten.'

Da sagte Gott: ,Und wer hat euch eurer Unschuld beraubt, es sei denn, ihr hättet die Früchte gegessen, durch die ihr unrein seid und nicht länger im Paradies verweilen könnt.'

Adam antwortete: ,O Herr, die Frau, die du mir gegeben hast, bat mich inständig zu essen, und so habe ich davon gegessen.'

Da sagte Gott zu der Frau: ,Warum gabst du deinem Mann solche Speise?'

Eva antwortete: ,Satan täuschte mich, und so habe ich denn gegessen.'

,Und wie hat jener Verdammte hierher Einlaß gefunden?' sagte Gott.

Eva antwortete: ‚Eine Schlange, die am nördlichen Tor stand, brachte ihn zu mir.‘

Da sagte Gott zu Adam: ‚Weil du gehört hast auf die Stimme deiner Frau und die Frucht gegessen hast, sei die Erde in deinen Werken verflucht; sie soll dir Gestrüpp und Dornen hervorbringen, und im Schweiße deines Angesichtes sollst du Brot essen. Und gedenke, daß du Erde bist und zu Erde zurückkehren wirst.‘

Und er sprach zu Eva und sagte: ‚Und du, die du auf Satan gehört hast und deinem Mann das Essen gabst, wirst die Herrschaft des Mannes ertragen, der dich wie eine Sklavin halten wird, und du wirst unter Schmerzen Kinder gebären.‘

Und als Gott die Schlange gerufen hatte, rief er den Engel Michael, der das Schwert Gottes hält, und sagte: ‚Zuerst verjage diese böse Schlange aus dem Paradiese und dann schneide ihr draußen die Beine ab; denn wenn sie gehen will, soll sie ihren Körper über die Erde schleifen.‘ Dann rief Gott Satan, der kam lachend, und er sagte zu ihm: ‚Weil du, Verdammter, diese getäuscht hast und gemacht hast, daß sie unrein werden, will ich, daß jede Unreinheit von ihnen und ihren Kindern, für die sie wahrhaft büßen und mir dienen werden, beim Verlassen ihres Körpers in deinen Mund eintreten wird; und so wirst du von Unreinheit erfüllt werden.‘

Da gab Satan ein schreckliches Gebrüll von sich und schrie: ‚Da du mich immer schlimmer machen willst, werde ich mich nun zu dem machen, dessen ich fähig bin.‘

Und Gott sagte : ‚Hinweg, Verfluchter, aus meiner Gegenwart!‘ Da ging Satan von dannen, und Gott befahl Adam und Eva, die beide weinten: ‚Gehet fort aus dem Paradiese und tut Buße und gebet die Hoffnung nicht auf, denn ich werde euren Sohn in solcher Weise senden, daß euer Nachkomme die Herrschaft des Satan hinwegnehmen wird von der Menschheit; denn dem, der kommen wird, meinem Gesandten, dem werde ich alles geben.‘

Gott verbarg sich, und der Engel Michael trieb sie hinaus aus dem Paradiese. Da sah Adam, als er sich umwandte, über dem Tor geschrieben: ‚Es gibt nur einen Gott, und Mahomet ist Gottes Gesandter.‘ Und dann weinte er und sagte: ‚Möge es Gott gefallen, o mein Sohn, daß du schnell kommen mögest, uns von dem Elend zu befreien.‘

Und so“, sagte Jesus, „sündigten Satan und Adam durch Stolz, der eine, indem er den Menschen verachtete, der andere, indem er sich selbst Gott gleich machen wollte.“

42. Erneute Befragung durch den Priester
Begegnung auf dem Berge Tabor

NACH DIESER REDE weinten die Jünger, und Jesus weinte. Da sahen sie viele, die ihn suchten, denn die obersten Priester berieten untereinander, wie sie ihn in seiner Rede fangen könnten. Darum schickten sie die Leviten und einige der Schriftgelehrten, ihn zu befragen, und sie sagten: „Wer bist du?“

Jesus bekannte und sagte die Wahrheit: „Ich bin nicht der Messias.“

Sie fragten: „Bist du Elias oder Jeremias oder einer der früheren Propheten?“

Jesus antwortete: „Nein.“

Da sagten sie: „Wer bist du? Sag es, damit wir denen Auskunft geben, die uns schickten.“

Da sagte Jesus: „Ich bin eine Stimme, die durch ganz Judäa ruft, und sie ruft: ‚Bereitet den Weg für den Gesandten des Herrn‘, so wie es bei Jesaja geschrieben steht.“

Sie fragten: „Wenn du weder der Messias noch Elias bist, noch irgendein Prophet, warum predigst du neue Lehre und machst, daß man dich für größer hält als den Messias?“

Jesus antwortete: „Die Wunder, die Gott durch meine Hände wirkt, zeigen, daß ich das spreche, was Gott will, und ich lasse mich wahrhaftig nicht für den halten, von dem ihr sprecht. Denn ich bin nicht würdig, dem Gesandten Gottes die Bänder seiner Beinkleider oder die Schuhriemen zu lösen, ihm, den ihr ‚Messias' nennt, der vor mir erschaffen wurde und nach mir kommen wird, die Worte der Wahrheit zu bringen. Sein Glaube wird kein Ende haben." Die Leviten und Schriftgelehrten schieden in Verwirrung und berichteten alles den obersten Priestern, die sagten: „Er hat den Teufel im Rücken, der erzählt ihm alles."

Da sprach Jesus zu seinen Jüngern: „Wahrlich, ich sage euch, daß die Obersten und Ältesten unseres Volkes auf eine Gelegenheit gegen mich sinnen."

Da sagte Petrus: „Dann geh nicht mehr nach Jerusalem."

Und Jesus tadelte ihn: „Du bist töricht und weißt nicht, was du sagst, denn es ist nötig, daß ich viele Verfolgungen erleide, weil alle Propheten und Heiligen Gottes dies erlitten haben. Aber hab keine Angst, denn es werden welche sein, die mit uns sind, und es werden welche sein, die gegen uns sind."

Und als Jesus dies gesagt hatte, ging er weg, und er ging zum Berge Tabor, und mit ihm hinauf gingen Petrus und Jakobus und Johannes, sein Bruder, und mit ihnen der, der dies schreibt. Da erschien ein großes Licht über ihm, und seine Gewänder wurden weiß wie Schnee, und sein Antlitz erstrahlte wie die Sonne, und siehe, da kamen Moses und Elias und sprachen mit Jesus über alles, was gewißlich über unser Volk und über die heilige Stadt kommen wird.

Petrus sprach und sagte: „Herr, es ist gut, hier zu sein. Deshalb werden wir hier, wenn du willst, drei Hütten machen, eine für dich und eine für Moses und die andere für Elias." Und während er sprach, wurden sie von einer weißen Wolke umhüllt, und sie hörten eine Stimme sagen: „Sehet meinen Diener, an dem ich große Freude habe; höret auf ihn."

Die Jünger waren von Furcht erfüllt und fielen mit dem Gesicht zur Erde nieder wie tot. Jesus beugte sich nieder und richtete seine Jünger wieder auf und sagte: „Fürchtet euch nicht, denn Gott liebt euch und hat dies getan, damit ihr meinen Worten glauben mögt."

43. Die Lehre vom Messias

JESUS STIEG ZU den acht Jüngern hinab, die unten auf ihn warteten. Und die vier berichteten den acht alles, was sie gesehen hatten; und es ging an jenem Tag jeder Zweifel an Jesus von ihren Herzen, außer von Judas Ischariot, der nichts glaubte.

Jesus setzte sich an den Fuß des Berges, und sie aßen von den wilden Früchten, denn sie hatten kein Brot.

Da sagte Andreas: „Du hast uns viele Dinge über den Messias erzählt, darum sage uns in deiner Freundlichkeit wirklich alles." Und auf diese Art und Weise drangen die anderen Jünger in ihn.

Und so sagte Jesus: „Jeder, der arbeitet, arbeitet für ein Ziel, in dem er Zufriedenheit findet. Darum sage ich euch, daß Gott, eben weil er vollkommen ist, kein Bedürfnis nach Zufriedenheit hat, da er ja in sich selbst Zufriedenheit hat. Und so, in dem Willen zu arbeiten, schuf er vor allen Dingen die Seele seines Gesandten, für den er beschloß, das Ganze zu erschaffen, damit die Geschöpfe Freude und Segen in Gott finden mögen, weshalb sein Gesandter Freude an allen Geschöpfen finden sollte, die er bestimmt hatte, seine Sklaven zu sein. Und warum ist dies so, wenn er es nicht so gewollt hat?

Wahrlich, ich sage euch, daß jeder Prophet, als er kam, nur einem einzigen Volk das Zeichen der Gnade Gottes gebracht hat. Und so wurden ihre Worte nur demjenigen Volke gegeben, zu dem sie entsandt waren. Aber wenn der

Gesandte Gottes kommen wird, wird Gott ihm das Siegel seiner Hand geben, so daß er Erlösung und Gnade zu allen Völkern der Welt bringen wird, die seine Lehre empfangen werden. Er wird mit Macht über die Gottlosen kommen und wird die Götzendienerei zerstören, so daß er Satan verwirren wird. Denn so versprach Gott dem Abraham und sagte: ‚Siehe, in deinem Nachkommen werde ich alle Stämme der Erde segnen; und so wie du die Götzen in Stücke zerbrochen hast, o Abraham, ebenso wird es dein Nachkomme tun!‘"

Jakobus antwortete: „O Herr, sag uns, an wen das Versprechen erging; denn die Juden sagen: ‚an Isaak‘, und die Ismaeliten sagen: ‚an Ismael‘."

Jesus antwortete: „David, wessen Sohn war er, und von welchem Stamm?"

Jakobus antwortete: „Von Isaaks Stamm, denn Isaak war Vater des Jakob, und Jakob war Vater des Juda, von dessen Stamm David ist."

Da sagte Jesus: „Und der Gesandte Gottes, wenn er kommen wird, von welchem Stamm wird er sein?"

Die Jünger antworteten: „Von Davids Stamm."

Da sagte Jesus: „Ihr täuscht euch; denn David nannte ihn im Geiste Herr und sagte so: ‚Gott sagte zu meinem Herrn: »Sitze zu meiner Rechten, bis ich deine Feinde zu deiner Fußbank machen werde.« Gott wird deinen Sproß entsenden, der inmitten deiner Feinde herrschen wird.‘ Wenn der Gesandte Gottes, den ihr Messias nennt, Sohn des David wäre, wie sollte David ihn Herr nennen? Glaubt mir, denn ich sage euch wahrlich, daß das Versprechen an Ismael erging, nicht an Isaak."

44. *Abstammung und Wesen des Messias*

DA SAGTEN DIE Jünger: „O Herr, im Buche des Moses steht es so geschrieben, daß an Isaak das Versprechen erging."

Jesus antwortete seufzend: „Es steht so geschrieben, aber Moses schrieb es nicht und ebensowenig Josua, sondern vielmehr unsere Rabbiner, die Gott nicht fürchten. Wahrlich, ich sage euch, wenn ihr die Worte des Engels Gabriel bedenkt, werdet ihr die Bosheit unserer Schriftgelehrten und Doktoren erkennen. Denn der Engel sagte: ‚Abraham, die ganze Welt wird wissen, wie sehr Gott dich liebt; aber wie soll die Welt die Liebe erkennen, die du zu Gott hast? Gewiß ist es nötig, daß du etwas tust aus Liebe zu Gott.‘ Abraham antwortete: ‚Siehe den Diener Gottes, bereit, alles zu tun, was Gott wünschen wird!‘

Da sprach Gott und sagte zu Abraham: ‚Nimm deinen Sohn, deinen Erstgeborenen, Ismael, und komm auf den Berg und opfere ihn!‘ Wie ist Isaak erstgeboren, wenn Ismael sieben Jahre alt war, als Isaak geboren wurde?"

Da sagten die Jünger: „Klar ist die Täuschung unserer Schriftgelehrten; deshalb sage du uns die Wahrheit, weil wir wissen, daß du von Gott gesandt bist."

Da antwortete Jesus: „Wahrlich, ich sage euch, daß Satan stets die Gesetze Gottes nichtig zu machen sucht; und er und mit ihm sein Gefolge, die Heuchler und die Übeltäter – die ersteren mit falscher Lehre, die letzteren mit lasterhaftem Lebenswandel – haben daher heute fast alles verseucht, so daß man kaum Wahrheit finden kann. Wehe den Heuchlern! Denn das Lob dieser Welt wird sich für sie in der Hölle in Beschimpfungen und Qualen verwandeln.

Ich sage euch deshalb, daß der Gesandte Gottes ein Glanz ist, der nahezu allem Freude bringen wird, was Gott gemacht hat; denn er ist geschmückt mit dem Geiste des Verstehens und des Ratschlags, dem Geiste der Weisheit und der

Macht, dem Geiste der Furcht und der Liebe, dem Geiste der Klugheit und der Mäßigkeit; er ist geschmückt mit dem Geiste des Mitleids und des Erbarmens, dem Geiste der Gerechtigkeit und der Frömmigkeit, dem Geiste der Sanftmut und der Geduld, von welcher er von Gott dreimal soviel erhalten hat, wie er all seinen Geschöpfen gegeben hat. O gesegnete Zeit, wenn er in die Welt kommen wird! Glaubet mir, daß ich ihn gesehen und ihm Ehre erwiesen habe, ebenso wie ihn jeder Prophet gesehen hat; denn aus seinem Geist gibt Gott ihnen das Prophetentum. Und als ich ihn sah, wurde meine Seele von Trost erfüllt und sagte: ‚O Mahomet, Gott sei mit dir, und möge er mich würdig machen, deine Schuhriemen zu lösen, denn wenn er mir dies gewährt, werde ich ein großer Prophet und Heiliger Gottes sein.'" Und als Jesus dies gesagt hatte, dankte er Gott.

45. Gegen die Heuchler

Da kam der Engel Gabriel zu Jesus und sprach mit ihm auf solche Weise, daß auch wir seine Stimme hörten, die sagte: „Erhebe dich und geh nach Jerusalem!"

Und so machte Jesus sich auf und ging hinauf nach Jerusalem. Und am Sabbat-Tage ging er in den Tempel und begann, das Volk zu lehren. Da liefen die Leute in Scharen zum Tempel und mit ihnen die Hohenpriester und die Priester, die gingen zu Jesus hin und sagten: „O Herr, es ist uns gesagt worden, daß du Böses sagst über uns; deswegen hüte dich, daß dir nichts Böses geschieht."

Jesus antwortete: „Wahrlich, ich sage euch, daß ich Böses rede über die Heuchler; wenn ihr also Heuchler seid, dann rede ich gegen euch."

Sie antworteten: „Wer ist ein Heuchler? Sag es uns geradeheraus."

Da sagte Jesus: „Wahrlich, ich sage euch, wer etwas Gutes tut, damit die Menschen ihn sehen, ebender ist ein Heuchler, da sein Tun nicht das Herz durchdringt, welches die Menschen nicht sehen können, und so läßt er jeden unreinen Gedanken und jede schmutzige Begierde weiterhin dort. Wißt ihr, wer ein Heuchler ist? Wer mit seiner Zunge Gott dient, aber mit seinem Herzen den Menschen dient. O unglücklicher Mensch! Denn beim Sterben verliert er jeden Lohn. So sagt hiervon der Prophet David: ‚Setzt nicht euer Vertrauen in Fürsten noch in die Menschenkinder, in denen kein Heil ist; denn bei ihrem Tode vergehen ihre Gedanken.‘ Vielmehr finden sie sich vor ihrem Tod jeder Belohnung beraubt, denn ‚Der Mensch ist‘, wie Gottes Prophet Hiob sagte, ‚schwankend, so daß er nie beständig in einem Zustand verbleibt.‘ Wenn er dich also heute lobt, wird er dich morgen schmähen, und wenn er dich heute belohnen will, wird er dich morgen wohl berauben. Wehe also den Heuchlern, denn ihr Lohn ist vergeblich. So wahr Gott lebt, in dessen Gegenwart ich stehe, der Heuchler ist ein Räuber und begeht Gotteslästerung, da er Gebrauch vom Gesetz macht, um gut zu erscheinen, und Gott seiner Ehre beraubt, dem allein Lob und Ehre für immer gebührt.

Außerdem sage ich euch, daß der Heuchler keinen Glauben hat, denn würde er glauben, daß Gott alles sieht und mit erschütterndem Urteil die Bosheit bestraft, er würde sein Herz reinigen, das er voller Schlechtigkeit hält, da er keinen Glauben hat. Wahrlich, ich sage euch, daß der Heuchler ein Grab ist, das außen weiß ist, innen aber voller Fäulnis und Würmer. Wenn ihr also, o Priester, Gottesdienst tut, weil Gott euch geschaffen hat und dies von euch verlangt, spreche ich nicht gegen euch, denn ihr seid Diener Gottes; aber wenn ihr alles für den Gewinn tut und im Tempel kauft und verkauft wie auf einem Marktplatz, nicht achtend, daß der Tempel Gottes ein Haus des Gebetes und nicht des Handels ist, das ihr in eine Räuberhöhle verwandelt: Wenn ihr alles tut, den Menschen zu gefallen und euren Sinn von Gott abgewandt habt, dann rufe ich euch entgegen, daß ihr Söhne des Teufels seid und nicht Söhne Abrahams, der seines Vaters Haus verließ aus Liebe zu Gott und willens war, seinen eigenen Sohn zu töten. Wehe euch, Priester und Doktoren, wenn ihr solches seid, dann wird Gott das Priesteramt von euch hinwegnehmen!"

46. Das Gleichnis von den Verwaltern des Weinbergs
Die Heilung einer Frau am Sabbat

WIEDERUM SPRACH JESUS und sagte: „Ich gebe euch ein Beispiel. Da war ein Hausvater, der einen Weinberg pflanzte und einen Zaun für ihn machte, damit er nicht von den Tieren niedergetreten werde. Und in seiner Mitte baute er eine Presse für den Wein, und dann überließ er ihn den Verwaltern. Dann, als die Zeit gekommen war, den Wein zu holen, schickte er seine Diener; als die Verwalter diese sahen, steinigten sie einige und verbrannten einige, und andere erstachen sie mit einem Messer. Und dies taten sie viele Male. Sagt mir, was wird der Herr des Weinberges mit den Verwaltern machen?"

Jeder antwortete: „Auf böse Art wird er sie vernichten, und seinen Weinberg wird er anderen Verwaltern geben." Darauf sagte Jesus: „Wißt ihr nicht, daß der Weinberg das Haus Israel ist und daß die Verwalter das Volk von Juda und Jerusalem sind? Wehe euch, denn Gott zürnt euch, die ihr so viele von den Propheten Gottes erdolcht habt, daß sich zu der Zeit Ahabs keiner fand, die Heiligen Gottes zu begraben!"

Und als er das gesagt hatte, wollten die Hohenpriester ihn ergreifen, aber sie fürchteten das einfache Volk, das ihn verherrlichte.

Da sah Jesus eine Frau, die von Geburt an das Haupt zur Erde geneigt hatte, und sagte: „Erhebe dein Haupt, o Frau, im Namen unseres Gottes, damit diese wissen mögen, daß ich die Wahrheit sage und daß er will, daß ich sie verkünde."

Da richtete sich die Frau auf und war geheilt, und sie lobte Gott.

Das Oberhaupt der Priester rief aus: „Dieser Mann ist nicht geschickt von Gott, er hält ja nicht den Sabbat; denn heute hat er einen kranken Menschen geheilt."

Jesus antwortete: „Nun saget mir, ist es nicht gesetzlich, am Sabbat-Tag zu sprechen und das Gebet zur Rettung anderer zu verrichten? Und wer ist unter euch, der, wenn am Sabbat sein Esel oder sein Ochse in einen Graben fiele, ihn nicht am Sabbat herauszöge? Gewiß niemand. Und ich soll den Sabbat gebrochen haben, indem ich einer Tochter Israels Gesundheit gegeben habe? Hieran sieht man deutlich deine Heuchelei! O wie viele gibt es heute, die fürchten, daß das Auge eines anderen von einem Strohhalm getroffen werde, während ihr Kopf fast von einem Balken abgeschlagen wird! O wie viele gibt es, die eine Ameise fürchten, sich um einen Elefanten aber nicht kümmern!"

Und als er dies gesagt hatte, ging er weg aus dem Tempel. Aber die Priester waren insgeheim rasend vor Wut, weil sie nicht in der Lage waren, ihn zu fangen und ihren Willen gegen ihn durchzusetzen, ebenso wie es ihre Väter mit den Heiligen Gottes gemacht hatten.

47. Der Jüngling von Nain

IM ZWEITEN JAHR seines prophetischen Dienstes ging Jesus von Jerusalem nach Nain. Als er sich dem Stadttor näherte, trugen die Bewohner gerade den einzigen Sohn seiner Mutter zu Grabe, einer Witwe, und alle beweinten ihn. Und als Jesus angekommen war, erkannten die Männer, warum

Jesus, ein Prophet aus Galiläa, gekommen war; und so begannen sie, ihn wegen des Toten zu bedrängen, daß er ihn wiedererwecken sollte, da er ja ein Prophet war, und auch seine Jünger taten dies. Da fürchtete sich Jesus sehr, wandte sich zu Gott und sagte: „Nimm mich hinweg von dieser Welt, o Herr, denn die Welt ist verrückt, und sie nennen mich beinahe Gott!" Und als er dies gesagt hatte, weinte er.

Da kam der Engel Gabriel und sagte: „O Jesus, fürchte dich nicht, denn Gott hat dir Macht gegeben über jede Krankheit, so daß alles, was du im Namen Gottes gewährest, gänzlich vollbracht werden wird." Da seufzte Jesus und sagte: „Dein Wille geschehe, allmächtiger und gnädiger Herr." Und als er dies gesagt hatte, ging er hin zu der Mutter des Toten und sagte zu ihr voller Mitleid: „Frau, weine nicht!" Und nachdem er die Hand des Toten genommen hatte, sagte er: „Ich sage dir, junger Mann, im Namen Gottes, erhebe dich als geheilt!"

Da erwachte der Junge zum Leben; und alle waren furcht-erfüllt und sagten: „Gott hat einen großen Propheten unter uns erhoben, und er hat sein Volk besucht."

48. Die Zwietracht in Nain
und die Heilungen in Kapernaum

ZU JENER ZEIT befand sich das Heer der Römer in Judäa, denn diesen war unser Land unterworfen wegen der Sünden unserer Vorväter. Nun war es bei den Römern Brauch, jeden einen Gott zu nennen und ihm zu dienen, der dem gewöhn-lichen Volk eine neue Wohltat erwies. Einige von jenen Soldaten also befanden sich in Nain, sie tadelten den einen oder anderen und sagten: „Einer eurer Götter hat euch besucht, und ihr nehmt es nicht zur Kenntnis. Wenn unsere Götter uns besuchten, gäben wir ihnen gewiß alles, was wir haben. Und ihr seht, wie sehr wir unsere Götter fürchten, denn wir geben ihren Bildern das Beste von allem, was wir haben." Satan wiegelte sie zu diesen Reden auf, so daß unter dem Volk von Nain größere Unruhe entstand.

Aber Jesus blieb keineswegs in Nain, sondern machte sich auf nach Kapernaum. Die Zwietracht in Nain war so, daß einige sagten: „Er ist unser Gott, der uns besucht hat." Andere sagten: „Gott ist unsichtbar, so daß ihn niemand gesehen hat, nicht einmal Moses, sein Diener; darum ist er nicht Gott, sondern vielmehr sein Sohn." Andere sagten: „Er ist nicht Gott und auch nicht Gottes Sohn, denn Gott hat keinen Körper, um damit zu zeugen; aber er ist ein großer Prophet Gottes."

Und Satan verursachte einen solchen Aufruhr, daß unserem Volke hierdurch im dritten Jahr der prophetischen Tätigkeit Jesu großer Schaden entstehen sollte.

Jesus ging nach Kapernaum; da brachten die Bürger, als sie ihn erkannten, alle Kranken zusammen, die sie hatten, und brachten sie vor den Eingang des Hauses, wo Jesus mit seinen Jüngern beherbergt war. Und als sie Jesus herausgerufen hatten, baten sie ihn inständig um Gesundheit für sie.

Da legte Jesus seine Hand auf einen jeden von ihnen und sagte: „Gott Israels, bei deinem heiligen Namen, gib diesem Kranken Gesundheit." Da war jeder geheilt.

Am Sabbat ging Jesus in die Synagoge, und alle Leute liefen dorthin, um ihn reden zu hören.

49. Predigt in Kapernaum

AN JENEM TAGE las der Schriftgelehrte den Psalm Davids, in dem David sagt: „Wenn meine Zeit gekommen ist, werde ich die Gerechtigkeit richten."

Dann, nach der Lesung der Propheten, erhob sich Jesus und bat mit einer Handbewegung um Ruhe, und er hub an zu reden und sprach folgende Worte: „Brüder, ihr habt die

Worte gehört, die von dem Propheten David, unserem Vater, gesprochen wurden, nämlich daß er die Gerechtigkeit richten werde, wenn seine Zeit gekommen sei. Ich sage euch in Wahrheit, daß viele urteilen, und in dieses Urteil fallen sie allein insofern, als sie beurteilen, was ihnen nicht zusteht, und über das, was ihnen zusteht, urteilen sie vor der Zeit. Deshalb ruft uns der Gott unserer Väter durch seinen Propheten David zu: ‚Urteilt gerecht, ihr Söhne der Menschen.' Unglücklich sind daher jene, die sich an die Straßenecke setzen und nichts anderes tun, als jene zu beurteilen, die vorbeigehen und sagen: ‚Jener ist schön, dieser ist häßlich, jener ist gut, dieser ist schlecht.' Wehe ihnen, denn sie nehmen den Richterstab aus Gottes Händen fort, welcher sagt: ‚Ich bin Zeuge und Richter, und meine Ehre werde ich niemandem geben.' Wahrlich sage ich euch, daß diese etwas bezeugen, was sie nicht wirklich gesehen noch gehört haben, und richten, ohne zu Richtern bestellt worden zu sein. Daher sind sie verachtenswert auf Erden in den Augen Gottes, der am letzten Tag ein erschütterndes Urteil über sie fällen wird.

Wehe euch, wehe euch, die ihr Gutes über das Böse redet und das Böse gut nennt, denn ihr verdammt Gott als Übeltäter, welcher der Ursprung des Guten ist, und ihr rechtfertigt Satan als gut, welcher der Ursprung allen Übels ist. Bedenkt, welche Strafe ihr erleiden werdet und daß es schrecklich ist, Gottes Urteil anheimzufallen, das dann über die ergehen wird, die den Bösen um des Geldes willen rechtfertigen und die sich nicht der Sache der Waisen und Witwen annehmen. Wahrlich, ich sage euch, daß die Teufel über das Urteil jener zittern werden, so schrecklich wird es sein. Du Mensch, der du zum Richter bestellt bist, denke an nichts anderes, weder Familie noch Freunde, weder Ehre noch Gewinn, sondern schau allein mit Gottesfurcht auf die Wahrheit, welche du mit größter Sorgfalt suchen sollst, denn sie wird dich sicher machen vor dem Urteil Gottes.

Aber ich warne dich, daß der ohne Erbarmen gerichtet werden wird, der ohne Erbarmen richtet.

50. Über das Urteilen

SAGE MIR, O Mensch, der du einen anderen Menschen beurteilst, weißt du nicht, daß alle Menschen ihren Ursprung im gleichen Lehm hatten? Weißt du nicht, daß niemand gut ist außer Gott allein? Weshalb jeder Mensch ein Lügner und ein Sünder ist. Glaube mir, Mensch, wenn du andere wegen eines Fehlers richtest, muß dein eigenes Herz deswegen gerichtet werden. O wie gefährlich es ist zu richten! O wie vielen hat ihr falsches Urteil den Untergang gebracht! Satan urteilte, daß der Mensch schlechter als er selbst sei; deshalb rebellierte er gegen Gott seinen Schöpfer, was er nicht bereut; dies weiß ich, da ich mit ihm sprach. Unsere Ureltern urteilten, daß die Rede Satans gut sei, deshalb wurden sie aus dem Paradies vertrieben und ihre ganze Nachkommenschaft verdammt. Wahrlich, ich sage euch, so wahr Gott lebt, in dessen Gegenwart ich stehe, falsches Urteil ist der Vater aller Sünden. Denn niemand sündigt ohne Willen, und niemand will das, was er nicht kennt. Wehe deshalb dem Sünder, der durch sein Urteil die Sünde als gerecht beurteilt und die Güte als ungerecht, der so die Güte verwirft und die Sünde wählt. Gewiß wird er ein unerträgliches Urteil erhalten, wenn Gott kommt, die Welt zu richten.

O wie vielen hat falsches Urteilen den Untergang gebracht, und wie viele waren dem Untergang nahe! Pharao verurteilte Moses und das Volk Israel als sündig, Saul urteilte, daß David den Tod verdiene, Ahab verurteilte Elias, Nebukadnezar die drei Kinder, die ihren lügnerischen Göttern nicht dienen wollten. Die zwei Ältesten richteten Susanna, und alle götzendienerischen Fürsten richteten die Propheten. O gewaltiger Richterspruch Gottes! Der Richter geht zugrunde, der Gerichtete wird gerettet. Und warum dies, o Mensch, wenn sie nicht vorschnell den Unschuldigen falsch beurteilen würden? Wie durch falsches Urteil das Gute fast zerstört wurde, zeigt sich durch die Brüder des Joseph, die ihn den Ägyptern verkauften, durch Aaron und Miriam, die Schwester des Moses, die ihren Bruder verurteilten. Drei Freunde des Hiob verurteilten den unschuldigen Freund Gottes, Hiob. David verurteilte Mephi-Boscheth und Uriah. Cyrus urteilte, daß Daniel den Löwen vorgeworfen werde, und viele andere taten so, die dafür ihrem Untergang nahe waren. Deshalb sage ich euch: Urteilt nicht, und ihr werdet nicht verurteilt werden."

Und dann, als Jesus seine Rede beendet hatte, waren viele sogleich von Reue überwältigt und klagten über ihre Sünden, und sie hätten gern alles verlassen, um mit ihm zu gehen. Aber Jesus sagte: „Bleibt in euren Häusern und laßt die Sünde und dient Gott in Furcht, und so werdet ihr gerettet werden; denn ich bin nicht gekommen, damit man mir diene, sondern vielmehr, um zu dienen."

Und als er dies gesagt hatte, verließ er die Synagoge und die Stadt und zog sich zurück in die Wüste, um zu beten, weil er die Einsamkeit sehr liebte.

51. Die Begegnung mit Satan

ALS ER ZUM Herrn gebetet hatte, kamen seine Jünger zu ihm und sagten: „O Herr, zwei Dinge wüßten wir gern: Das eine ist, wie du mit Satan redest, von dem du doch sagst, daß er nicht bereue; das andere ist, wie wird Gott kommen, um zu richten am Tage des Gerichts?"

Jesus antwortete: „Wahrlich, ich sage euch, ich hatte Mitleid mit Satan, da ich von seinem Fall weiß, und ich hatte Mitleid mit der Menschheit, die er zur Sünde verführt.

Darum habe ich zu Gott gebetet und gefastet, der zu mir durch seinen Engel Gabriel sprach: ‚Was begehrst du, o Jesus, und was ist dein Verlangen?' Ich antwortete: ‚Herr, du weißt, von welchem Übel Satan die Ursache ist und daß durch seine Versuchungen viele zugrunde gehen. Er ist dein Geschöpf, Herr, den du erschaffen hast; deshalb, Herr, hab Erbarmen mit ihm.'

Gott antwortete: ‚Jesus, siehe, ich will ihm verzeihen. Mach nur, daß er sagt: »O Herr, mein Gott, ich habe gesündigt, hab Erbarmen mit mir!«, und ich werde ihm verzeihen und ihm seinen vorherigen Stand zurückgeben.'

Ich freute mich sehr", sagte Jesus, „als ich dies hörte, und glaubte, daß ich diesen Frieden gemacht hatte. Darum rief ich Satan, der kam und sagte: ‚Was soll ich für dich tun, o Jesus?'

Ich antwortete: ‚Du sollst es für dich selbst tun, o Satan, denn ich liebe deine Dienste nicht, sondern zu deinem Guten habe ich dich gerufen.'

Satan erwiderte: ‚Wenn du meine Dienste nicht wünschst, will ich auch die deinen nicht; denn ich bin edler als du, darum bist du nicht würdig, mir zu dienen, der du Lehm bist, während ich Geist bin.'

‚Lassen wir dies', sagte ich, ‚und sag mir, ob es nicht gut wäre, wenn du zu deiner früheren Schönheit und zu deinem früheren Stand zurückkehrtest. Du mußt wissen, daß der Engel Michael dich am Tage des Gerichts mit dem Schwert Gottes einhunderttausendmal schlagen wird, und jeder Schlag wird dir den Schmerz von zehn Höllen zufügen.'

Satan antwortete: ‚Wir werden an jenem Tage sehen, wer mehr Macht haben wird; sicherlich werde ich auf meiner Seite viele Engel haben und höchst mächtige Götzenanbeter, die Gott Ärger bereiten werden, und er wird wissen, welch großen Fehler er machte, als er mich wegen eines wertlosen Lehmklumpens verbannte.'

Da sagte ich: ‚O Satan, du bist krank im Geist und weißt nicht, was du sagst.‘

Da schüttelte Satan in spöttischer Weise den Kopf und sagte: ‚Komm, laß uns diesen Frieden zwischen mir und Gott machen; und sage du, o Jesus, was getan werden muß, da du gesund im Geiste bist.‘

Ich antwortete: ‚Nur zwei Worte müssen gesprochen werden.‘

Satan erwiderte: ‚Welche Worte?‘

Ich antwortete: ‚Diese: Ich habe gesündigt, hab Erbarmen mit mir.‘

Da sagte Satan: ‚Willig schließe ich diesen Frieden, wenn Gott diese Worte zu mir sagen wird.‘

‚Nun geh weg von mir‘, sagte ich, ‚o Verfluchter, denn du bist der verruchte Schöpfer aller Ungerechtigkeit und Sünde, Gott aber ist gerecht und ohne jede Sünde!‘

Satan ging schreiend weg und sagte: ‚Es ist nicht so, o Jesus, sondern du sagst eine Lüge, um Gott zu gefallen.‘

Nun bedenkt", sagte Jesus zu seinen Jüngern, „wie er Gnade finden wird."

Sie antworteten: „Nie, Herr, weil er nicht bereut. Sprich uns nun vom Gericht Gottes."

52. Über das Gottesgericht

„DER TAG DES Gottesgerichtes wird so schrecklich sein, daß, ich sage euch wahrlich, die Verworfenen eher zehn Höllen wählen würden, als Gott im Zorn gegen sie sprechen zu hören. Gegen sie werden alle geschaffenen Dinge Zeugnis ablegen. Wahrlich, ich sage euch, daß nicht nur die Verworfenen sich fürchten werden, sondern auch die Heiligen und die von Gott Erwählten, so daß Abraham sich nicht auf seine Rechtschaffenheit verlassen und Hiob nicht auf seine Unschuld vertrauen wird. Und was sage ich! Sogar der Gesandte

Gottes wird sich fürchten, weil Gott, um seine Erhabenheit zu zeigen, seinem Gesandten die Erinnerung fortnehmen wird, so daß er sich nicht mehr erinnern wird, wie Gott ihm alle Dinge gegeben hat.

Wahrlich, ich sage euch, ich spreche aus dem Herzen und zittere, weil die Welt mich Gott nennen wird, und dafür werde ich Rechenschaft ablegen müssen. So wahr Gott lebt, in dessen Gegenwart meine Seele steht, ich bin ein sterblicher Mensch, wie es andere Menschen sind, denn obwohl mich Gott als Propheten über das Haus Israel gestellt hat für die Genesung der Schwachen und die Besserung der Sünder, bin ich der Diener Gottes, und ihr seid Zeugen, wie ich gegen jene bösen Menschen spreche, die nach meinem Scheiden aus der Welt die Wahrheit meines Evangeliums zunichte machen werden durch das Wirken Satans. Aber ich werde am Ende zurückkehren, und mit mir werden Henoch und Elias kommen, und wir werden gegen die Bösen Zeugnis ablegen, deren Ende verflucht sein wird."

Und als Jesus so gesprochen hatte, kamen ihm die Tränen, worauf seine Jünger laut weinten und ihre Stimme erhoben und sagten: "Vergib, o Herr und Gott, und hab Erbarmen mit deinem unschuldigen Diener."

Jesus antwortete: "Amen, Amen."

53. Die Zeichen des Gottesgerichtes

"BEVOR JENER TAG kommen wird", sagte Jesus, "wird große Zerstörung über die Welt kommen, denn es wird einen Krieg geben so grausam und gnadenlos, daß der Vater den Sohn töten und der Sohn den Vater töten wird wegen der Zwietracht unter den Menschen. Darum werden die Städte vernichtet und das Land wird verwüstet werden. Solche Seuchen werden kommen, daß sich niemand finden wird, die Toten zu begraben, so daß sie als Nahrung für die wilden Tiere liegenbleiben werden. Jenen, die auf der Erde bleiben, wird Gott eine solche Hungersnot schicken, daß Brot einen höheren Wert haben wird als Gold, und sie werden alle Arten von unreinen Dingen essen. O erbärmliches Zeitalter, in dem man kaum einen wird sagen hören: ,Ich habe gesündigt, hab Erbarmen mit mir, o Gott'; sondern mit schrecklichen Stimmen werden sie den lästern, der glorreich und gesegnet ist für immer. Danach, wenn jener Tag näher kommt, wird fünfzehn Tage lang jeden Tag ein schreckliches Zeichen über die Bewohner der Erde kommen. Am ersten Tag wird die Sonne ihren Lauf am Himmel ohne Licht nehmen, schwarz wie die Farbe von Tuch; und sie wird aufstöhnen, wie ein Vater stöhnt um einen Sohn, der dem Tode nahe ist. Am zweiten Tag wird sich der Mond in Blut verwandeln, und Blut wird über die Erde kommen wie Tau. Am dritten Tag wird man sehen, wie die Sterne einander bekämpfen feindlichen Streitkräften gleich. Am vierten Tag werden die Steine und Felsen gegeneinanderschmettern wie grausame Feinde. Am fünften Tag wird jede Pflanze und jedes Kraut Blut weinen. Am sechsten Tag wird sich das Meer erheben, ohne seinen Platz zu verlassen zu einer Höhe von hundertfünfzig Ellen und wird den ganzen Tag stehen wie eine Wand. Am siebten Tag wird es wiederum so tief sinken, wie man es kaum je sah. Am achten Tag werden die Vögel und die Tiere der Erde und des Wassers nahe zusammenrücken und brüllen und schreien. Am neunten Tag wird es einen so schrecklichen Hagelsturm geben, daß er in solcher Weise töten wird, daß kaum der zehnte Teil von allem, was lebt, entkommen wird. Am zehnten Tag wird solch schrecklicher Blitz und Donner kommen, daß der dritte Teil der Berge gespalten und verbrannt werden wird. Am elften Tag wird jeder Fluß rückwärts fließen, und in ihm wird Blut statt Wasser fließen. Am zwölften Tag wird alles Erschaffene stöhnen und schreien. Am dreizehnten Tag wird der Himmel aufgerollt werden wie ein Buch, und es wird Feuer regnen, so daß alles Lebende sterben wird. Am vierzehnten Tag wird es ein Erdbeben geben, so schrecklich, daß die Gipfel der Berge durch die Luft fliegen werden wie Vögel, und die ganze Erde wird eben werden. Am fünfzehnten Tag werden die heiligen Engel sterben, und Gott allein wird am Leben bleiben; ihm sei Ehre und Herrlichkeit."

Und als Jesus dies gesagt hatte, schlug er beide Hände vors Gesicht, und dann fiel er mit dem Haupt zur Erde nieder. Und als er sein Haupt erhoben hatte, sagte er: „Verflucht sei jeder, der in meine Rede hineinbringen wird, daß ich der Sohn Gottes bin." Bei diesen Worten fielen die Jünger nieder wie tot, da hob Jesus sie auf und sagte: „Laßt uns nun Gott fürchten, wenn wir uns nicht an jenem Tag fürchten wollen."

54. Der Tag des Gerichtes

WENN DIESE ZEICHEN vorbei sind, wird vierzig Jahre lang Dunkelheit über der Welt sein. Gott allein wird am Leben sein, dem Ehre und Herrlichkeit für immer sei. Wenn die vierzig Jahre vorbei sein werden, wird Gott seinen Gesandten zum Leben erwecken, der wiederauferstehen wird wie die Sonne, aber strahlend wie tausend Sonnen. Er wird sitzen und wird nicht sprechen, denn er wird sein, als wäre er außer sich. Gott wird die vier Engel wiederauferstehen lassen, die ihm am liebsten sind, diese werden den Gesandten Gottes suchen, und wenn sie ihn gefunden haben, werden sie sich an den vier Seiten jenes Ortes aufstellen, um über ihm zu wachen. Danach wird Gott alle Engel zum Leben erwecken, diese werden kommen wie die Bienen, den Gesandten Gottes umkreisend. Danach wird Gott all seine Propheten zum Leben erwecken, die, Adam folgend, ein jeder die Hand des Gottesgesandten küssen und sich seinem Schutz anvertrauen werden. Danach wird Gott alle Erwählten zum Leben erwecken, die ausrufen werden: ‚O Mahomet, sei unserer eingedenk!' Bei deren Rufen wird Mitleid aufkommen in dem Gesandten Gottes, und er wird bedenken, was er tun soll, da er um ihre Erlösung bangt. Danach wird Gott alles Geschaffene zum Leben erwecken, und sie werden zu ihrem früheren Dasein zurückkehren, aber ein jedes wird außerdem die Gabe der Rede haben. Danach wird Gott alle Verdammten zum Leben erwecken, bei deren Auferstehung sich alle Geschöpfe Gottes fürchten werden wegen deren Häßlichkeit und rufen werden: ‚Nimm deine Gnade nicht von uns, o Herr unser Gott.' Nach diesem Geschehen wird Gott Satan auferstehen lassen, bei dessen Anblick jedes Geschöpf wie tot sein wird aus Furcht vor der schreckenerregenden Gestalt seiner Erscheinung. Möge es Gott gefallen", sagte Jesus, „daß ich jenes Ungeheuer an jenem Tag nicht sehe. Der Gesandte Gottes allein wird durch solchen Anblick nicht erschreckt werden, weil er nur Gott fürchten wird.

Dann wird der Engel, bei dessen Trompetenschall alle auferweckt werden, die Trompete von neuem blasen und sagen: ‚Kommt zum Gericht, o Geschöpfe, denn euer Schöpfer will euch richten.' Dann wird in der Mitte des Himmels über dem Tal von Josafat ein glänzender Thron erscheinen, über den wird eine weiße Wolke kommen, und die Engel werden ausrufen: ‚Gesegnet seist du, unser Gott, der du uns geschaffen und uns vor dem Fall Satans bewahrt hast.' Dann wird sich der Gesandte Gottes fürchten, denn er wird erkennen, daß niemand Gott so geliebt hat, wie er es sollte. Denn wer ein Stück Gold gewechselt haben will, muß sechzig Heller haben; wenn er also nur einen Heller hat, bekommt er ihn nicht gewechselt. Aber wenn sich der Gesandte Gottes fürchten wird, was werden die Gottlosen tun, die voller Bosheit sind?

55. Der Gesandte Gottes am Tage des Gerichtes

DER GESANDTE GOTTES wird gehen und alle Propheten versammeln, zu denen wird er sprechen, und er wird sie bitten, mit ihm zu gehen, um Gott für die Gläubigen zu bitten. Und jeder wird aus Furcht eine Entschuldigung finden; und auch ich, so wahr Gott lebt, würde dorthin nicht gehen, da ich weiß, was ich weiß. Da wird Gott, da er dies sieht, seinen Gesandten daran erinnern, wie er alle Dinge aus Liebe zu ihm erschuf, und so wird ihn seine Furcht verlassen, und er wird hingehen zu dem Thron in Liebe und Ehrfurcht, während die Engel singen: ‚Gesegnet sei dein heiliger Name, du unser Gott.‘

Und wenn der Gesandte sich dem Thron genähert hat, wird Gott sich ihm offenbaren, ebenso wie ein Freund sich einem Freunde offenbart, wenn sie einander lange nicht begegnet sind. Der erste, der sprechen wird, wird der Gesandte Gottes sein, der sagen wird: ‚Ich bete dich an und liebe dich, o mein Gott, und mit meinem ganzen Herzen und meiner ganzen Seele danke ich dir, denn du hast mich aus Gnade erschaffen, dein Diener zu sein, und machtest alles aus Liebe zu mir, so daß ich dich für alle Dinge und in allen Dingen und über allen Dingen lieben darf; laß daher alle Geschöpfe dich preisen, o mein Gott.‘ Dann werden alle von Gott geschaffenen Dinge sagen: ‚Wir erweisen dir Dank, o Herr, und segnen deinen heiligen Namen.‘ Wahrlich, ich sage euch, dann werden die Dämonen und Verfluchten weinen und mit ihnen Satan, so daß mehr Wasser aus den Augen von einem von ihnen fließen wird, als im Flusse Jordan ist. Doch werden sie Gott nicht sehen.

Und Gott wird zu seinem Gesandten sprechen und sagen: ‚Du bist willkommen, o mein treuer Diener; darum frag, was du willst, denn du wirst alles bekommen.‘

Der Gesandte Gottes wird antworten: ‚O Herr, ich erinnere mich daran, daß du sagtest, als du mich erschaffen hast, daß du aus Liebe zu mir hast machen wollen Welt und Paradies und Engel und Menschen, daß sie dich verherrlichen mögen durch mich, deinen Diener. Deshalb, gnädiger und gerechter Herr und Gott, bitte ich dich, daß du dein Versprechen einlöst, das deinem Diener gegeben wurde.‘

Und Gott wird ebenso wie ein Freund antworten, der mit einem Freunde scherzt, und wird sagen: ‚Hast du Zeugen hierfür, mein Freund Mahomet?‘ Und mit Ehrfurcht wird er sagen: ‚Ja, Herr.‘ Dann wird Gott antworten: ‚Geh und ruf sie, o Gabriel!‘ Der Engel Gabriel wird zu dem Gesandten Gottes kommen und sagen: ‚Herr, wer sind deine Zeugen?‘ Der Gesandte Gottes wird antworten: ‚Es sind Adam, Abraham, Ismael, Moses, David und Jesus, Sohn der Maria.‘

Dann wird der Engel weggehen, und er wird ebenjene Zeugen rufen, die mit Furcht dort hingehen werden. Und wenn sie da sein werden, wird Gott zu ihnen sagen: ‚Erinnert ihr euch dessen, was mein Gesandter sagt?‘ Sie werden erwidern: ‚Welches Ding, o Herr?‘ Gott wird sagen: ‚Daß ich alle Dinge aus Liebe zu ihm gemacht habe, so daß alle Dinge mich durch ihn preisen mögen.‘ Dann wird jeder von ihnen antworten: ‚Es sind drei Zeugen unter uns, besser als wir es sind, o Herr.‘ Und Gott wird antworten: ‚Wer sind diese drei Zeugen?‘ Dann wird Moses sagen: ‚Das Buch, das du mir gabst, ist der erste‘, und David wird sagen: ‚Das Buch, das du mir gabst, ist der zweite‘, und der, der zu euch spricht, wird sagen: ‚Herr, die ganze Welt, getäuscht von Satan, sagte, daß ich dein Sohn und Gefährte sei, aber das Buch, das du mir gabst, sagt in Wahrheit, daß ich dein Diener bin; und jenes Buch verkündet, was dein Gesandter bestätigt!‘ Dann wird der Gesandte Gottes sprechen und sagen: ‚So steht es in dem Buch, das du mir gabst, o Herr!‘ Und wenn der Gesandte Gottes dies gesagt hat, wird Gott sprechen und sagen: ‚Alles, was ich jetzt getan habe, habe ich getan, damit ein jeder wissen möge, wie sehr ich dich liebe.' Und wenn Gott dies gesprochen hat, wird er seinem Gesandten ein Buch geben, in dem alle Namen der Auserwählten Gottes geschrieben stehen. Daher wird jedes Geschöpf Gott Ehrfurcht erweisen und sagen: ‚Dir allein, o Gott, sei Ruhm und Ehre, weil du uns deinem Gesandten gegeben hast.'

56. Das Buch in der Hand des Gesandten

GOTT WIRD DAS Buch öffnen in der Hand des Gesandten, und sein Gesandter wird darin lesen und alle Engel und Propheten und alle Auserwählten rufen, und auf der Stirn eines jeden wird das Zeichen von Gottes Gesandten geschrieben stehen. Und in dem Buche wird die Herrlichkeit des Paradieses geschrieben stehen.

Dann wird ein jeder zur rechten Hand Gottes hinübergehen; neben ihm wird der Gesandte Gottes sitzen, und die Propheten werden in seiner Nähe sitzen, und die Heiligen werden nahe bei den Propheten sitzen und die Gesegneten bei den Heiligen, und der Engel wird dann die Trompete blasen und Satan zum Gericht rufen.

57. Die Ungläubigen und
die Verworfenen vor Gericht

DANN WIRD JENER Elende kommen und mit den ärgsten Beschimpfungen von jedem Geschöpf angeklagt werden. Darum wird Gott den Engel Michael rufen, der ihn hunderttausendmal mit dem Schwerte Gottes schlagen wird. Er wird Satan schlagen, und jeder Schlag ist schwer wie zehn Höllen, und er wird als erster in den Abgrund gestoßen werden. Der Engel wird sein Gefolge rufen, und sie werden in gleicher Weise beschimpft und angeklagt werden. Daher

wird der Engel Michael auf Gottes Geheiß einige hundertmal schlagen, einige fünfzig-, einige zwanzig-, einige zehn-,
einige fünfmal. Und dann werden sie in den Abgrund hin-
absteigen, weil Gott zu ihnen sagen wird: ‚Die Hölle ist euer
Aufenthaltsort, o ihr Verfluchten.‘

Danach werden alle Ungläubigen und Verworfenen vor
Gericht gerufen werden; gegen sie werden sich alle dem
Menschen untergeordneten Geschöpfe erheben und bei
Gott bezeugen, wie sie jenen Menschen gedient haben und
wie dieselben Gott und seine Geschöpfe erzürnt haben. Und
ein jeder der Propheten wird sich erheben und gegen sie
aussagen, weshalb Gott sie zu den Flammen der Hölle verurteilen wird. Wahrlich, ich sage euch, daß an jenem gewaltigen Tage keine müßigen Worte oder Gedanken ungestraft
davonkommen werden. Wahrlich, ich sage euch, daß das
härene Gewand glänzen wird wie die Sonne, und jede Laus
wird in eine Perle verwandelt werden, die ein Mensch
getragen hat aus Liebe zu Gott. O drei- und viermal gesegnet
sind die Armen, die in wahrer Armut Gott von Herzen
gedient haben werden, denn in dieser Welt sind sie bar welt-
licher Sorgen und werden deshalb von vielen Sünden befreit
werden, und an jenem Tage werden sie nicht Rechenschaft
darüber ablegen müssen, wie sie die Reichtümer der Welt
ausgegeben haben, sondern sie werden für ihre Geduld und
ihre Armut belohnt werden. Wahrlich, ich sage euch, wenn
die Welt dies wüßte, würde sie das härene Gewand dem Pur-
pur vorziehen, die Läuse dem Gold, das Fasten den Festen.

Wenn alle befragt sein werden, wird Gott zu seinem
Gesandten sagen: ‚Siehe, o mein Freund, ihre Bosheit, wie
groß sie gewesen ist, denn ich, ihr Schöpfer, stellte alle
geschaffenen Dinge in ihren Dienst, und in allen Dingen
haben sie mir Schande gemacht. Es ist daher höchst gerecht,
daß ich keine Gnade mit ihnen habe.‘ Der Gesandte Gottes
wird antworten: ‚Es ist wahr, Herr, unser ruhmreicher Gott,

nicht einer von deinen Freunden und Dienern könnte dich um Gnade für sie bitten; vielmehr bitte ich, dein Diener, vor allem um Gerechtigkeit gegen sie.'

Und wenn er diese Worte gesagt haben wird, werden alle Engel und Propheten und mit ihnen alle Auserwählten Gottes – nein, warum sage ich die Auserwählten? –, wahrlich, ich sage euch, Spinnen und Fliegen, Steine und Sand werden gegen die Gottlosen aufschreien und Gerechtigkeit verlangen.

Dann wird Gott jede lebende Seele, die dem Menschen untergeordnet ist, zur Erde zurückkehren lassen, und er wird die Gottlosen zur Hölle schicken. Diese werden beim Weggehen jene Erde sehen, zu der die Hunde und die Pferde und die anderen niederen Tiere zurückkehren werden. Daher werden sie sagen: ,O Herr und Gott, laß auch uns zu jener Erde zurückkehren!' Aber was sie erbitten, wird ihnen nicht gewährt werden."

58. Von der Gerechtigkeit und der Gnade

WÄHREND JESUS SPRACH, weinten die Jünger bitterlich. Und Jesus weinte viele Tränen. Dann, als er geweint hatte, sprach Johannes: „O Herr, zwei Dinge wollen wir wissen. Das eine ist, wie ist es möglich, daß der Gesandte Gottes, der voller Gnade und Mitleid ist, kein Mitleid mit den Verdammten an jenem Tage haben sollte, da ja alle aus dem gleichen Lehm entstanden sind? Das andere ist, wie ist es zu verstehen, daß das Schwert des Michael schwer wie zehn Höllen ist; gibt es denn mehr als eine Hölle?"

Jesus antwortete: „Habt ihr nicht gehört, was der Prophet David sagt, wie der Gerechte lachen wird bei der Vernichtung des Sünders und ihn verhöhnen wird mit jenen Worten, die sagen: ,Ich sah den Mann, der seine Hoffnung auf seine Stärke und Reichtümer setzte und Gott vergaß.' Daher sage ich euch wahrlich, daß Abraham seinen Vater verspotten wird und Adam alle verdammten Menschen; und dies wird so sein, weil die Auserwählten wiederauferstehen werden, so vollkommen und vereinigt mit Gott, daß sie in ihrem Geist nicht den kleinsten Gedanken gegen seine Gerechtigkeit hegen werden; daher wird jeder von ihnen Gerechtigkeit verlangen, und vor allem der Gesandte Gottes. So wahr Gott lebt, in dessen Gegenwart ich stehe, obwohl ich jetzt aus Mitleid um die Menschheit weine, werde ich an jenem Tage Gerechtigkeit verlangen ohne Gnade gegen jene, die meine Worte verachten, und am meisten gegen jene, die mein Evangelium verunreinigen.

59. Von der Hölle

Es GIBT NUR eine Hölle, o meine Jünger, und in ihr werden die Verdammten auf ewig Strafe erleiden. Doch hat sie sieben Kammern oder Gegenden, eine tiefer als die andere, und wer zu der tieferen geht, wird größere Strafe erleiden. Dennoch sind meine Worte wahr über das Schwert des Engels Michael, denn wer nur eine Sünde begeht, verdient die Hölle, und wer zwei Sünden begeht, verdient zwei Höllen. Deswegen werden die Verdammten in einer Hölle Strafe fühlen, als wären sie in zehn oder in hundert oder in tausend; und der allmächtige Gott kraft seiner Macht und Gerechtigkeit wird Satan leiden lassen, als wäre er in zehnhunderttausend Höllen, und jeden anderen entsprechend seiner Bosheit."

Da antwortete Petrus: „O Herr, die Gerechtigkeit Gottes ist wahrhaft groß, und heute hat dich diese Rede traurig gemacht; darum bitten wir dich, ruh aus und sag uns morgen, wie die Hölle ist."

Jesus antwortete: „O Petrus, du sagst mir, ich soll ruhen; o Petrus, du weißt nicht, was du sagst, sonst hättest du nicht so gesprochen. Wahrlich, ich sage euch, daß Ruhe in diesem gegenwärtigen Leben Gift für die Frömmigkeit ist und das Feuer, das jedes gute Werk verzehrt. Habt ihr denn vergessen, wie Salomon, Gottes Prophet, und mit ihm alle Propheten den Müßiggang getadelt haben? Wahr ist es, daß er sagt: ‚Der Müßige will den Boden nicht bearbeiten aus Angst vor Kälte, darum wird er im Sommer betteln!' Deshalb sagte er: ‚Alles, was deine Hand tun kann, tu es ohne Ruhe.' Und was sagt Hiob, der höchst unschuldige Freund Gottes: ‚Wie der Vogel zum Fliegen geboren ist, so ist der Mensch zum Arbeiten geboren.' Wahrlich, ich sage euch, ich hasse Ruhe über alles.

60. Das Elend der Hölle

Es GIBT NUR eine Hölle, und sie ist das Gegenteil vom Paradies, so wie der Winter das Gegenteil vom Sommer ist und Kälte von Hitze. Wer also das Elend der Hölle beschreiben wollte, müßte wohl das Paradies von Gottes Freuden gesehen haben.

O jener Ort, von Gottes Gerechtigkeit verdammt wegen der Verdammnis der Ungläubigen und Verworfenen, von dem Hiob, der Freund Gottes, sagt: ‚Dort ist keine Ordnung, sondern immerwährende Furcht.' Und der Prophet Jesaja sagt gegen die Verworfenen: ‚Ihre Flamme wird nicht verlöschen, und ihre Qual wird nicht enden.' Und unser Vater David weinte und sagte: ‚Es wird Blitz und Donner und Schwefel und großes Unwetter über sie regnen.' O elende Sünder, wie verdammenswert werden ihnen dann köstliche Speisen erscheinen, teure Kleidung, weiche Liegestätten und der Klang süßer Lieder! Wie krank werden der wütende Hunger sie machen und die lodernden Flammen, die glühende Schlacke und grausamen Qualen sowie bitteres Weinen!"

Und dann seufzte Jesus auf ergreifende Weise und sprach: „Es wäre wahrlich besser, nie erschaffen worden zu sein, als solch grausame Qualen zu leiden. Denn stellt euch einen Menschen vor, der in jedem Teil seines Körpers Qualen erleidet, der niemanden hat, der ihm Mitleid zeigt, und der von allen verlacht wird; sagt mir, wäre dies nicht ein großer Schmerz?"

Die Jünger antworteten: „Der größte."

Da sagte Jesus: „Dies ist nun ein Vergnügen, verglichen mit der Hölle. Und ich sage euch in Wahrheit, wenn Gott allen Schmerz, den alle Menschen in dieser Welt erlitten und erleiden werden bis zum Tag des Gerichts, in eine Waagschale legen würde und in die andere eine Stunde vom Schmerz der Hölle, die Verdammten würden ohne Zweifel die weltlichen Kümmernisse wählen, denn die weltlichen kommen aus der Hand des Menschen, die anderen aber aus der Hand von Teufeln, die ohne jedes Mitgefühl sind. O welch grausames Feuer sie den elenden Sündern geben werden! O welch bittere Kälte, die dennoch nicht ihre Flammen mäßigen wird! Welch ein Zähneknirschen und Schluchzen und Weinen! Denn der Jordan hat weniger Wasser als die Tränen, die in jedem Augenblick aus ihren Augen fließen werden. Und dann werden ihre Zungen alle geschaffenen Dinge verfluchen und ebenso Vater und Mutter und ihren Schöpfer, der für immer gesegnet ist."

61. Das Gleichnis vom Kaufmann

ALS JESUS DIES gesagt hatte, wusch er sich, und ebenso seine Jünger, gemäß dem Gesetz Gottes, das im Buch Mose geschrieben steht; und dann beteten sie. Und als die Jünger ihn so traurig sahen, sprachen sie den ganzen Tag nicht zu ihm, sondern ein jeder war über seine Worte von Schrecken ergriffen.

Dann, nach dem Abendgebet, hub Jesus an zu reden und sprach: „Welcher Familienvater würde schlafen, wenn er würde, daß ein Dieb in sein Haus einbrechen wollte? Gewiß keiner, sondern er würde wach bleiben und Vorbereitungen treffen, den Dieb zu töten. Wißt ihr nicht, daß Satan ein brüllender Löwe ist, der umhergeht auf der Suche nach Beute? So sucht er den Menschen zur Sünde zu verleiten. Wahrlich, ich sage euch, würde der Mensch wie ein Kaufmann handeln, hätte er an jenem Tage keine Furcht, denn er wäre gut vorbereitet.

Da war ein Mann, der seinen Nachbarn Geld gab, damit sie damit Handel trieben, und der Gewinn sollte in gerechtem Anteil aufgeteilt werden. Und einige handelten günstig, so daß sie das Geld verdoppelten. Aber einige verbrauchten das Geld im Dienste des Feindes desjenigen, der ihnen das Geld gab, und sprachen Böses von ihm. Sagt mir nun, wenn der Nachbar die Schuldner zur Abrechnung rufen wird, wie wird die Sache gehen? Gewiß wird er die belohnen, die gut gehandelt haben, aber gegen die anderen wird sich sein Ärger in Vorwürfen äußern. Und dann wird er sie dem Gesetz gemäß bestrafen.

So wahr Gott lebt, in dessen Gegenwart meine Seele steht, der Nachbar ist Gott, der dem Menschen alles gab, was er hat, selbst das Leben, so daß, wenn der Mensch gut lebt in dieser Welt, Gott die Lobpreisung haben möge und der Mensch die Herrlichkeit des Paradieses. Denn die, die gut leben, verdoppeln ihr Geld durch ihr Beispiel, weil die Sünder ihr Beispiel sehen und zur Reue bekehrt werden; daher werden Menschen, die gut leben, mit einer großen Belohnung belohnt werden.

Aber böse Sünder, die durch ihre Sünden halbieren, was Gott ihnen gegeben hat, da sie durch ihr Leben, das sie im Dienste an Satan, dem Feind Gottes, verbracht haben, Gott lästern und andere beleidigen: Nun sagt mir, was wird ihre Strafe sein?"

„Sie wird ohne Maß sein", sagten die Jünger.

62. Über die Sinne, die Liebe
und die Reinigung des Herzens

DA SAGTE JESUS: „Wer gut leben will, sollte dem Beispiel des
Kaufmanns folgen, der sein Geschäft abschließt und es Tag
und Nacht mit großer Sorgfalt bewacht. Und indem er die
Dinge wiederverkauft, die er kauft, macht er wohl davon
Gewinn; denn wenn er annimmt, daß er dabei verliert, wird
er nicht verkaufen, nein, nicht seinem eigenen Bruder. Dies
sollt ihr also tun, denn wahrhaft ist eure Seele ein Kaufmann,
und der Körper ist das Geschäft. Was sie also von außen
erhält, durch die Sinne, wird von ihr gekauft und verkauft.
Und das Geld ist die Liebe. Sehet also zu, daß ihr mit eurer
Liebe auch nicht einen Gedanken verkauft oder kauft, von
dem ihr keinen Gewinn habt. Sondern laßt Denken, Rede
und Arbeit alles aus Liebe zu Gott sein; denn so werdet ihr
Rettung an jenem Tage finden.

Wahrlich, ich sage euch, daß viele die Reinigung vollzie-
hen und zum Gebet gehen, viele fasten und geben Almosen,
viele studieren und predigen anderen, und deren Ende wird
schrecklich sein vor Gott; denn sie reinigen den Körper und
nicht das Herz; sie weinen mit dem Munde, nicht mit dem
Herzen; sie verzichten auf Speise und essen sich an Sünden
satt; sie geben den anderen Dinge, die nicht gut für sie sind,
damit man sie für gut hält; sie studieren, damit sie zu reden
verstehen, nicht um zu arbeiten; sie predigen den anderen
gegen das, was sie selbst tun, und werden so durch ihre eigene
Zunge verurteilt. So wahr Gott lebt, diese kennen Gott nicht
mit ihrem Herzen; denn wenn sie ihn kennen würden,
würden sie ihn lieben; und weil der Mensch alles, was er hat,
von Gott bekam, sollte er ebenso alles aus Liebe zu Gott
ausgeben.“

63. Warnung vor der Rache

NACH EINIGEN TAGEN kam Jesus in die Nähe einer Stadt der Samariter; und sie wollten ihn nicht in die Stadt hinein-lassen und wollten seinen Jüngern auch kein Brot verkaufen. Deshalb sagten Jakobus und Johannes: „Herr, möge es dir wohl gefallen, daß wir zu Gott beten, daß er Feuer vom Himmel über diese Leute schickt?"

Jesus antwortete: „Ihr wißt nicht, von welchem Geist ihr geleitet werdet, daß ihr so sprecht. Denkt daran, daß Gott die Zerstörung von Ninive beschloß, weil er nicht einen fand, der Gott in jener Stadt fürchtete, die so böse war, daß Gott den Propheten Jonas rief und ihn in jene Stadt schickte. Dieser wäre gern nach Tarsus geflohen aus Furcht vor den Leuten, weshalb Gott ihn ins Meer werfen, von einem Fisch aufnehmen und ihn in der Nähe von Ninive herauswerfen ließ. Und da er dort predigte, bekehrte sich jenes Volk zur Reue, so daß Gott sich seiner erbarmte.

Wehe denen, die nach Rache rufen; denn über sie selbst wird sie kommen, da ja jeder Mensch in sich selbst ein Grund für Gottes Rache ist. Nun sagt mir, habt ihr diese Stadt mit ihren Bewohnern geschaffen? O Narren, die ihr seid, gewiß nicht. Denn alle Geschöpfe zusammen könnten nicht eine einzige Fliege aus dem Nichts neuschaffen, und das heißt erschaffen. Wenn der gesegnete Gott, der diese Stadt er-schuf, sie jetzt erhält, warum wollt ihr sie zerstören? Warum hast du nicht gesagt: ‚Möge es dir gefallen, Herr, daß wir zu dem Herrn unserem Gott beten, daß dieses Volk zur Reue bekehrt werde!' Gewiß ist dies richtig gehandelt von einem meiner Jünger, Gott zu bitten für die, die Böses tun. Dies tat Abel, als sein Bruder Kain, von Gott verflucht, ihn erschlug. Dies tat Abraham für Pharao, der ihm seine Frau wegnahm und den der Engel Gottes deshalb nicht tötete, sondern nur mit Krankheit schlug. Dies tat Zacharias, als er durch

Beschluß des gottlosen Königs im Tempel getötet wurde. Dies taten Jeremias, Jesaja, Hezekiel, Daniel und David und mit ihnen alle Freunde Gottes und die heiligen Propheten. Sagt mir, wenn ein Bruder mit Wahnsinn geschlagen wäre, würdet ihr ihn töten, weil er Böses spricht und die schlug, die ihm nahe kamen? Gewiß würdet ihr dies nicht tun; vielmehr würdet ihr versuchen, seine Gesundheit wiederherzustellen mit Medizin, die seiner Krankheit entspricht.

64. Von der Vergebung und der Feindesliebe

SO WAHR GOTT lebt, in dessen Gegenwart meine Seele steht, der Sünder ist krank im Geiste, wenn er einen Menschen verfolgt. Denn sagt mir, gibt es jemanden, der sich das Haupt abschlüge, um den Mantel seines Feindes zu zerrreißen? Wie kann der bei gesundem Verstand sein, der sich von Gott trennt, dem Haupte seiner Seele, damit er den Körper seines Feindes verletze?

Sag mir, o Mensch, wer ist dein Feind? Gewiß dein Körper, sowie ein jeder, der dich lobt. Wenn du also bei gesundem Verstand wärest, würdest du jenen die Hand küssen, die dich schmähen, und die beschenken, die dich verfolgen und viel schlagen; denn, o Mensch, je mehr du für deine Sünden in diesem Leben geschmäht und verfolgt wirst, um so weniger wirst du es am Tage des Gerichts werden.

Aber sag mir, o Mensch, wenn die Heiligen und Propheten Gottes von der Welt verfolgt und verleumdet wurden, obwohl sie unschuldig waren, was wird dann mit dir geschehen, o Sünder? Und wenn sie alles mit Geduld ertrugen und für ihre Verfolger beteten, was solltest du tun, o Mensch, der du der Hölle würdig bist? Sagt mir, o meine Jünger, wißt ihr nicht, daß Schimei den Propheten David verfluchte, einen Diener Gottes, und daß er ihn mit Steinen bewarf? Was sagte nun David zu jenen, die Schimei gern getötet hätten? ‚Was ist dir, o Joab, daß du Schimei töten wolltest? Laß ihn mich verfluchen, denn dies ist der Wille Gottes, der diesen Fluch in einen Segen verwandeln wird.' Und so war es; denn Gott sah die Geduld des David und befreite ihn von der Verfolgung durch seinen eigenen Sohn, Abschalom.

Gewiß rührt sich kein Blatt ohne den Willen Gottes. Wenn du also in Bedrängnis bist, denk nicht, wie viel du zu ertragen hast, noch an den, der dich bedrängt, sondern bedenke, wie viel du wegen deiner Sünden zu empfangen würdig bist durch die Hand der Höllenteufel. Ihr seid verärgert über diese Stadt, weil sie uns nicht empfängt und uns auch kein Brot verkauft. Sagt mir, sind diese Leute eure Sklaven? Habt ihr ihnen diese Stadt gegeben? Habt ihr ihnen ihr Getreide gegeben? Oder habt ihr ihnen geholfen, es zu ernten? Gewiß nicht, denn ihr seid Fremde in diesem Land und arme Leute. Warum also habt ihr so gesprochen?"

Die beiden Jünger antworteten: „Herr, wir haben gesündigt; möge Gott Erbarmen mit uns haben."

Und Jesus antwortete: „So sei es."

65. Die Heilung am Sabbat

ES KAM DIE Zeit des Passafestes; deshalb ging Jesus mit seinen Jüngern hinauf nach Jerusalem. Und er ging zu dem Teich namens Probatica. Und das Bad hieß so, weil der Engel Gottes jeden Tag das Wasser bewegte, und wer auch immer nach seiner Berührung als erster das Wasser betrat, wurde von jeder Art von Krankheit geheilt. Daher gab es viele Kranke an dem Teich, der fünf Eingänge hatte. Und Jesus sah dort einen gebrechlichen Mann, der seit achtunddreißig Jahren dort war und an einer schweren Krankheit litt. Und Jesus, der dies durch göttliche Eingebung wußte, hatte Mitleid mit dem kranken Mann und sagte zu ihm: „Willst du geheilt werden?"

Der Kranke antwortete: „Herr, ich habe niemanden, der mich ins Wasser bringt, wenn der Engel es bewegt, sondern wenn ich komme, geht ein anderer vor mir hinunter und geht hinein."

Da erhob Jesus die Augen zum Himmel und sagte: „Herr unser Gott, Gott unserer Väter, hab Erbarmen mit diesem Kranken."

Und als Jesus dies gesagt hatte, sagte er: „In Gottes Namen, Bruder, sei geheilt; steh auf und nimm dein Bett."

Da erhob sich der Kranke, lobte Gott, trug sein Bett auf der Schulter und ging nach Haus und lobte Gott.

Die ihn sahen, riefen: „Es ist Sabbat; es ist ungesetzlich von dir, dein Bett zu tragen."

Er antwortete: „Der mich gesund machte, sagte zu mir: ‚Heb dein Bett auf und geh nach Hause.'"

Da fragten sie ihn: „Wer ist dieser?"

Er antwortete: „Ich kenne seinen Namen nicht."

Da sagten sie untereinander: „Es muß Jesus der Nazarener gewesen sein."

Andere sagten: „Nein, denn er ist ein Heiliger Gottes, aber der dies getan hat, ist ein böser Mensch, denn er ließ die Sabbatruhe stören."

Und Jesus ging in den Tempel, und eine große Menge kam zu ihm, um seine Worte zu hören; da wurden die Priester von Neid verzehrt.

66. Warnung vor der Schmeichelei

EINER VON IHNEN kam zu ihm und sagte: „Guter Herr, du lehrst gut und wahr; sag mir also, welche Belohnung wird uns Gott im Paradiese geben?"

Jesus antwortete: „Du nennst mich gut und weißt nicht, daß Gott allein gut ist, ebenso wie Hiob, der Freund Gottes, sagte: ‚Ein Kind, das einen Tag alt ist, ist nicht rein;

ja sogar die Engel sind nicht ohne Fehler in Gottes Gegenwart.'

Darüber hinaus sagte er: ,Das Fleisch zieht die Sünde an und saugt die Bosheit auf, wie ein Schwamm das Wasser aufsaugt.'"

Da schwiegen die Priester und waren verwirrt. Und Jesus sagte: „Wahrlich, ich sage euch, nichts ist gefährlicher als die Rede. Denn so sagte Salomon: ,Leben und Tod sind in der Macht der Zunge.'"

Und er wandte sich zu seinen Jüngern und sagte: „Hütet euch vor denen, die euch segnen, weil sie euch täuschen. Mit der Zunge segnete Satan unsere Ureltern, aber erbärmlich war das Ergebnis seiner Worte. So segneten die Gelehrten Ägyptens Pharao. So segnete Goliath die Philister. So segneten vierhundert falsche Propheten Ahab; aber falsch waren ihre Lobpreisungen, so daß der Gepriesene mit den Preisenden zugrundeging. Nicht ohne Grund sagte also Gott durch den Propheten Jesaja: ,O mein Volk, die dich loben, täuschen dich.'

Wehe euch, ihr Schriftgelehrten und Pharisäer; wehe euch, ihr Priester und Leviten, denn ihr habt das Opfer des Herrn verunreinigt, so daß die, die zum Opfer kommen, glauben, daß Gott gekochtes Fleisch wie ein Mensch esse.

67. Warnung an die Priester

DENN IHR SAGT zu ihnen: ,Bringt von euren Schafen und Rindern und Lämmern zum Tempel eures Gottes und eßt nicht alles, sondern gebt eurem Gott einen Teil dessen, was er euch gegeben hat', und ihr erzählt ihnen nicht von dem Ursprung des Opfers, daß es Zeugnis gibt für das Leben, das dem Sohn unseres Vaters Abraham gewährt wurde, damit der Glaube und Gehorsam unseres Vaters Abraham nie vergessen werden sowie die Versprechen und der Segen, die ihm von Gott gegeben wurden. Aber durch den Propheten Hesekiel sagt Gott: ‚Nehmt diese eure Opfergaben von mir hinweg, eure Opfer erregen meinen Abscheu.‘ Denn die Zeit naht, wo das geschehen wird, von dem Gott durch den Propheten Hosea sprach und sagte: ‚Ich werde ein Volk auserwählt nennen, welches nicht auserwählt ist.‘ Und wie er durch den Propheten Hesekiel sagt: ‚Gott wird einen neuen Bund mit seinem Volk schließen, nicht gleich dem Bund, den er euren Vätern gab, den sie nicht hielten; und er wird ihnen ein Herz aus Stein wegnehmen und ihnen ein neues Herz geben; und all dies, weil ihr nicht in seinem Gesetz wandelt. Und ihr habt den Schlüssel und öffnet nicht; vielmehr versperrt ihr jenen den Weg, die hineingehen möchten.‘“

Der Priester ging, um alles dem Hohenpriester zu berichten, der in der Nähe des Heiligtums stand, aber Jesus sagte: „Bleib, denn ich will deine Frage beantworten.

68. Die Frage nach dem Lohn im Paradies
Israels Undankbarkeit

DU BITTEST MICH, dir zu sagen, was Gott uns im Paradies geben wird. Wahrlich, ich sage dir, daß die, die an den Lohn denken, den Herrn nicht lieben. Wenn ein Hirte, der eine Schafherde hat, den Wolf kommen sieht, bereitet er sich auf ihre Verteidigung vor; der Knecht hingegen verläßt die Schafe und flieht, wenn er den Wolf sieht. So wahr Gott lebt, in dessen Gegenwart ich stehe, wenn der Gott unserer Väter euer Gott wäre, wäre es euch nicht in den Sinn gekommen zu sagen: ‚Was wird Gott mir geben?‘ Sondern ihr hättet gesagt, wie es sein Prophet David tat: ‚Was soll ich Gott geben für alles, was er mir gegeben hat?‘

Ich werde zu euch durch ein Gleichnis sprechen, damit ihr versteht. Da war ein König, der am Wegesrand einen Mann fand, der von Dieben beraubt worden war, die ihn nahezu tödlich verwundet hatten. Und er hatte Mitleid mit ihm und befahl seinen Sklaven, jenen Mann in die Stadt zu tragen und zu versorgen; und dies taten sie mit aller Sorgfalt. Und der König hatte eine große Liebe für den kranken Mann, so daß er ihm seine eigene Tochter zur Frau gab und ihn zu seinem Erben machte. Nun war dieser König gewiß voller Barmherzigkeit; der Mann aber schlug die Sklaven, verachtete die Arzneien, verführte seine Frau, sprach Böses über den König und verursachte einen Aufstand seiner Gefolgsleute gegen ihn. Und wenn der König einen Dienst verlangte, pflegte er zu sagen: ‚Was wird der König mir als Belohnung geben?' Als nun der König dies hörte, was machte er mit so einem ruchlosen Mann?"

Sie alle antworteten: „Wehe ihm, denn der König nahm ihm alles und bestrafte ihn grausam." Da sagte Jesus: „O Priester und Schriftgelehrte und Pharisäer und du Hoherpriester, der du meine Stimme hörst, ich verkünde euch, was Gott euch durch seinen Propheten Jesaja gesagt hat: ‚Ich habe Sklaven ernährt und sie erhöht, aber sie haben mich verachtet.'

Der König ist unser Gott, der in dieser Welt voller Elend Israel fand und ihm deshalb seine Diener Joseph, Moses und Aaron gab, die es versorgten. Und in unserem Gott war eine solche Liebe für es, daß er um des Volkes Israel willen Ägypten vernichtete, Pharao ertränkte und hundertzwanzig Königen der Kanaaniter und Midianiter eine Niederlage bereitete; er gab ihm seine Gesetze und machte es zum Erben all dessen, was unser Volk bewohnt.

Aber wie verhält sich Israel? Wie viele Propheten hat es gemordet? Wie viele Prophezeiungen hat es verfälscht? Wie hat es dem Gesetz Gottes Gewalt angetan? Wie viele haben aus diesem Grund Gott verlassen und sind zum Götzendienst übergegangen durch euer Verschulden, Priester! Und wie habt ihr Gott durch eure Lebensweise entehrt! Und nun fragt ihr mich: ‚Was wird uns Gott im Paradiese geben?‘ Ihr hättet mich besser gefragt, was wird die Strafe sein, die Gott euch in der Hölle geben wird, und dann, wie ihr wahrhaft bereuen könnt, damit Gott Erbarmen mit euch hat. Denn dies kann ich euch sagen, und zu diesem Zweck bin ich zu euch geschickt worden.

69. Erneute Ermahnung der Priester
Heilung eines Besessenen

SO WAHR GOTT lebt, in dessen Gegenwart ich stehe, ihr werdet keine Schmeicheleien von mir bekommen, sondern die Wahrheit. Darum sage ich euch: Bereut und wendet euch Gott zu, ebenso wie es unsere Väter taten nach der Sünde, und verhärtet nicht euer Herz.“

Die Priester waren wutentbrannt über diese Rede, aber aus Furcht vor dem einfachen Volk sprachen sie nicht ein Wort.

Und Jesus fuhr fort und sagte: „O ihr Doktoren, ihr Schriftgelehrten, ihr Pharisäer, ihr Priester, sagt mir: Ihr wollt Pferde wie die Ritter, aber ihr wollt nicht in den Krieg ziehen; ihr wollt schöne Kleidung wie die Frauen, aber ihr wollt nicht spinnen und die Kinder ernähren; ihr wollt die Früchte des Feldes, und ihr wollt nicht die Erde bebauen; ihr wollt die Fische des Meeres, aber ihr wollt nicht fischen gehen; ihr wollt als Bürger geehrt werden, aber ihr wollt nicht die Last des Gemeinwesens tragen; als Priester wollt ihr den Zehnten und die ersten Früchte, aber ihr wollt nicht Gott in Wahrheit dienen. Was soll denn Gott mit euch tun, wenn er sieht, daß ihr hier nur das Gute ohne irgend etwas Schlechtes wollt? Wahrlich, ich sage euch, daß Gott euch einen Ort geben wird, wo ihr nur alles Schlechte ohne irgend etwas Gutes haben werdet.“

Und als Jesus dies gesagt hatte, wurde ein Besessener zu ihm gebracht, der weder sprechen noch sehen konnte und des Hörens nicht mächtig war. Da sah Jesus ihren Glauben, erhob die Augen zum Himmel und sagte: „Herr und Gott unserer Väter, hab Erbarmen mit diesem kranken Mann und gib ihm Gesundheit, damit dieses Volk wisse, daß du mich geschickt hast."

Und als Jesus dies gesagt hatte, befahl er dem Geist, daß er weggehe und sagte: „Durch die Kraft des Namens Gottes unseres Herrn, geh hinweg von diesem Manne, du Übeltäter!"

Der Geist ging hinweg, und der Stumme sprach und war sehend. Da wurde ein jeder von Furcht erfüllt, aber die Schriftgelehrten sagten: „Durch die Kraft des Beelzebub, des Herrn der Geister, treibt er die Geister aus."

Da sagte Jesus: „Jedes Königreich, das in sich selbst uneins ist, zerstört sich selbst, und ein Haus fällt aufs andere. Wenn Satan ausgetrieben wird durch die Kraft des Satan, wie sollte sein Königreich standhalten? Und wenn eure Söhne Satan austreiben durch die Schrift, die ihnen der Prophet Salomon gab, bezeugen sie, daß ich Satan austreibe durch die Kraft Gottes. So wahr Gott lebt, das Lästern gegen den heiligen Geist findet weder im Diesseits noch im Jenseits Vergebung; denn der Böse verdammt sich selbst aus eigenem Willen und weiß um seine Verdammnis."

Und als Jesus dies gesagt hatte, ging er aus dem Tempel hinaus. Und das einfache Volk verehrte ihn sehr, denn es brachte alle Kranken zu ihm, die es finden konnte; und als Jesus gebetet hatte, gab er allen Gesundheit.

An jenem Tage begannen in Jerusalem die römischen Soldaten unter Einwirkung Satans, das einfache Volk aufzuwiegeln, indem sie sagten, Jesus sei der Gott Israels, der gekommen sei, um sein Volk zu besuchen.

70. Die Maßregelung Petri

JESUS VERLIESS JERUSALEM nach dem Passafest und ging in das Grenzgebiet von Caesarea Philippi. Der Engel Gabriel hatte ihm von dem Aufstand berichtet, der unter dem einfachen Volk im Entstehen begriffen war, und er befragte seine Jünger und sagte: „Was sagen die Menschen von mir?"

Sie sagten: „Einige sagen, du seist Elias, andere Jeremia und wiederum andere, du seiest einer der alten Propheten."

Jesus antwortete: „Und ihr, was sagt ihr, daß ich sei?"

Petrus antwortete: „Du bist Christus, der Sohn Gottes."

Da wurde Jesus zornig und schalt ihn voller Zorn und sagte: „Fort und hinweg von mir, denn du bist der Teufel und versuchst, mir zu schaden!"

Und er drohte den Elfen und sagte: „Wehe euch, wenn ihr dies glaubt, denn ich habe von Gott einen großen Fluch erwirkt gegen jene, die dies glauben."

Und er hätte Petrus gern davongejagt; da legten die Elf bei Jesus Fürbitte für ihn ein, und er jagte ihn nicht davon, sondern tadelte ihn von neuem und sagte: „Hüte dich, daß du nie wieder solche Worte sagst, weil Gott dich verdammen würde!"

Petrus weinte und sagte: „Herr, ich habe wie ein Narr gesprochen, bitte Gott, daß er mir verzeihe."

Da sagte Jesus: „Wenn unser Gott sich nicht seinem Diener Moses zeigen wollte und auch nicht dem Elias, den er so liebte, noch irgendeinem Propheten, wie wollt ihr annehmen, daß Gott sich diesem ungläubigen Geschlecht zeige? Wißt ihr denn nicht, daß Gott alle Dinge aus dem Nichts durch ein einziges Wort erschaffen hat und daß alle Menschen ihren Ursprung in einem Stück Lehm haben? Wie also soll Gott Ähnlichkeit mit dem Menschen haben? Wehe denen, die sich von Satan täuschen lassen!"

Und als Jesus dies gesagt hatte, bat er Gott für Petrus, und die Elf und Petrus weinten und sagten: „So sei es, so sei es, o gesegneter Herr unser Gott."

Dann machte Jesus sich auf nach Galiläa, damit diese falsche Ansicht über ihn zunichte würde, die sich beim einfachen Volk zu verbreiten begann.

71. Die Heilung des Gelähmten in Nazareth

ALS JESUS IN seiner Heimat angekommen war, verbreitete sich in ganz Galiläa die Kunde davon, daß der Prophet Jesus nach Nazareth gekommen war. Da suchten sie eifrig die Kranken und brachten sie zu ihm und baten ihn inständig, sie mit den Händen zu berühren. Und so groß war die Menge, daß ein gewisser reicher Mann, der gelähmt war und nicht durch die Tür getragen werden konnte, sich zu dem Dach des Hauses tragen ließ, in dem Jesus war, und nachdem er das Dach hatte öffnen lassen, ließ man ihn in Tüchern hinunter vor Jesus. Jesus zögerte einen Augenblick lang, und dann sagte er: „Fürchte dich nicht, Bruder, denn deine Sünden sind dir vergeben."

Alle waren bestürzt, als sie dies hörten, und sie sagten: „Und wer ist dieser, der Sünden vergibt?"

Da sagte Jesus: „So wahr Gott lebt, ich bin nicht fähig, Sünden zu vergeben, noch sonst ein Mensch, sondern Gott allein vergibt. Aber als Diener Gottes kann ich ihn inständig für die Sünden anderer bitten; und so habe ich ihn für diesen kranken Mann gebeten, und ich bin sicher, daß Gott mein Gebet gehört hat. Deshalb, damit ihr die Wahrheit wißt, sage ich zu diesem Kranken: ‚Im Namen des Gottes unserer Väter, des Gottes Abrahams und seiner Söhne, erhebe dich und sei geheilt!'" Und als Jesus dies gesagt hatte, erhob sich der Kranke, und er war geheilt und lobte Gott.

Da bat das einfache Volk Jesus inständig, er möge Gott bitten für die Kranken, die draußen standen. Da ging Jesus zu ihnen hinaus, erhob seine Hände und sagte: „Herr Gott der Heerscharen, lebendiger Gott, wahrer Gott, heiliger Gott, der du niemals sterben wirst, hab Erbarmen mit ihnen!" Und ein jeder antwortete: „Amen". Und als dies gesagt war, legte Jesus seine Hände auf die Kranken, und sie wurden alle gesund.

Da priesen sie Gott und sagten: „Gott hat uns durch seinen Propheten besucht, und einen großen Propheten hat Gott zu uns geschickt."

72. Die Zeichen des Gesandten

IN DER NACHT sprach Jesus im geheimen mit seinen Jüngern und sagte: „Wahrlich, ich sage euch, daß Satan euch sieben will wie den Weizen; aber ich habe für euch bei Gott Fürbitte eingelegt, und keiner von euch wird untergehen, außer dem, der mir Fallen stellt." Und dies sagte er von Judas, weil der Engel Gabriel ihm sagte, wie Judas mit den Priestern in Verbindung stand und ihnen alles berichtete, was Jesus sprach.

Unter Tränen näherte sich der, der dies schreibt, Jesus und sagte: „O Herr, sag mir, wer ist es, der dich verraten soll?"

Jesus antwortete und sagte: „O Barnabas, dies ist für dich nicht die Stunde, ihn zu kennen, aber bald wird sich der Böse zu erkennen geben, weil ich die Welt verlassen werde."

Da weinten die Apostel und sagten: „O Herr, warum willst du uns verlassen? Es wäre besser für uns zu sterben, als von dir verlassen zu werden!"

Jesus antwortete: „Laßt euer Herz nicht betrübt werden und fürchtet euch auch nicht. Denn ich habe euch nicht erschaffen, aber Gott, euer Schöpfer, der euch erschaffen hat, wird euch beschützen. Was mich betrifft, ich bin nun in die Welt gekommen, um den Weg zu bereiten für den Gesandten Gottes, der der Welt Rettung bringen wird. Aber hütet euch, daß ihr nicht getäuscht werdet, denn viele falsche Propheten werden kommen, die meine Worte nehmen und mein Evangelium beschmutzen werden."

Da sagte Andreas: „Herr, sag uns ein Zeichen, daß wir ihn erkennen mögen."

Jesus antwortete: „Er wird nicht in eurer Zeit kommen, sondern er wird einige Jahre nach euch kommen, wenn mein Evangelium vernichtet sein wird, so daß es kaum dreißig Gläubige geben wird. Zu jener Zeit wird Gott Erbarmen mit der Welt haben, und deshalb wird er seinen Gesandten entsenden, über dessen Haupt eine weiße Wolke ruhen wird, woran er von einem Auserwählten Gottes erkannt werden wird, und durch ihn wird er der Welt geoffenbart werden. Er wird mit großer Macht gegen die Gottlosen kommen und die Götzendienerei auf der Erde vernichten. Und es erfreut mich, da ja durch ihn unser Gott erkannt und verherrlicht werden wird, und ich werde als wahrhaftig erkannt werden; und er wird Rache üben gegen jene, die sagen werden, ich sei mehr als ein Mensch. Wahrlich, ich sage euch, daß der Mond über seinen Schlaf wachen wird in seiner Kindheit, und wenn er erwachsen sein wird, wird er ihn in die Hand nehmen. Möge die Welt sich davor hüten, ihn zu verstoßen, weil er die Götzendiener vernichten wird, denn viel mehr wurden von Moses vernichtet, dem Diener Gottes, und Josua, die die Städte nicht verschonten, die sie verbrannten und die Kinder töteten; denn bei einer alten Wunde wendet man Feuer an.

Er wird mit der Wahrheit kommen klarer als alle Propheten, und er wird den schelten, der der Welt Böses antut. Die Türme unserer Vaterstadt werden einander grüßen vor Freude. Und wenn man also den Untergang der Götzendienerei sehen und bekennen wird, daß ich ein Mensch bin wie andere Menschen, wahrlich, ich sage euch, dann wird der Gesandte Gottes gekommen sein.

73. Die Versuchungen durch Satan

WAHRLICH, ICH SAGE euch, wenn Satan erproben wird, ob ihr Freunde Gottes seid – denn niemand greift seine eigenen Städte an –, wenn Satan seinen Willen über euch haben würde, würde er euch nach eurem Gutdünken dahinziehen lassen; aber da er weiß, daß ihr seine Feinde seid, wird er alles daransetzen, euren Untergang herbeizuführen. Aber fürchtet euch nicht, denn er wird gegen euch sein wie ein Hund an der Kette, weil Gott mein Gebet gehört hat.

Johannes antwortete: „O Herr, sag uns, wie der alte Versucher dem Menschen auflauert, nicht nur uns, sondern denen, die das Evangelium glauben werden."

Jesus antwortete: „Auf vier Arten versucht der Böse. Die erste ist, wenn er durch sich selbst versucht, mit Gedanken. Die zweite ist, wenn er durch Worte und Taten mittels seiner Diener versucht; die dritte ist, wenn er mit falscher Lehre versucht; die vierte ist, wenn er mit falschen Visionen versucht. Wie vorsichtig sollten also die Menschen sein, um so mehr, als er das Fleisch des Menschen zu seinen Gunsten hat, das die Sünde liebt wie der Fiebernde das Wasser! Wahrlich, ich sage euch, wenn ein Mensch Gott fürchtet, wird er alles besiegen, wie sein Prophet David sagt: ‚Gott wird seinen Engeln Macht über dich geben, die deine Wege behüten werden, so daß der Teufel dich nicht straucheln machen wird. Eintausend werden zu deiner Linken fallen, und zehntausend zu deiner Rechten, so daß sie dir nicht nahe kommen werden.'

Überdies versprach uns unser Gott mit großer Liebe durch ebenjenen David, uns zu erhalten, indem er sagte: ‚Ich gebe dir Verstand, der dich lehren wird; und auf deinen Wegen, auf denen du gehen wirst, werde ich meine Augen auf dir ruhen lassen.'

Aber was soll ich sagen? Er hat durch Jesaja gesagt: ‚Kann eine Mutter das Kind ihres Leibes vergessen? Doch ich sage dir, möge sie auch vergessen, ich werde dich nicht vergessen.'

Saget mir also, wer sollte Satan fürchten, wenn er die Engel als Wache und als Schutz den lebendigen Gott hat? Dennoch ist es nötig, wie der Prophet Salomon sagt, daß ‚Du, mein Sohn, der du gekommen bist, den Herrn zu fürchten, deine Seele gegen die Versuchungen wappnest.' Wahrlich, ich sage euch, daß ein Mensch tun sollte wie der Geldwechsler, der Geld prüft, indem er seine Gedanken prüft, damit er nicht gegen Gott seinen Schöpfer sündige.

74. Über die Sünde der Gedanken

Es waren und sind in der Welt Menschen, die Gedanken nicht für Sünde halten; sie sind im größten Irrtum. Sagt mir, wie sündigte Satan? Es ist gewiß, daß er durch den Gedanken sündigte, daß er mehr wert sei als der Mensch. Salomon sündigte, indem er dachte, alle Geschöpfe Gottes zu einem Festmahl einzuladen, worauf ihn ein Fisch zurechtwies, indem er alles auffraß, was er zubereitet hatte.

Darum sagte unser Vater David nicht ohne Grund: ‚Wer sich im Herzen erhebt, der landet im Tal der Tränen.' Und warum weint Gott durch seinen Propheten Jesaja, der sagt: ‚Nehmt eure bösen Gedanken von meinen Augen hinweg'? Und zu welchem Zweck sagt Salomon: ‚Bewache dein Herz mit aller Wachsamkeit'? So wahr Gott lebt, in dessen Gegenwart meine Seele steht, all dies ist gesagt worden gegen die bösen Gedanken, mit denen man sündigt, denn es ist nicht möglich zu sündigen, ohne zu denken. Nun sagt mir, wenn der Landmann den Weinberg pflanzt, setzt er die Pflanzen

tief? Gewiß doch. Ebenso macht es Satan, der beim Einpflanzen der Sünde bei Auge oder Ohr nicht haltmacht,
sondern in das Herz eindringt, welches Gottes Wohnung ist.
Wie er durch seinen Diener Moses sprach, der sagte: ‚Ich
werde in ihnen wohnen, damit sie in meinem Gesetz wandeln mögen.'

Nun sagt mir, wenn der König Herodes euch ein Haus zu
bewachen gäbe, in dem er wohnen wollte, würdet ihr Pilatus,
seinen Feind, dort hineinlassen oder ihn dort seine Sachen
hinbringen lassen? Gewiß nicht. Um wieviel weniger solltet
ihr dann Satan in euer Herz hineinlassen oder ihn seine
Gedanken dort hinbringen lassen; unser Gott hat euch doch
das Herz, welches seine Wohnung ist, gegeben, damit ihr es
bewacht. Denkt doch daran, daß der Geldprüfer das Geldstück untersucht, ob das Bild des Kaisers richtig ist, ob das
Silber gut oder falsch ist und ob es das erforderliche Gewicht
hat; darum dreht er es oft in der Hand herum. Ach, verrückte
Welt! Wie umsichtig bist du in deinem Geschäft, so daß du
am letzten Tag die Diener Gottes der Nachlässigkeit und
Unvorsichtigkeit schelten und bezichtigen wirst, denn zwei-
fellos sind deine Diener umsichtiger als die Diener Gottes.
Sagt mir nun, wer ist der, der einen Gedanken prüft wie der
Geldprüfer eine Silbermünze? Gewiß niemand."

75. Von der Abwehr böser Gedanken

DA SAGTE JAKOBUS: „O Herr, wieso ist das Prüfen eines
Gedankens wie das einer Münze?"

Jesus antwortete: „Das gute Silber in Gedanken ist die
Gottesfurcht, denn jeder gottlose Gedanke kommt vom
Teufel. Das rechte Bild ist das Beispiel der Heiligen und
Propheten, denen wir folgen sollten; und das Gewicht des
Gedankens ist die Liebe zu Gott, in der alles getan werden
sollte. Worauf der Feind euch gottlose Gedanken gegen eure

Nächsten bringen wird; Gedanken im Sinne der Welt, um das Fleisch zu verderben; Gedanken an irdische Liebe, um die Liebe zu Gott zu verderben."

Bartholomäus erwiderte: „O Herr, was sollten wir tun, um wenig zu denken, damit wir nicht in Versuchung fallen?"

Jesus antwortete: „Zwei Dinge sind nötig für euch. Das erste ist, sich viel zu üben, und das zweite ist, wenig zu reden; denn Müßiggang ist ein Ausguß, in dem sich jeder unreine Gedanke sammelt, und zu vieles Reden ist ein Schwamm, der die Bosheit aufsaugt. Es ist also daher nicht nur nötig, daß eure Arbeit den Körper beschäftigt hält, sondern daß die Seele mit Gebet beschäftigt wird. Denn sie braucht nie vom Gebet abzulassen.

Ich gebe euch ein Beispiel: Da war ein Mann, der schlecht zahlte, weshalb niemand, der ihn kannte, auf seinen Feldern arbeiten wollte. Darauf sagte er wie ein böser Mensch: ‚Ich will zum Marktplatz gehen, um Müßiggänger zu finden, die nichts zu tun haben und deshalb meine Weinberge bebauen kommen werden.' Dieser Mann ging weg von seinem Haus und fand viele Fremde, die müßig umherstanden und kein Geld hatten. Zu ihnen sprach er und führte sie zu seinem Weinberg. Aber in Wahrheit ging niemand dorthin, der ihn kannte und Arbeit für seine Hände hatte.

Jener, der schlecht bezahlt, ist Satan; denn er gibt Arbeit, und der Mensch empfängt dafür die ewigen Feuer in seinem Dienst. Deshalb ist er aus dem Paradies fortgegangen und geht umher auf der Suche nach Arbeitern. Gewiß nimmt er jene in seine Dienste, die müßig umherstehen, wer immer sie auch sein mögen, aber viel lieber noch nimmt er jene, die ihn nicht kennen. Es ist keinesfalls genug für jemanden, das Böse zu erkennen, um ihm zu entkommen, sondern es ist erforderlich, am Guten zu arbeiten, um es zu überwinden.

76. Das Gleichnis von den drei Weinbauern

ICH GEBE EUCH ein Beispiel. Da war ein Mann, der hatte drei Weinberge, die er drei Landarbeitern überließ. Weil der erste nicht wußte, wie man einen Weinberg bebaut, brachte der Weinberg nur Blätter hervor. Der zweite lehrte den dritten, wie man den Weinstock anpflanzt, und der hörte seinen Worten auf das vortrefflichste zu; und er pflanzte den seinen so an, wie jener es ihm gesagt hatte, so daß der Weinberg des dritten viel trug. Aber der zweite ließ seinen Weinberg unbebaut, da er seine Zeit allein mit Reden verbrachte. Als die Zeit gekommen war, dem Herrn des Weinbergs die Miete zu zahlen, sagte der erste: ‚Herr, ich weiß nicht, wie man deinen Weinberg bepflanzt; daher habe ich dieses Jahr keine Frucht erhalten.‘

Der Herr antwortete: ‚O Narr, wohnst du alleine in der Welt, daß du meinen zweiten Weinbauern nicht um Rat gefragt hast, der wohl weiß, wie man Land bebaut? Es ist gewiß, daß du mich bezahlen wirst.‘

Und als er dies gesagt hatte, verurteilte er ihn dazu, im Gefängnis zu arbeiten, bis er seinen Herrn bezahlen könne, welcher über seine Einfalt von Mitleid gerührt war, ihm die Freiheit gab und sagte: ‚Weg mit dir, denn ich will nicht, daß du länger in meinem Weinberg arbeitest; es ist genug für dich, daß ich dir deine Schuld erlasse.‘

Der zweite kam, und der Herr sagte zu ihm: ‚Willkommen, mein Weinbauer. Wo sind die Früchte, die du mir schuldest? Gewiß trug der Weinberg, den ich dir überließ, reiche Frucht, da du wohl weißt, wie man die Weinstöcke beschneidet.‘

Der zweite antwortete: ‚O Herr, dein Weinberg steht noch, denn ich habe weder die Äste beschnitten noch den Boden bearbeitet; aber der Weinberg hat keine Frucht getragen, also kann ich dich nicht bezahlen.‘

Da rief der Herr den dritten herbei und sprach verwundert: ‚Du sagtest mir, daß dieser Mann, dem ich den zweiten Weinberg überließ, dich vollständig darin unterwies, den Weinberg zu bebauen, den ich dir überließ. Wie kann es denn sein, daß der Weinberg, den ich ihm überließ, keine Früchte trägt, wo ich doch sehe, daß der Boden der gleiche ist?‘

Der dritte antwortete: ‚Herr, die Weinstöcke werden nicht allein durch Reden bearbeitet, sondern wer will, daß sie Früchte hervorbringen, der muß jeden Tag ein Hemd durchschwitzen. Und wie soll dein Weinberg von deinem Weinbauern Früchte tragen, o Herr, wenn er nichts tut, als die Zeit mit Reden zu verschwenden? Gewiß ist, o Herr, hätte er seine eigenen Worte in die Tat umgesetzt, hätte er dir die Miete des Weinbergs für fünf Jahre geben können, wenn schon ich, der ich mich nicht so gut aufs Reden verstehe, dir soviel wie die Miete für zwei Jahre gegeben habe.‘

Der Herr war erzürnt und sagte in Verachtung zu dem Weinbauern: ‚Also hast du ein großes Werk getan, indem du nicht die Äste beschnitten und den Weinberg eben gemacht hast, deshalb erwartet dich eine große Belohnung.‘ Und er rief seine Diener und ließ ihn ohne Erbarmen verprügeln. Und dann brachte er ihn ins Gefängnis unter der Aufsicht eines grausamen Dieners, der ihn jeden Tag schlug und nie einwilligte, ihn freizulassen, trotz der Bitten seiner Freunde.

77. Vom rechten Gebrauch des Wissens

WAHRLICH, ICH SAGE euch, daß am Tag des Gerichts viele zu Gott sagen werden: ‚Herr, wir haben gepredigt und gelehrt durch dein Gesetz.‘ Gegen sie werden selbst die Steine aufschreien und sagen: ‚Als ihr anderen gepredigt habt, habt ihr euch selbst verurteilt durch eure eigene Zunge, o Arbeiter der Sünde.' So wahr Gott lebt", sagte Jesus, „wer die Wahrheit kennt und das Gegenteil bewirkt, wird so schwer bestraft werden, daß Satan fast Mitleid mit ihm haben wird. Saget mir nun, hat uns unser Gott das Gesetz gegeben zum Wissen oder zum Wirken? Wahrlich, ich sage euch, daß alles Wissen jene Weisheit zum Ziel hat, die all das tut, was sie weiß.

Sagt mir, wenn jemand an einem Tisch säße und mit den Augen köstliche Speise anschaute, aber mit den Händen unreine Dinge aussuchen und sie essen würde, wäre er nicht verrückt?"

„Ja, gewiß", sagten die Jünger.

Da sagte Jesus: „Verrückt über jede Verrücktheit hinaus bist du, o Mensch, der du mit deinem Verstande den Himmel kennst und mit deinen Händen die Erde erwählst; mit deinem Verstande kennst du Gott, und mit deiner Zuneigung begehrst du die Welt; mit deinem Verstande kennst du die Freuden des Paradieses, und durch deine Werke erwählst du das Elend der Hölle. Tapferer Soldat, der das Schwert läßt und die Scheide zum Kampf trägt! Wißt ihr denn nicht, daß der nächtliche Wanderer sich nicht deshalb nach dem Lichte sehnt, um das Licht selbst zu sehen, sondern um den richtigen Weg zu erkennen, damit er die Herberge sicher erreicht? O erbärmliche Welt, du seist tausendmal verachtet und verabscheut! Denn unser Gott wollte ihr durch seine heiligen Propheten seit jeher Kenntnis gewähren von dem Weg zu seinem Land und zu seiner Ruhe. Aber du, Verruchte, nicht nur willst du ihn nicht gehen, sondern, was schlimmer ist, du hast das Licht verachtet! Wahr ist das Sprichwort vom Kamel, das nicht das klare Wasser trinken mag, weil es sein häßliches Gesicht nicht sehen will. So handelt der Gottlose, der Böses tut, denn er haßt das Licht, damit seine bösen Werke nicht bekannt werden. Aber wer Weisheit empfängt und nicht nur nichts Gutes tut, sondern, was schlimmer ist, sie zum Bösen benutzt, der ist wie einer, der die Gaben als Mittel dazu benutzt, den Geber zu vernichten.

78. Das Lob der Weisheit

WAHRLICH, ICH SAGE euch, daß Gott mit dem Fall Satans kein Mitleid hatte, jedoch mit dem Fall Adams. Und dies möge euch genügen, damit ihr die unglückliche Lage desjenigen kennt, der das Gute weiß und das Böse tut."

Da sagte Andreas: „O Herr, es ist eine gute Sache, das Lernen beiseite zu lassen, damit man nicht in eine solche Lage gerät."

Jesus antwortete: „Wenn die Welt gut ist ohne die Sonne, der Mensch ohne die Augen und die Seele ohne den Verstand, dann ist es gut, nicht zu wissen. Wahrlich, ich sage euch, Brot ist nicht so gut für das zeitliche Leben wie das Lernen für das ewige Leben. Wißt ihr nicht, daß es ein Gebot Gottes ist zu lernen? Denn so sagt Gott: ‚Befrage die Alten, und sie werden dich lehren.' Und von dem Gesetz sagt Gott: ‚Siehe zu, daß dir mein Gebot vor Augen ist, und wenn du dich niedersetzt und wenn du gehst, sinne allzeit hierauf.' Ob es nun gut ist, nicht zu lernen, mögt ihr nun wissen. O Unglücklicher, der die Weisheit verachtet, denn sicherlich wird er das ewige Leben verlieren."

Jakobus erwiderte: „O Herr, wir wissen, daß Hiob nicht von einem Meister lernte, ebensowenig Abraham; dennoch wurden sie Heilige und Propheten."

Jesus antwortete: „Wahrlich, ich sage euch, wer zum Haus des Bräutigams gehört, braucht nicht zur Hochzeit eingeladen zu werden, weil er in dem Haus wohnt, wo die Hochzeit gehalten wird, sondern die, die weit weg wohnen. Wißt ihr denn nicht, daß die Propheten Gottes im Haus von Gottes Gnade und Erbarmen sind und so das Gesetz Gottes in ihnen offenbar wird, wie unser Vater David hierüber sagte:

‚Das Gesetz seines Gottes ist in seinem Herzen; darum werden seine Schritte nicht straucheln.' Wahrlich, ich sage euch, daß Gott, als er den Menschen erschuf, ihn nicht nur rechtschaffen erschuf, sondern seinem Herzen ein Licht eingab, das ihm zeigen sollte, daß es sich ziemt, Gott zu dienen. Wenn sich daher also dieses Licht nach der Sünde verdunkelt, wird es doch nicht ausgelöscht. Denn jedes Volk hat diesen Wunsch, Gott zu dienen, obwohl sie Gott verloren haben und falschen und lügnerischen Göttern dienen. Demnach ist es nötig, daß ein Mensch durch die Propheten Gottes belehrt werde, denn sie haben das helle Licht, das den Weg zum Paradies weist, unserer Heimat, indem sie Gott recht dienen. Ebenso ist es nötig, daß der Führung und Hilfe bekommt, dessen Augen erkrankt sind."

79. Der Wert guter Werke
Das Gleichnis vom unfruchtbaren Land

JAKOBUS ERWIDERTE: „Und wie sollen uns die Propheten lehren, wenn sie tot sind, und wie soll der belehrt werden, der von den Propheten kein Wissen hat?"

Jesus antwortete: „Ihre Lehre wurde aufgeschrieben, damit sie studiert werde, denn sie ist für dich wie ein Prophet. Wahrlich, wahrlich, ich sage euch, wer das Prophetentum verachtet, verachtet nicht nur den Propheten, sondern er verachtet auch Gott, der den Propheten schickte. Aber was die betrifft, die den Propheten nicht kennen, als da sind die Völker: Ich sage euch, wenn in jenen Gegenden ein Mensch lebt, der so lebt, wie es ihm sein Herz zeigt, der anderen nicht etwas antut, was er nicht von ihnen getan haben will, und der seinem Nächsten gibt, was er von ihm bekommen will, solch ein Mensch wird nicht von Gottes Gnade verlassen werden. Daher wird Gott ihm in Gnade bei seinem Tode, wenn nicht eher, sein Gesetz zeigen und geben. Vielleicht denkt ihr, daß

Gott das Gesetz gab aus Liebe zum Gesetz? Gewiß ist dies nicht wahr, sondern vielmehr gab Gott sein Gesetz, damit der Mensch aus Liebe zu Gott Gutes tue. Und wenn nun Gott einen Menschen fände, der aus Liebe zu ihm Gutes tut, wird er ihn vielleicht verachten? Sicherlich nicht, vielmehr wird er ihn mehr lieben als jene, denen er das Gesetz gab. Ich sage euch ein Beispiel: Es war ein Mann, der viel Besitz hatte, und auf seinem Gebiet hatte er brachliegendes Land, das nur unfruchtbare Dinge trug. Und als er also eines Tages durch dieses verlassene Land ging, fand er zwischen solch unfruchtbaren Pflanzen eine Pflanze, die köstliche Früchte hatte. Darauf sagte dieser Mann: ‚Wie trägt diese Pflanze hier so köstliche Früchte? Ich will sicher nicht, daß sie abgeschnitten und mit den übrigen verbrannt werde.‘ Und er rief seine Diener und ließ sie ausgraben und in seinem Garten einpflanzen. Ebenso, sage ich euch, wird Gott jene vor den Flammen der Hölle bewahren, die Rechtschaffenes wirken, wo immer sie auch sein mögen.

80. Gehorsam gegen Gott und die Propheten

SAGT MIR, wo wohnte Hiob, wenn nicht in Uz unter Götzenanbetern? Und zur Zeit der Flut, wie schreibt Moses? Sagt es mir. Er sagt: ‚Noah fand wahrlich Gnade vor Gott.‘ Unser Vater Abraham hatte einen Vater ohne Glauben, denn er machte und verehrte falsche Götzenbilder. Lot weilte unter den boshaftesten Menschen auf Erden. Daniel wurde als Kind zusammen mit Ananias, Azarias und Misael gefangengenommen von Nebukadnezar, und zwar waren sie erst zwei Jahre alt, als sie gefangen wurden; und sie wurden in der Schar der götzendienerischen Diener erzogen. So wahr Gott lebt, ebenso wie das Feuer das Trockene verbrennt und es in Feuer umwandelt und dabei keinen Unterschied macht zwischen Olive und Zypresse und Palme, ebenso hat unser

Gott Erbarmen mit jedem, der Gutes tut, und macht keinen Unterschied zwischen Juden, Skythen, Griechen und Ismaeliten. Aber dein Herz möge hierbei nicht stehenbleiben, o Jakobus, denn dort, wohin Gott den Propheten geschickt hat, ist es ganz und gar erforderlich, dein eigenes Urteil zu verneinen und dem Propheten zu folgen, und nicht zu sagen: ‚Warum sagt er dies?‘ ‚Warum verbietet und gebietet er so?‘ Sondern sag: ‚Dies will Gott. Dies befiehlt Gott.‘ Was sagte nun Gott zu Moses, als Israel Moses verschmähte? ‚Sie haben nicht dich verschmäht, sondern sie haben mich verschmäht.‘

Wahrlich, ich sage euch, daß der Mensch nicht alle Zeit seines Lebens damit verbringen sollte, das Sprechen oder das Reden zu erlernen, sondern zu lernen, wie man Gutes tut. Nun sagt mir, wer ist jener Diener des Herodes, der ihm nicht zu gefallen suchte, indem er ihm mit aller Sorgfalt dient? Wehe der Welt, die nur einem Körper zu gefallen sucht, der Lehm und Dung ist, und nicht lernt, sondern den Dienst an Gott vergißt, welcher alle Dinge gemacht hat; er ist auf immer gesegnet.

81. Begegnung am Brunnen mit einer Frau aus Samaria

SAGT MIR, WÄRE es eine große Sünde von den Priestern gewesen, wenn sie die Bundeslade Gottes beim Tragen hätten zu Boden fallen lassen?"

Die Jünger zitterten, als sie dies hörten, denn sie wußten, daß Gott Uzzah tötete, weil er die Bundeslade fälschlich berührt hatte. Und sie sagten: „Sehr schwer wäre eine solche Sünde."

Da sagte Jesus: „So wahr Gott lebt, es ist eine größere Sünde, das Wort Gottes zu vergessen, durch welches er alle Dinge machte und dir ewiges Leben darbietet."

Und nachdem Jesus dies gesagt hatte, betete er; und nach seinem Gebet sagte er: „Morgen müssen wir nach Samaria gehen, denn so sagte es mir der heilige Engel Gottes."

Eines Tages kam Jesus des Morgens in die Nähe des Brunnens, den Jakob machte und seinem Sohn Joseph gab. Und da Jesus von der Reise ermüdet war, schickte er seine Jünger in die Stadt, um Essen zu kaufen. Und so ließ er sich an dem Brunnen nieder, auf dem Stein des Brunnens. Und siehe, eine Frau aus Samaria kam zu dem Brunnen, um Wasser zu holen.

Jesus sagte zu der Frau: „Gib mir zu trinken." Die Frau antwortete: „Schämst du dich denn nicht, daß du, der du ein Hebräer bist, zu trinken erbittest von mir, die ich eine Frau aus Samaria bin?"

Jesus antwortete: „O Frau, wenn du wüßtest, wer der ist, der von dir zu trinken erbittet, vielleicht hättest du ihn gebeten, dir zu trinken zu geben."

Die Frau antwortete: „Wie sollst du mir denn zu trinken geben, wo du doch kein Gefäß hast, um Wasser zu holen, und auch kein Seil, und der Brunnen tief ist?"

Jesus antwortete: „O Frau, wer von dem Wasser dieses Brunnens trinkt, zu dem kehrt der Durst wieder zurück. Wer aber von dem Wasser trinkt, das ich gebe, hat nicht mehr Durst; denen aber, die Durst haben, gebe ich zu trinken, so daß sie in das ewige Leben eingehen mögen."

Da sagte die Frau: „O Herr, gib mir von diesem deinem Wasser."

Jesus antwortete: „Geh deinen Ehemann holen, und ich werde euch beiden zu trinken geben."

Da sagte die Frau: „Ich habe keinen Ehemann."

Jesus antwortete: „Wohl hast du die Wahrheit gesprochen, denn du hattest fünf Ehemänner, und den du jetzt hast, der ist nicht dein Ehemann."

Die Frau war verwirrt, als sie das hörte und sagte: „Herr,

hieran sehe ich, daß du ein Prophet bist; darum sag mir, ich bitte dich: Die Hebräer verrichten das Gebet auf dem Berg Zion in dem Tempel, der von Salomon in Jerusalem erbaut wurde, und sagen, daß dort und nirgendwo anders die Menschen Gnade und Erbarmen vor Gott finden. Und unser Volk verehrt Gott auf diesen Bergen und sagt, daß wir nur auf den Bergen von Samaria beten sollen. Wer sind die wahren Gottesdiener?"

82. Die Ankunft des Messias

DA SEUFZTE JESUS und weinte und sagte: „Wehe dir, Judäa, denn du lobpreist und sagst: ‚Der Tempel Gottes, der Tempel Gottes' und lebst, als gäbe es keinen Gott, und ergibst dich ganz den Vergnügungen und Vorteilen der Welt; denn diese Frau wird dich am Tag des Gerichts zur Hölle verdammen, da diese Frau zu wissen begehrt, wie sie Gnade und Barmherzigkeit vor Gott findet."

Und er wandte sich der Frau zu und sagte: „O Frau, ihr Samariter verehrt das, was ihr nicht kennt, aber wir Hebräer verehren das, was wir kennen. Wahrlich, ich sage dir, daß Gott Geist und Wahrheit ist, und daher muß er im Geist und in der Wahrheit verehrt werden. Denn das Versprechen Gottes wurde in Jerusalem gegeben, im Tempel des Salomon, und nicht anderswo. Aber glaub mir, es wird eine Zeit kommen, da Gott seine Gnade in einer anderen Stadt geben wird, und an jedem Ort wird es möglich sein, ihn in Wahrheit zu verehren. Und an jedem Ort wird Gott das wahrhafte Gebet in Gnade annehmen."

Die Frau antwortete: „Wir warten auf den Messias; wenn er kommt, wird er uns lehren."

Jesus antwortete: „Weißt du, Frau, daß der Messias kommen muß?"

Sie antwortete: „Ja, Herr."

Da war Jesus sehr erfreut und sagte: „Soweit ich sehe, o Frau, bist du gläubig; wisse also, daß in dem Glauben des Messias jeder gerettet wird, der von Gott erwählt ist. Darum ist es nötig, daß du von der Ankunft des Messias weißt."

Sagte die Frau: „O Herr, vielleicht bist du der Messias."

Jesus antwortete: „Ich bin in der Tat dem Hause Israel von Gott gesandt als ein Prophet der Befreiung, aber nach mir wird der Messias kommen, von Gott der ganzen Welt gesandt; für ihn hat Gott die Welt gemacht. Und dann wird Gott in der ganzen Welt verehrt werden, und Gnade wird empfangen werden, so daß das Jubeljahr, das nun alle hundert Jahre kommt, durch den Messias in jedem Jahr an jedem Ort stattfinden soll."

Da ließ die Frau ihr Wassergefäß stehen und lief in die Stadt, um alles mitzuteilen, was sie von Jesus gehört hatte.

83. Von der Nahrung der Seele
Das Jubeljahr

WÄHREND DIE FRAU noch mit Jesus sprach, kamen seine Jünger und staunten, daß Jesus so zu einer Frau sprach. Doch sagte niemand zu ihm: „Warum sprichst du so mit einer Frau aus Samaria?"

Als die Frau dann gegangen war, sagten sie: „Herr, komm und iß."

Jesus antwortete: „Ich muß andere Speise essen."

Da sagten die Jünger zueinander: „Vielleicht hat ein Wanderer mit Jesus gesprochen und ihm Nahrung besorgt." Und sie befragten den, der dies schreibt, und sagten: „War jemand hier, Barnabas, der dem Herrn zu essen gegeben hätte?"

Da antwortete der, der dies schreibt: „Es war niemand anders da als die Frau, die ihr saht; sie brachte dieses leere Gefäß, um es mit Wasser zu füllen." Da standen die Jünger erstaunt und warteten, daß Jesus zu reden begänne. Und Jesus sagte: „Ihr wißt nicht, daß dies die wahre Speise ist, den Willen Gottes zu tun; denn es ist nicht das Brot, welches den Menschen erhält und ihm Leben gibt, sondern das Wort Gottes durch seinen Willen. Aus diesem Grunde also essen die heiligen Engel nicht, sondern leben und nähren sich allein durch den Willen Gottes. Und so waren wir, Moses und Elias und noch ein anderer, vierzig Tage und vierzig Nächte lang ohne jede Speise."

Und Jesus erhob die Augen und sagte: „Wie lange ist es bis zur Ernte?"

Die Jünger antworteten: „Drei Monate."

Jesus antwortete: „Seht nun, wie der Berg weiß von Getreide ist. Wahrlich, ich sage euch, daß heute eine große Ernte einzusammeln ist." Und dann zeigte er auf die Menschenmenge, die gekommen war, um ihn zu sehen. Denn als die Frau in die Stadt gegangen war, hatte sie die ganze Stadt in Bewegung gebracht, indem sie sagte: „O Männer, kommt und seht einen neuen Propheten, der dem Hause Israel von Gott gesandt wurde", und sie erzählte ihnen alles, was sie von Jesus gehört hatte. Als sie dort angekommen waren, baten sie Jesus inständig, bei ihnen zu bleiben; und er ging in die Stadt und blieb zwei Tage lang dort, und er heilte alle Kranken und lehrte über das Königreich Gottes.

Da sagten die Bürger zu der Frau: „Wir glauben mehr an seine Worte und Wunder als an deine Rede; denn er ist wirklich ein Heiliger Gottes, ein Prophet, der zur Rettung jener gesandt ist, die an ihn glauben."

Nach dem mitternächtlichen Gebet kamen die Jünger zu Jesus hin, und er sagte zu ihnen: „Diese Nacht wird in der Zeit des Messias, des Gesandten Gottes, jedes Jahr das Jubeljahr sein, das nun alle hundert Jahre kommt. Deshalb will ich nicht, daß wir schlafen, sondern laßt uns das Gebet verrichten, unser Haupt hundertmal beugen und unserem

Gott die Ehre erweisen, mächtig und gnadenreich, der auf immer gesegnet ist, und laßt uns deshalb jedesmal sagen: ‚Ich bekenne dich, unseren Gott allein, der du keinen Anfang hattest, noch je ein Ende haben wirst; denn durch deine Gnade gabst du allen Dingen ihren Anfang, und durch deine Gerechtigkeit wirst du allem ein Ende geben. Du hast keine Ähnlichkeit mit den Menschen, denn in deiner unendlichen Güte bist du nicht Veränderung noch irgendeinem Zufall unterworfen. Hab Erbarmen mit uns, denn du hast uns erschaffen, und wir sind das Werk deiner Hand.'"

84. Von der Reinheit im Gebet

NACHDEM JESUS DAS Gebet verrichtet hatte, sagte er: „Laßt uns Gott Dank sagen, weil er uns durch diese Nacht eine große Gnade erwiesen hat; denn er hat gemacht, daß die Zeit wiederkehre, die in dieser Nacht vergehen muß, in der wir das Gebet verrichtet haben, vereint mit dem Gesandten Gottes. Und ich habe seine Stimme gehört."

Die Jünger freuten sich sehr, als sie dies hörten, und sagten: „Herr, lehre uns einige Gebote heute nacht." Da sagte Jesus: „Habt ihr je gesehen, daß Mist mit Balsam vermischt wurde?"

Sie antworteten: „Nein, Herr, denn niemand ist so verrückt, dies zu tun."

„Nun sage ich euch, daß es in der Welt größere Verrückte gibt", sagte Jesus, „da sie mit dem Dienst an Gott den Dienst an der Welt vermischen, solcherart, daß viele von schuldlosem Lebenswandel durch Satan getäuscht wurden und während des Gebetes weltliche Geschäfte mit ihrem Gebet vermischt haben; deshalb sind sie währenddessen vor Gott verabscheuenswert geworden. Sagt mir, wenn ihr euch zum Gebet wascht, achtet ihr darauf, daß euch nichts Unreines berührt? Ja, gewiß. Aber was tut ihr, wenn ihr das Gebet verrichtet? Ihr wascht eure Seelen von Sünden rein durch die Gnade Gottes. Wäret ihr denn willens, während ihr betet, von weltlichen Dingen zu reden? Hütet euch hiervor, denn jedes weltliche Wort wird zu Mist des Teufels auf der Seele dessen, der es spricht."

Da zitterten die Jünger, weil er mit dem Feuer des Geistes sprach, und sie sagten: „O Herr, was sollen wir tun, wenn ein Freund kommt, um mit uns zu reden, während wir das Gebet verrichten?"

Jesus antwortete: „Laßt ihn warten und beendet das Gebet."

Sagte Bartholomäus: „Aber wenn er nun verletzt ist und seiner Wege geht, wenn er sieht, daß wir nicht mit ihm reden?"

Jesus antwortete: „Wenn er verletzt ist, glaubt mir, wird er nicht euer Freund sein noch ein Gläubiger, sondern ein Ungläubiger und ein Gefährte Satans. Sagt mir, wenn ihr mit einem Stalljungen des Herodes sprechen wolltet und ihn fändet, während er in Herodes Ohr spricht, wäret ihr verletzt, wenn er euch warten ließe? Gewiß nicht, sondern ihr wärt zufrieden, wenn ihr euern Freund in des Königs Gunsten sähet. Ist das wahr?" sagte Jesus.

Die Jünger antworteten: „Es ist sehr wahr."

Da sagte Jesus: „Wahrlich, ich sage euch, daß jeder, wenn er betet, mit Gott spricht. Ist es denn richtig, daß ihr aufhört, mit Gott zu sprechen, um mit einem Menschen zu sprechen? Ist es richtig, daß euer Freund aus diesem Grunde verletzt ist, weil ihr mehr Ehrfurcht vor Gott als vor ihm habt? Glaubt mir, wenn er verletzt ist, wenn ihr ihn warten laßt, ist er ein guter Diener des Teufels. Denn dies wünscht der Teufel, daß man Gott für den Menschen verläßt. So wahr Gott lebt, in jedem guten Werke sollte der, der Gott fürchtet, sich von den Werken der Welt trennen, um die guten Werke nicht zu verderben.

WENN EIN MENSCH Böses tut oder Böses redet und einer
ihn verbessern will, um solches Tun zu verhindern, was tut
dieser?" fragte Jesus.

Die Jünger antworteten: „Er tut Gutes, denn er dient
Gott, der stets das Böse zu verhindern sucht, ebenso wie die
Sonne, die stets die Dunkelheit zu vertreiben sucht."

Sagte Jesus: „Und ich sage euch durch das Gegenbeispiel,
daß, wenn einer Gutes tut oder Gutes redet und jemand ihn
daran zu hindern versucht und etwas vorgibt, was nicht
besser ist, dann dient dieser dem Teufel, ja er wird sogar sein
Gefährte. Denn der Teufel kümmert sich um nichts anderes,
als jedes gute Ding zu verhindern.

Aber was soll ich euch jetzt sagen? Ich werde euch sagen,
wie der Prophet Salomon sagte, ein Heiliger und Freund
Gottes: ‚Aus Tausenden, die ihr kennt, sei einer euer Freund.'"

Da sagte Matthäus: „Dann werden wir nicht fähig sein,
jemanden zu lieben."

Jesus antwortete: „Wahrlich, ich sage euch, daß es nicht
rechtmäßig für euch ist, irgend etwas zu hassen außer der
Sünde, so daß ihr nicht einmal Satan als Geschöpf Gottes
hassen könnt, sondern vielmehr als Feind Gottes. Wißt ihr
warum? Ich will es euch sagen: Weil er ein Geschöpf Gottes
ist und alles, was Gott geschaffen hat, gut und vollkommen
ist. Wer also das Geschöpf haßt, haßt auch den Schöpfer.
Aber der Freund ist etwas Besonderes, das nicht leicht
gefunden, aber leicht verloren ist. Denn der Freund wird
keinen Widerspruch gegen denjenigen dulden, den er über
alles liebt. Hütet euch, seid vorsichtig und wählt nicht
jemanden zum Freund, der nicht den liebt, den ihr liebt.
Wißt ihr, was Freund bedeutet? Freund bedeutet nichts
anderes als Arzt der Seele. Und wie man also selten einen
guten Arzt findet, der die Krankheiten kennt und die ent-

sprechenden Arzneien anzuwenden weiß, so sind auch Freunde selten, die die Fehler kennen und zum Guten zu führen verstehen. Aber hierin liegt ein Übel, daß es viele gibt, die Freunde haben, die so tun, als sähen sie die Fehler ihres Freundes nicht; andere entschuldigen sie; andere verteidigen sie unter einem irdischen Vorwand; und, was schlimmer ist, es gibt Freunde, die ihren Freund zum Irrtum verleiten und verhelfen, deren Ende ähnlich sein wird wie ihre Bosheit. Hütet euch, daß ihr nicht solche Menschen zum Freunde gewinnt, weil sie wahrhaftig Feinde und Mörder der Seele sind.

86. Der wahre Freund

LASS DEINEN FREUND so sein, daß, ebenso wie er gewillt ist, dich zurechtzuweisen, er eine Zurechtweisung annehmen möge; und ebenso wie er will, daß du alle Dinge aus Liebe zu Gott läßt, so mag er wiederum zufrieden sein, daß du ihn für den Dienst an Gott verläßt.

Aber sagt mir, wenn ein Mensch nicht weiß, wie er Gott lieben soll, wie soll er wissen, wie er sich selbst liebt, und wie soll er wissen, wie er andere liebt, wenn er nicht weiß, wie er sich selbst liebt? Gewiß ist dies unmöglich. Wenn du dir also jemanden zum Freund suchst – denn der ist wirklich bitterarm, der keinen Freund hat –, dann sieh zu, daß du zunächst nicht seine schöne Abstammung betrachtest, nicht seine schöne Familie, nicht sein schönes Haus, nicht seine schönen Kleider, nicht seine schöne Person und auch nicht seine schönen Worte, denn dann wirst du leicht getäuscht werden. Sondern sieh, wie er Gott fürchtet, wie er irdische Dinge verachtet, wie er gute Werke liebt und vor allem, wie er sein eigenes Fleisch haßt, und so wirst du leicht den wahren Freund finden: wenn er Gott über alles fürchtet und die Eitelkeiten der Welt verachtet, wenn er immer mit guten

Werken beschäftigt ist und seinen eigenen Körper haßt wie einen grausamen Feind. Du sollst solch einen Freund auch nicht auf solche Weise lieben, daß deine Liebe in ihm verbleibt, denn dann wärst du ein Götzendiener. Sondern liebe ihn wie eine Gabe, die Gott dir gegeben hat, und Gott wird dich mit um so größerer Gnade beschenken. Wahrlich, ich sage euch, wer einen wahren Freund gefunden hat, hat eine der Wonnen des Paradieses gefunden, ja sogar den Schlüssel zum Paradies."

Thaddäus antwortete: „Aber wenn vielleicht jemand einen Freund hätte, der nicht so ist, wie du gesagt hast, o Herr? Was soll er tun? Soll er ihn verlassen?"

Jesus antwortete: „Er soll tun, was der Seemann mit dem Schiff tut, mit dem er segelt, solange es ihm als nützlich erscheint; aber wenn er sieht, daß es ein Verlust ist, verläßt er es. So sollst du es mit deinem Freund machen, wenn er schlechter ist als du: In den Dingen, worin er dir ein Ärgernis ist, verlaß ihn, wenn du nicht von der Gnade Gottes verlassen werden willst.

87. Über den Umgang mit der Sünde

WEHE DER WELT wegen der Ärgernisse! Es ist nötig, daß das Ärgernis kommt, wenn die ganze Welt in Bosheit liegt. Aber wehe dennoch jenem, durch den das Ärgernis kommt! Es wäre besser für den Menschen, wenn er einen Mühlstein um den Hals hätte und ins tiefe Meer versenkt würde, als daß er seinem Nächsten Ärgernis bereite. Wenn dir dein Auge Ärgernis bereitet, reiß es heraus; denn es ist besser, daß du mit nur einem Auge ins Paradies gingst als mit beiden Augen in die Hölle. Wenn deine Hand oder dein Fuß dich ärgern, tu das gleiche; denn es ist besser, daß du in das Königreich des Himmels mit einem Fuß oder mit einer Hand eingingst als mit zwei Händen und zwei Füßen in die Hölle."

Da sagte Simon, genannt Petrus: „Herr, wie muß ich dies tun? Gewiß werde ich in kurzer Zeit ohne Gliedmaßen sein."

Jesus antwortete: „O Petrus, leg weltliches Wissen ab, und du wirst geradewegs die Wahrheit finden. Denn wer dich lehrt, ist dein Auge, und wer dir bei der Arbeit hilft, ist dein Fuß, und wer dir bei allem behilflich ist, ist deine Hand. Wenn dir also diese Grund zur Sünde geben, so laß sie; denn es ist besser für dich, unwissend, mit wenigen Werken und arm ins Paradies zu gehen, als wissend, mit großen Werken und reich in die Hölle zu gehen. Alles, was dich daran hindern mag, Gott zu dienen, wirf es von dir, wie ein Mensch alles wegwirft, was seine Sicht behindert."

Und als Jesus dies gesagt hatte, rief er Petrus zu sich und sagte zu ihm: „Wenn dein Bruder gegen dich sündigt, geh und weise ihn zurecht. Wenn er sich bessert, freu dich, denn du hast deinen Bruder wieder; aber wenn er sich nicht bessert, geh und ruf von neuem zwei Zeugen und weise ihn erneut zurecht, und wenn er sich nicht bessert, geh und sag es der Gemeinde; und wenn er sich dann nicht bessert, zähle ihn zu den Ungläubigen, und deshalb sollst du nicht unter demselben Dach weilen, unter dem er weilt, du sollst nicht an demselben Tisch sitzen, wo er sitzt, und du sollst nicht mit ihm sprechen. Und wenn du weißt, wohin er beim Gehen seinen Fuß setzt, sollst du nicht deinen Fuß dorthin setzen.

88. Vergebung und Strafe

ABER HÜTE DICH, daß du dich nicht für besser hältst, vielmehr sollst du so sagen: ‚Petrus, Petrus, wenn Gott dir nicht mit seiner Gnade hülfe, wärest du schlechter als er.'"

Petrus erwiderte: „Wie muß ich ihn zurechtweisen?"

Jesus antwortete: „Auf die Weise, wie du selbst gern zurechtgewiesen wärst, und wie du gern getragen wärst, so trage andere. Glaub mir, Petrus, denn ich sage dir die

Wahrheit, jedesmal, wenn du deinen Bruder in Mitleid zurechtweist, wirst du das Mitleid Gottes erhalten, und deine Worte werden Früchte tragen; aber wenn du es in Strenge tun wirst, wirst du streng bestraft werden durch die Gerechtigkeit Gottes, und du wirst keine Früchte tragen. Sag mir, Petrus: Jene irdenen Töpfe, worin die Armen ihr Essen kochen – waschen sie sie womöglich mit Steinen und eisernen Hämmern? Gewiß nicht, vielmehr mit heißem Wasser. Gefäße zerbricht man mit Eisen, Holz verbrennt man mit Feuer, den Menschen aber bessert man durch Erbarmen. Wenn du also deinen Bruder zurechtweist, sollst du dir selbst sagen: ‚Wenn Gott mir nicht hilft, werde ich morgen Schlechteres tun, als er heute getan hat.'"

Petrus antwortete: „Wie viele Male muß ich meinem Bruder vergeben, o Herr?"

Jesus antwortete: „So viele Male, wie du gern von ihm Vergebung erlangen würdest."

Sagte Petrus: „Siebenmal am Tag?"

Jesus antwortete: „Nicht nur siebenmal, sondern siebzig mal siebenmal sollst du ihm jeden Tag vergeben; denn wer vergibt, dem wird vergeben werden, und wer verdammt, der wird verdammt werden."

Da sagte der, der dies schreibt: „Wehe den Fürsten! Denn sie werden zur Hölle gehen."

Jesus schalt ihn und sagte: „Du bist töricht geworden, o Barnabas, indem du dies gesagt hast. Wahrlich, ich sage dir, daß das Bad nicht so nötig für den Körper ist, das Zaumzeug für das Pferd und die Ruderpinne für das Schiff, wie der Fürst nötig ist für den Staat. Und aus welchem Grund sandte Gott Moses, Josua, Samuel, David, Salomon und so viele andere, die Urteil sprachen? Ihnen hat Gott das Schwert gegeben zur Vernichtung des Bösen."

Da sagte der, der dies schreibt: „Wie soll nun das Urteil gegeben werden, verdammend oder verzeihend?"

Jesus antwortete: „Nicht jeder ist ein Richter; denn dem Richter allein gebührt es, andere zu verurteilen, o Barnabas. Und der Richter sollte den Schuldigen verurteilen, ebenso wie der Vater befiehlt, daß dem Sohn ein verfaultes Glied abgeschnitten wird, damit nicht der ganze Körper verfault."

89. Erbarmen mit dem Sünder
Die wahre Reue

SAGTE PETRUS: „WIE lange muß ich auf meinen Bruder warten, daß er bereue?"

Jesus antwortete: „So lange, wie du willst, daß er auf dich warte."

Petrus antwortete: „Nicht jeder wird dies verstehen; darum sprich deutlicher zu uns."

Jesus antwortete: „Warte so lange auf deinen Bruder, wie Gott auf ihn wartet."

„Auch dies werden sie nicht verstehen", sagte Petrus.

Jesus antwortete: „Warte so lange auf ihn, wie er Zeit hat zu bereuen."

Da wurde Petrus traurig und die anderen ebenso, weil sie die Bedeutung nicht verstanden. Da antwortete Jesus: „Wenn ihr einen gesunden Verstand hättet und wüßtet, daß ihr selbst Sünder seid, käme es euch niemals in den Sinn, euer Herz vor dem Erbarmen mit dem Sünder zu verschließen. Und so sage ich euch klar und deutlich, daß man auf den Sünder warten soll, daß er bereue, so lange er eine Seele zum Atmen hat. Denn so wartet unser Gott auf ihn, der Mächtige und Gnadenreiche. Gott sagte nicht: ‚Zu der Stunde, da der Sünder fasten wird, Almosen geben, beten und auf Pilgerreise gehen wird, werde ich ihm vergeben.' Denn dies haben viele vollbracht und sind auf ewig verdammt. Sondern er sagte: ‚Zu der Stunde, da der Sünder seine Sünden beweint, werde ich durch mich selbst nicht mehr seiner Schlechtigkeit gedenken.' Versteht ihr?" sagte Jesus.

Die Jünger antworteten: „Teils verstehen wir und teils nicht."

Sagte Jesus: „Welches ist der Teil, den ihr nicht versteht?"

Sie antworteten: „Daß viele, die gebetet und auch gefastet haben, verdammt sind."

Da sagte Jesus: „Wahrlich, ich sage euch, daß die Heuchler und die Heiden mehr beten, Almosen geben und mehr fasten als die Freunde Gottes. Aber da sie keinen Glauben haben, sind sie nicht fähig, aus Liebe zu Gott zu bereuen, und so sind sie verdammt."

Da sagte Johannes: „Um der Liebe Gottes willen, lehre uns über den Glauben."

Jesus antwortete: „Es ist Zeit, daß wir das Abendgebet verrichten." Da erhoben sie sich, und nach der Waschung beteten sie zu unserem Gott, der auf immer gesegnet ist.

90. Glaube und Gehorsam

ALS DAS GEBET vorüber war, kamen die Jünger wieder hin zu Jesus, und er hub an zu reden und sprach: „Komm her zu mir, Johannes, denn heute will ich zu dir über all das reden, wonach du gefragt hast.

Glaube ist ein Siegel, mit dem Gott seine Erwählten besiegelt. Dieses Siegel gab er seinem Gesandten, aus dessen Händen jeder, der erwählt ist, den Glauben erhalten hat. Denn ebenso wie Gott eins ist, so ist der Glaube eins. Daher gab Gott, der vor allen Dingen seinen Gesandten geschaffen hatte, ihm vor allen anderen den Glauben, welcher gleichsam ein Abbild Gottes ist sowie all dessen, was Gott getan und gesagt hat. Und so sieht der Glaubende durch den Glauben alle Dinge besser, als man sie mit den Augen sieht; denn die Augen können irren, ja sie irren fast immer, aber der

Glaube irrt nie, denn sein Fundament ist Gott und sein Wort. Glaub mir, daß durch den Glauben alle Erwählten Gottes gerettet werden. Und es ist gewiß, daß es ohne Glauben für jeden unmöglich ist, Gott zu gefallen. Daher versucht Satan nicht, das Fasten und das Beten, die Almosen und die Pilgerreisen zunichte zu machen; vielmehr treibt er Ungläubige hierzu an, denn es macht ihm Vergnügen, den Menschen arbeiten zu sehen, ohne daß er Lohn empfängt. Aber er bemüht sich mit aller Sorgfalt, den Glauben zunichte zu machen, weshalb man den Glauben mit besonderer Sorgfalt behüten soll, und der sicherste Weg wird sein, das ‚Warum' zu lassen angesichts dessen, daß das ‚Warum' die Menschen aus dem Paradies vertrieb und Satan von einem überaus schönen Engel in einen schrecklichen Teufel verwandelte."

Da sagte Johannes: „Wie sollen wir von dem ‚Warum' ablassen, wo wir doch sehen, daß es das Tor zur Erkenntnis ist?"

Jesus antwortete: „Das ‚Warum' ist vielmehr das Tor zur Hölle."

Da schwieg Johannes, und Jesus fügte hinzu: „Wenn du weißt, daß Gott etwas gesagt hat, wer bist du fürwahr, o Mensch, daß du sagen solltest: ‚Warum hast du so gesagt, o Gott, warum hast du so getan?' Soll das irdene Gefäß vielleicht zu seinem Erschaffer sagen: ‚Warum hast du mich gemacht, um Wasser zu enthalten und nicht, um Balsam aufzubewahren?'"

Wahrlich, ich sage euch, es ist nötig, daß ihr euch gegen jede Versuchung mit diesem Wort stärkt, indem ihr sagt: ‚Gott hat dies gesagt', ‚Das hat Gott getan', ‚Gott will es so', denn indem ihr das tut, werdet ihr in Sicherheit leben."

91. Der Aufstand in Judäa

Zu jener Zeit war ein großer Aufruhr in ganz Judäa wegen der Liebe zu Jesus, denn das römische Heer wiegelte die Hebräer durch das Wirken Satans auf und sagte, Jesus sei Gott, der in die Welt gekommen sei, sie zu besuchen. Daraufhin erhob sich ein so großer Aufstand, daß, als die Vierzig Tage sich näherten, ganz Judäa in Waffen war, so daß der Sohn sich gegen den Vater wandte und der Bruder gegen den Bruder, da einige sagten, Jesus sei Gott, der in die Welt gekommen sei, andere sagten: „Nein, sondern er ist ein Sohn Gottes", und andere sagten: „Nein, denn Gott hat keine Ähnlichkeit mit Menschen und zeugt daher keine Söhne, sondern Jesus von Nazareth ist ein Prophet Gottes."

Und dies geschah aufgrund der großen Wunder, die Jesus tat.

Daher war es nötig, um das Volk ruhig zu halten, daß der Hohepriester in einem feierlichen Umzug ritt, gekleidet in seine priesterlichen Gewändern, mit dem heiligen Namen Gottes, dem Tetragrammaton, auf der Stirn. Und in gleicher Weise ritten der Statthalter Pilatus und Herodes.

Da wurden in Mizpeh drei Armeen aufgestellt, jede mit zweihunderttausend Männern, die Schwerter trugen. Herodes sprach zu ihnen, aber sie beruhigten sich nicht. Dann sprachen der Statthalter und der Hohepriester und sagten: „Brüder, dieser Krieg ist durch das Wirken Satans entstanden, denn Jesus lebt, und zu ihm sollten wir Zuflucht nehmen und ihn bitten, daß er Zeugnis gibt von sich, und ihm dann glauben nach seinem Wort."

Darüber waren sie nun beruhigt, ein jeder von ihnen, und als sie ihre Waffen niedergelegt hatten, umarmten alle einander und sagten zueinander: „Vergib mir, Bruder!"

An jenem Tag nahm sich dies also jeder zu Herzen, Jesus zu glauben in dem, was er sagen würde. Und vom Statthal-

ter und Hohenpriester wurden demjenigen große Beloh-
nungen angeboten, der Kenntnis darüber geben würde, wo
Jesus zu finden sei.

92. *Jesus wird als Gott begrüßt*

ZU DIESER ZEIT gingen wir mit Jesus auf Geheiß des heili-
gen Engels zum Berge Sinai. Und dort hielt Jesus mit seinen
Jüngern die Vierzig Tage. Als diese vorüber waren, ging
Jesus in die Nähe des Jordanflusses, um nach Jerusalem zu
gehen. Und er wurde von einem von denen gesehen, die
Jesus für Gott hielten. Der rief in größter Freude immerzu:
„Unser Gott kommt!" Und als er die Stadt erreicht hatte,
brachte er die ganze Stadt in Bewegung und sagte: „Unser
Gott kommt, o Jerusalem, bereite dich, ihn zu empfangen!"
Und er bezeugte, daß er Jesus in der Nähe des Jordan gesehen
hatte.

Sie gingen alle aus der Stadt hinaus, groß und klein, um
Jesus zu sehen, so daß die Stadt verlassen war, denn die
Frauen trugen ihre Kinder auf dem Arm, und sie hatten
vergessen, Essen mitzunehmen.

Als der Statthalter und der Hohepriester dies sahen,
machten sie sich auf und schickten einen Boten zu Herodes,
der sich ebenfalls aufmachte, um Jesus zu finden, damit der
Aufstand im Volk sich beruhige. Darauf suchten sie ihn zwei
Tage lang in der Wildnis in der Nähe des Jordan, und am
dritten Tag fanden sie ihn, ungefähr zur Mittagsstunde, als
er sich mit seinen Jüngern zum Gebet reinigte gemäß dem
Buch des Moses.

Jesus verwunderte sich sehr, als er sah, wie viele Menschen
an jenem Ort zusammengekommen waren, und sagte zu
seinen Jüngern: „Vielleicht hat Satan einen Aufstand in
Judäa entfacht. Möge es Gott gefallen, von Satan die Herrschaft über die Sünder hinwegzunehmen."

Und als er dies gesagt hatte, kamen die Leute zu ihm, und als sie ihn erkannten, begannen sie auszurufen: „Willkommen seist du, o unser Gott!" Und sie begannen, ihm so wie Gott Ehrfurcht zu erweisen. Da seufzte Jesus tief auf und sagte: „Geht weg von mir, ihr Wahnsinnigen, denn ich fürchte, daß die Erde sich auftut und mich verschlingt für eure abscheulichen Worte." Da wurden die Leute von Schrecken erfüllt und begannen zu weinen.

93. Jesus bekennt seine Menschennatur

Als Jesus mit der Hand das Zeichen zum Schweigen gegeben hatte, sprach er: „Ihr seid wahrlich in großem Irrtum, o Israeliten, indem ihr mich, einen Menschen, euren Gott nennt. Und ich fürchte, daß Gott hierfür schwere Strafe über die heilige Stadt verhängt und sie unter fremde Herrschaft stellen wird. O tausendmal verfluchter Satan, der euch hierzu angestiftet hat."

Und als Jesus dies gesagt hatte, schlug er beide Hände vors Gesicht, worauf ein solch lautes Wehklagen entstand, daß niemand hören konnte, was Jesus sagte. Und als er nochmals mit der Hand das Zeichen zum Schweigen gegeben hatte und das Wehklagen des Volkes sich beruhigte, sprach er von neuem: „Ich bekenne vor dem Himmel und rufe alles, was auf Erden weilt, zum Zeugen an, daß mir fremd ist alles, was ihr gesagt habt: weil ich ein Mensch bin, geboren von einer sterblichen Frau, dem Urteil Gottes unterworfen; der die Härten des Essens und Schlafens, der Kälte und Hitze erduldet wie andere Menschen. Wenn also Gott zum Gericht kommen wird, werden meine Worte einen jeden durchbohren, der glaubt, daß ich mehr sei als ein Mensch."

Und als Jesus dies gesagt hatte, sah er eine große Schar Reiter, und er erkannte, daß es der Statthalter war und mit ihm Herodes und der Hohepriester.

Da sagte Jesus: „Vielleicht sind auch sie wahnsinnig geworden."

Als der Statthalter dort ankam mit Herodes und dem Priester, stieg ein jeder vom Pferd herab, und sie umringten Jesus, so daß die Soldaten die Leute nicht zurückhalten konnten, die hören wollten, was Jesus mit dem Priester redete.

Jesus näherte sich dem Priester in Ehrerbietung, der aber wollte sich niederwerfen und Jesus anbeten, als Jesus ausrief: „Hüte dich vor dem, was du da tust, Priester des lebendigen Gottes! Sündige nicht gegen unseren Gott!"

Der Priester antwortete: „Nun ist Judäa so tief bewegt über deine Zeichen und deine Lehre, daß sie ausrufen, du seist Gott. Deshalb bin ich unter dem Druck des Volkes hierhergekommen mit dem römischen Statthalter und König Herodes. Wir bitten dich deshalb von Herzen, daß du darin einwilligen mögest, den Aufstand zu beruhigen, der um deinetwillen entstanden ist. Denn einige sagen, du seist Gott, einige sagen, du seist Gottes Sohn, und einige sagen, du seist ein Prophet."

Jesus antwortete: „Und du, o Hoherpriester Gottes, warum hast du den Aufstand nicht befriedet? Hast du womöglich auch den Verstand verloren? So sind also die Prophezeiungen und das Gesetz Gottes in Vergessenheit geraten, o elendes Judäa, von Satan getäuscht!"

94. Jesus legt Zeugnis ab über sich

UND ALS JESUS dies gesagt hatte, sprach er von neuem: „Ich bekenne vor dem Himmel und rufe alles zum Zeugen an, was auf Erden weilt, daß mir all das fremd ist, was jene Männer von mir sagten, nämlich, daß ich mehr als ein Mensch sei. Denn ich bin ein Mensch, geboren von einer Frau, dem Gericht Gottes unterworfen, der hier lebt wie andere Menschen, dem gewöhnlichen Leiden unterworfen. So wahr Gott lebt, in dessen Gegenwart meine Seele steht, du hast eine große Sünde begangen, o Priester, indem du sagtest, was du sagtest. Möge es Gott gefallen, daß nicht große Rache über die heilige Stadt komme wegen dieser Sünde."

Da sagte der Priester: „Möge Gott uns verzeihen, und du bete für uns."

Da sagten der Statthalter und Herodes: „Herr, es ist unmöglich, daß ein Mensch das tut, was du tust, wir verstehen daher nicht, was du sagst."

Jesus antwortete: „Was ihr sagt, ist wahr, denn Gott wirkt Gutes im Menschen, ebenso wie Satan Böses wirkt. Denn der Mensch ist wie ein Kaufladen: Wer ihn mit seiner Zustimmung betritt, arbeitet und verkauft dort drinnen.

Aber sagt mir, o Statthalter, und du, o König, ihr sagt dies, weil euch unser Gesetz fremd ist. Denn wenn ihr das Testament läset und den Bund unseres Gottes, würdet ihr sehen, daß Moses mit einem Stab das Wasser in Blut verwandelte, den Staub in Mücken, den Tau in Sturm und das Licht in Dunkelheit. Er ließ die Frösche und Mäuse nach Ägypten kommen, die die Erde bedeckten; er tötete die Erstgeborenen und öffnete das Meer, worin er Pharao ertränkte. Von diesen Dingen habe ich nichts gewirkt. Und doch bezeugt ein jeder von Moses, daß er gegenwärtig ein toter Mensch ist. Josua machte, daß die Sonne stillstand, und öffnete den Jordan, was ich noch nicht getan habe. Und doch bezeugt ein jeder von Josua, daß er gegenwärtig ein toter Mensch ist. Elias ließ das Feuer sichtbar vom Himmel herunterkommen und den Regen, was ich noch nicht getan habe. Und doch bezeugt ein jeder von Elias, daß er ein Mensch ist. Und so viele andere Propheten, Heilige und Freunde Gottes haben in der Macht Gottes Dinge gewirkt, die der Verstand derjenigen nicht fassen kann, die unseren Gott nicht kennen, allmächtig und barmherzig, der für immer gesegnet ist."

95. Jesus legt in Gegenwart des Volkes und der Priester erneut Zeugnis über sich ab

ALSO BATEN DER Statthalter und mit ihm der Priester und der König Jesus, zu einem höhergelegenen Ort emporzusteigen und zum Volk zu sprechen, um es zu beruhigen. Da ging Jesus hoch zu einem der zwölf Steine, die Josua von den zwölf Stämmen aus der Mitte des Jordan hochholen ließ, als ganz Israel dort trockenen Fußes hinüberging, und er sagte mit lauter Stimme: „Laßt unseren Priester an einen hohen Ort hinaufgehen, von wo aus er meine Worte bestätigen möge." Daraufhin ging der Priester dorthin, und Jesus sagte deutlich zu ihm, so daß es jeder hören sollte: „Es steht geschrieben im Testament und Bund des lebendigen Gottes, daß unser Gott keinen Anfang hat und auch niemals ein Ende haben wird."

Der Priester antwortete: „Eben so steht es dort geschrieben."

Jesus sagte: „Es steht dort geschrieben, daß unser Gott durch sein Wort allein alle Dinge erschaffen hat."

„Eben so ist es", sagte der Priester.

Jesus sagte: „Es steht dort geschrieben, daß Gott unsichtbar ist und verborgen vor dem Geist des Menschen, da er nicht körperlich und nicht zusammengesetzt ist, ohne Veränderlichkeit."

„So ist es wahrhaftig", sagte der Priester.

Jesus sagte: „Es steht dort geschrieben, wie der Himmel der Himmel ihn nicht umfassen kann, da unser Gott unermeßlich ist."

„So sagte der Prophet Salomon", sagte der Priester, „o Jesus."

Sagte Jesus: „Es steht dort geschrieben, daß Gott nichts benötigt, da er nicht ißt, nicht schläft und keinerlei Mangel leidet."

„So ist es", sagte der Priester.

Sagte Jesus: „Es steht dort geschrieben, daß unser Gott überall ist und daß es keinen anderen Gott gibt als ihn, der entzwei macht und ganz macht und alles tut, was ihm gefällt."

„So steht es geschrieben", erwiderte der Priester.

Da erhob Jesus die Hände und sagte: „Herr unser Gott, dies ist mein Glaube, mit dem ich zu deinem Gericht kommen werde, zeugend gegen jeden, der das Gegenteil glauben wird." Und er wandte sich dem Volke zu und sagte: „Bereut, denn ihr mögt eure Sünden begreifen durch all das, von dem der Priester gesagt hat, daß es im Buche Mose, dem Bund Gottes auf immer, geschrieben steht: Denn ich bin ein sichtbarer Mensch und ein Stück Lehm, das auf Erden wandelt, sterblich, wie es andere Menschen sind. Und ich hatte einen Anfang, und ich werde ein Ende haben und bin so beschaffen, daß ich nicht eine Fliege neuerschaffen kann."

Darauf erhob das Volk weinend seine Stimme und sagte: „Wir haben gesündigt gegen dich, Herr unser Gott, hab Erbarmen mit uns." Und ein jeder von ihnen bat Jesus inständig, für das Heil der heiligen Stadt zu beten, damit unser Gott in seinem Zorn nicht zulasse, daß sie von den Völkern mit Füßen getreten werde. Dann erhob Jesus die Hände und betete für die heilige Stadt und für das Volk Gottes, und ein jeder rief aus: „So sei es", „Amen".

96. Über den Messias

ALS DAS GEBET beendet war, sagte der Priester mit lauter Stimme: „Bleib, Jesus, denn wir müssen wissen, wer du bist, um unser Volk zu beruhigen."

Jesus antwortete: „Ich bin Jesus, Sohn der Maria, aus dem Geschlecht Davids, ein Mensch, der sterblich ist und Gott fürchtet, und ich wünsche, daß die Ehre und die Herrlichkeit Gott gegeben werden."

Der Priester antwortete: „Im Buch Mose steht geschrieben, daß unser Gott uns den Messias senden wird, der kommen wird, um uns den Willen Gottes kundzutun und der Welt die Gnade Gottes bringen wird. Darum bitte ich dich, uns die Wahrheit zu sagen: Bist du der Messias von Gott, den wir erwarten?"

Jesus antwortete: „Es ist wahr, daß Gott dies versprochen hat, aber ich bin wahrhaft nicht er, denn er ist vor mir gemacht und wird nach mir kommen."

Der Priester antwortete: „Durch deine Worte und Zeichen halten wir dich in jeder Hinsicht für einen Propheten und Heiligen Gottes, und daher bitte ich dich im Namen ganz Judäas und Israels, daß du uns um der Liebe Gottes willen sagst, wie der Messias kommen wird."

Jesus antwortete: „So wahr Gott lebt, in dessen Gegenwart meine Seele steht, ich bin nicht der Messias, den alle Völker der Erde erwarten, wie es Gott unserem Vater Abraham versprach, indem er sagte: ‚In deiner Nachkommenschaft werde ich alle Völker der Erde segnen.' Aber wenn Gott mich von dieser Welt hinwegnehmen wird, wird Satan wieder diesen verfluchten Aufstand entfachen, indem er die Ungläubigen glauben machen wird, daß ich Gott sei und Sohn Gottes, wodurch meine Worte und meine Lehre verunreinigt werden, so daß kaum dreißig Gläubige übrigbleiben werden. Dann wird Gott Erbarmen mit der Welt haben und seinen Gesandten entsenden, für den er alle Dinge gemacht hat. Er wird mit Macht aus dem Süden kommen und die Götzenbilder sowie die Götzendiener zerstören; er wird die Herrschaft des Satan hinwegnehmen, die er über die Menschen hat. Er wird mit sich die Gnade Gottes bringen zur Rettung jener, die an ihn glauben, und gesegnet ist, wer seinen Worten glauben wird.

Und obwohl ich nicht würdig bin, seine Schuhriemen zu lösen, habe ich von Gott die Gnade und Gunst bekommen, ihn zu sehen."

Da antwortete der Priester und mit ihm der Statthalter und der König, und sie sagten: „Sorge dich nicht, o Jesus, Heiliger Gottes, denn in unserer Zeit wird es diese Unruhe nicht mehr geben, weil wir nämlich dem ehrwürdigen römischen Senat ein Schreiben zusenden werden, das bewirkt, daß dich auf kaiserlichen Befehl hin niemand mehr Gott oder Sohn Gottes nennen wird."

Da sagte Jesus: „Durch eure Worte bin ich nicht getröstet, denn wo ihr auf Licht hofft, wird Dunkelheit kommen, sondern mein Trost liegt in der Ankunft des Gesandten, der jede falsche Meinung über mich zerstören wird, und sein Glaube wird sich verbreiten und die ganze Welt erfassen, denn dies hat Gott unserem Vater Abraham versprochen. Und was mir Trost gibt, ist, daß sein Glaube kein Ende haben wird, sondern durch Gott unversehrt gehalten wird."

Der Priester antwortete: „Werden andere Propheten kommen nach der Ankunft des Gesandten Gottes?"

Jesus antwortete: „Es werden nach ihm keine wahren, von Gott gesandten Propheten kommen, aber es wird eine große Anzahl falscher Propheten kommen, worüber ich betrübt bin. Denn Satan wird sie aufwiegeln nach dem gerechten Urteil Gottes, und sie werden sich hinter der Vortäuschung meines Evangeliums verbergen."

Herodes antwortete: „Wie ist es ein gerechtes Urteil Gottes, daß solch gottlose Menschen kommen werden?"

Jesus antwortete: „Es ist gerecht, daß der, der nicht die Wahrheit glauben will zu seinem Heil, an eine Lüge glaube zu seinem Untergang. Darum sage ich euch, daß die Welt stets die wahren Propheten verachtet hat und die falschen liebte, wie man es zur Zeit des Micha und des Jeremia sieht. Denn jeder liebt das, was ihm gleicht."

Da sagte der Priester: „Wie wird der Messias heißen, und welches Zeichen wird seine Ankunft enthüllen?"

Jesus antwortete: „Der Name des Messias ist wunderbar, denn Gott selbst gab ihm den Namen, als er seine Seele erschuf und sie mit himmlischem Glanz umgab. Gott sagte: ‚Warte, Mahomet, denn aus Liebe zu dir will ich das Paradies und die Welt erschaffen und eine Schar von Geschöpfen, die ich dir zum Geschenk mache, so daß gesegnet sein wird, wer dich segnet, und wer dich verflucht, verflucht sein wird. Wenn ich dich in die Welt entsende, werde ich dich als meinen Boten des Heils senden, und dein Wort wird wahr sein, so daß Himmel und Erde vergehen werden, dein Glaube aber wird nie vergehen. Mahomet ist sein gesegneter Name."

Da erhob das Volk seine Stimme und sagte: „O Gott, sende uns deinen Gesandten; o Mahomet, komm schnell zur Rettung der Welt!"

98. Der Beschluß des römischen Senats
Die Speisung der Fünftausend

UND NACHDEM ER dies gesagt hatte, gingen die Leute weg und mit ihnen der Priester und der Statthalter sowie Herodes, und sie hielten große Streitgespräche über Jesus und über seine Lehre. Da bat der Priester den Statthalter, über die ganze Angelegenheit dem Senat in Rom zu schreiben. Dies tat der Statthalter, und daraufhin hatte der Senat Mitleid mit Israel und ordnete an, daß unter Todesstrafe niemand Jesus den Nazarener, den Propheten der Juden, Gott nennen durfte und auch nicht Sohn Gottes. Dieser Erlaß wurde auf Kupfer eingraviert und im Tempel aufgestellt.

Als der Hauptteil der Leute weggegangen war, blieben etwa fünftausend Männer, ohne Frauen und Kinder. Sie waren ermüdet von der Reise, da sie seit zwei Tagen ohne Brot waren, denn da sie verlangten, Jesus zu sehen, hatten sie vergessen, welches mitzubringen. Also aßen sie wilde Kräuter und konnten nicht weggehen wie die anderen.

Als Jesus dies sah, hatte er Mitleid mit ihnen und sagte zu Philippus: „Wo sollen wir Brot für sie finden, daß sie nicht Hungers sterben?"

Philippus antwortete: „Herr, zweihundert Goldstücke könnten nicht soviel Brot kaufen, daß jeder ein wenig äße." Da sagte Andreas: „Hier ist ein Knabe, der hat fünf Brote und zwei Fische, aber was ist das bei so vielen?"

Jesus antwortete: „Sorgt dafür, daß die Leute sich niederlassen." Und sie setzten sich auf das Gras zu Gruppen von fünfzig und vierzig. Dann sagte Jesus: „Im Namen Gottes!" Und er nahm das Brot und betete zu Gott und brach dann das Brot, und er gab es den Jüngern, und die Jünger gaben es den Leuten, und das gleiche taten sie mit den Fischen. Jeder aß, und jeder wurde satt. Da sagte Jesus: „Sammelt das auf, was übrig ist." Also sammelten die Jünger jene Reste ein und füllten zwölf Körbe. Und jeder legte die Hand auf die Augen und sagte: „Wache ich oder träume ich?" Und ein jeder war etwa eine Stunde lang außer sich aufgrund des großen Wunders.

Danach entließ Jesus sie, nachdem er Gott gedankt hatte, aber da waren zweiundsiebzig Männer, die ihn nicht verlassen wollten, und als Jesus ihren Glauben sah, erwählte er sie zu seinen Jüngern.

99. Von der Eifersucht Gottes

NACHDEM SICH JESUS in einen verlassenen Teil der Wüste in Tiro in der Nähe des Jordan zurückgezogen hatte, versammelte er die Zweiundsiebzig sowie die Zwölf, und als er sich auf einen Stein niedergelassen hatte, hieß er sie, sich zu ihm zu setzen. Und seufzend hub er an zu reden und sagte: „Dieser Tage haben wir eine große Sünde in Judäa und Israel gesehen von solcher Art, daß mir noch stets das Herz bebt in der Brust aus Furcht vor Gott. Wahrlich, ich sage euch, daß Gott eifersüchtig ist auf seine Ehre und Israel wie ein Liebhaber liebt. Ihr wißt, wenn ein junger Mann eine Frau liebt und sie ihn nicht liebt, sondern einen anderen, so wird er zornig und tötet seinen Rivalen. Ebenso, sage ich euch, tut es Gott: Denn wenn Israel etwas geliebt hat, worüber es Gott vergißt, hat Gott solch ein Ding zunichte gemacht. Was ist nun Gott lieber hier auf Erden als das Priestertum und der heilige Tempel? Jedoch erhob Gott seinen Zorn durch Nebukadnezar, den König von Babylonien, zu der Zeit des Propheten Jeremias, als das Volk Gott vergessen hatte und sich des Tempels nur rühmte, weil es in der ganzen Welt nicht seinesgleichen gab, und er hieß ihn mit einem Heer die heilige Stadt einnehmen und sie mitsamt dem geweihten Tempel verbrennen, so daß die geweihten Dinge, die die Propheten Gottes nur zitternd vor Ehrfurcht berührten, getreten wurden von den Füßen der Ungläubigen voller Bosheit.

Abraham liebte seinen Sohn Ismael ein wenig mehr, als richtig war, und daher befahl Gott, um jene sündhafte Liebe in Abrahams Herz auszulöschen, daß er seinen Sohn töten solle; dies hätte er getan, hätte das Messer geschnitten.

David liebte Abschalom leidenschaftlich, und deshalb ließ es Gott geschehen, daß der Sohn gegen seinen Vater rebellierte und an seinem Haar erhängt und von Joab getötet wurde. O gewaltiges Urteil Gottes, daß Abschalom sein Haar über alles liebte, welches zu einem Seil wurde, das ihn schließlich erhängte.

Der unschuldige Hiob war nahe daran, seine sieben Söhne und drei Töchter zu sehr zu lieben, als Gott ihn in Satans Hand gab, der ihn nicht nur seiner Söhne und seiner

Reichtümer an einem Tag beraubte, sondern ihn auch mit schlimmer Krankheit schlug, so daß sieben Jahre lang Würmer aus seinem Fleisch kamen.

Unser Vater Jakob liebte Joseph mehr als seine anderen Söhne, weshalb Gott ihn verkaufen ließ und machte, daß Jakob durch ebenjene Söhne getäuscht wurde, da er glaubte, die wilden Tiere hätten seinen Sohn verschlungen, und so verbrachte er zehn Jahre in Trauer.

100. Über das Zeigen von Reue

So wahr Gott lebt, Brüder, ich fürchte, daß Gott verärgert ist über mich. Daher ist es nötig, daß ihr durch Judäa und Israel geht und den zwölf Stämmen Israels die Wahrheit predigt, damit sie von der Täuschung befreit werden mögen."

Die Jünger antworteten in Furcht weinend: „Wir werden alles tun, was du uns befehlen wirst."

Da sagte Jesus: „Laßt uns drei Tage lang beten und fasten, und laßt uns von jetzt an jeden Abend, wenn der erste Stern erscheint und wir zu Gott gebetet haben, dreimal das Gebet verrichten und ihn dreimal um Erbarmen bitten, denn die Sünde Israels ist dreimal schlimmer als andere Sünden."

„So sei es", antworteten die Jünger.

Als der dritte Tag beendet war, am Morgen des vierten Tages, versammelte Jesus alle Jünger und Apostel und sagte zu ihnen: „Es möge genügen, daß Barnabas und Johannes bei mir bleiben. Ihr andern geht durch das ganze Gebiet von Samaria und Judäa und Israel und predigt Reue, denn die Axt wird nahe an den Baum gelegt, um ihn zu fällen. Und betet über die Kranken, weil Gott mir Macht über jede Krankheit gegeben hat."

Da sagte der, der dies schreibt: „O Herr, wenn deine Jünger gefragt werden, auf welche Weise sie Reue zeigen sollen, was sollen sie antworten?"

Jesus antwortete: „Wenn jemand eine Geldbörse verliert, kehrt er nur mit den Augen um, sie zu erblicken? Oder mit der Hand, sie zu nehmen? Oder mit der Zunge, um zu fragen? Sicher nicht, sondern er kehrt mit dem ganzen Körper um und wendet die ganze Kraft seiner Seele darauf, sie zu finden. Ist dies wahr?"

Da antwortete der, der dies schreibt: „Es ist sehr wahr."

101. Gottesliebe und wahre Reue

DA SAGTE JESUS: „Reue ist eine Umwandlung des schlechten Lebens; denn jeder der Sinne muß in das Gegenteil dessen verwandelt werden, was er tat, während er sündigte. An die Stelle der Freude muß Trauer treten, an die Stelle von Lachen Weinen, an die Stelle von Schwelgereien Fasten; Schlafen soll von Wachen, Muße von Tätigkeit, Lüsternheit von Keuschheit abgelöst werden. Das Geschichtenerzählen möge in Gebet und der Geiz in Almosenspenden verwandelt werden."

Da antwortete der, der dies schreibt: „Aber wenn sie gefragt werden, wie wir trauern sollen, wie wir weinen sollen, wie wir fasten sollen, wie wir Tätigkeit zeigen sollen, wie wir keusch bleiben sollen, wie wir beten und Almosen geben sollen, welche Antwort sollen sie geben? Und wie sollen sie rechte Buße tun, wenn sie nicht wissen, wie man bereut?"

Jesus antwortete: „Wohl hast du gefragt, o Barnabas, und ich möchte alles vollständig beantworten, wenn es Gott gefallen möge. So will ich heute zu dir von der Reue allgemein sprechen, und was ich zu einem sage, sage ich zu allen.

Wisset denn, daß die Reue mehr als alles aus reiner Liebe zu Gott getan werden muß; sonst ist die Reue vergeblich. Ich will zu euch durch ein Gleichnis sprechen. Jedes Haus zerfällt, wenn man sein Fundament wegnimmt: Ist dies wahr?"

„Es ist wahr", antworteten die Jünger.

Da sagte Jesus: „Das Fundament unseres Heils ist Gott, ohne den es kein Heil gibt. Wenn der Mensch gesündigt hat, hat er das Fundament seines Heils verloren; es ist also nötig, mit dem Fundament zu beginnen.

Sagt mir, wenn eure Diener euch beleidigt hätten und ihr wüßtet, daß sie nicht bekümmert darüber sind, euch beleidigt zu haben, sondern bekümmert sind über den Verlust ihrer Belohnung, würdet ihr ihnen vergeben? Sicher nicht. Ebenso, sage ich euch, wird Gott es mit jenen tun, die bereuen, das Paradies verloren zu haben. Satan, der Feind alles Guten, bereut es sehr, daß er das Paradies verloren und die Hölle gewonnen hat. Aber dennoch wird er nie Gnade finden, und wißt ihr, warum? Weil er keine Liebe zu Gott hat, ja er haßt seinen Schöpfer.

102. Reue und Schuldbekenntnis

WAHRLICH, ICH SAGE euch, jedes Tier trauert nach seiner eigenen Art um das verlorene Gut, wenn es verliert, was es begehrt. Ebenso muß der Sünder, der wirklich bereuen will, den großen Wunsch haben, in sich selbst das zu bestrafen, was er aus Widerstreben gegen seinen Schöpfer getan hat, so daß er es beim Gebet nicht wagen möge, von Gott das Paradies zu ersehnen oder von der Hölle verschont zu bleiben, sondern er möge sich mit beschämtem Geist vor Gott niederwerfen und betend sprechen: ‚Siehe den Schuldigen, o Herr, der dich ohne jeden Grund beleidigt hat zu eben der Zeit, als er dir hätte dienen sollen. Darum ersucht er dich, seine Tat durch deine Hand zu bestrafen und nicht durch die Hand des Satans, deines Feindes, damit die Gottlosen nicht über deine Geschöpfe triumphieren. Reinige, strafe, wie es dir gefällt, o Herr, denn du wirst mir nie soviel Strafe geben, wie dieser Böse verdient.“

Hierauf wird der Sünder, der in dieser Weise fortfährt, in dem Maße Gnade bei Gott finden, wie er Gerechtigkeit ersehnt.

Gewiß ist das Lachen des Sünders ein abscheuliches Vergehen, und daher wurde diese Welt zu Recht von unserem Vater David ein Tal der Tränen genannt.

Da war ein König, der einen seiner Sklaven an Sohnes Statt annahm, und er machte ihn zum Herrn all dessen, was er besaß. Nun geschah es, daß der Unglückselige durch die Falschheit eines bösen Menschen bei dem König in Ungnade fiel, so daß er großes Elend erlitt nicht nur wegen seines Vermögens, sondern weil er verachtet und all dessen beraubt wurde, was er jeden Tag durch Arbeit verdiente. Denkt ihr, daß solch ein Mensch jemals lachen würde?"

„Gewiß nicht", antworteten die Jünger, „denn hätte dies der König erfahren, er hätte ihn töten lassen, wenn er gesehen hätte, daß er zum Mißvergnügen des Königs lacht. Es ist eher wahrscheinlich, daß er Tag und Nacht weint."

Da weinte Jesus und sagte: „Wehe der Welt, denn ewige Pein ist ihr gewiß. O unglückselige Menschheit, denn Gott hat dich gleichsam als Sohn angenommen und dir das Paradies gewährt, worauf du, o Unglückselige, durch das Wirken Satans bei Gott in Ungnade fielst und aus dem Paradies vertrieben wurdest und zu dieser unreinen Welt verdammt wurdest, wo du alle Dinge durch Arbeit erhälst und jede gute Tat von dir genommen wird durch ständiges Sündigen. Und die Welt lacht einfach, und, was schlimmer ist, wer der größte Sünder ist, lacht mehr als die übrigen. Es wird deshalb so sein, wie ihr gesagt habt, daß Gott das Urteil des ewigen Todes über den Sünder fällen wird, der über seine Sünden lacht und nicht über sie weint.

Das Weinen des Sünders sollte wie das eines Vaters sein, der über seinen Sohn weint, der dem Tode nahe ist. O Torheit des Menschen, der du über den Körper weinst, von dem die Seele hinweggegangen ist und der du nicht über die Seele weinst, von der durch die Sünde die Gnade Gottes hinweggegangen ist!

Sagt mir, wenn der Seemann, dessen Schiff durch einen Sturm zerstört wurde, durch Weinen alles wieder zurückholen könnte, was er verloren hat, was würde er tun? Es ist gewiß, daß er bitterlich weinen würde. Aber ich sage euch wahrlich, daß ein Mensch in jedem Ding sündigt, worüber er weint, außer wenn er über seine Sünde weint. Denn jedes Leid, das zum Menschen kommt, kommt zu ihm von Gott zu seinem Heil, so daß er sich darüber freuen sollte. Die Sünde aber kommt vom Teufel zum Untergang des Menschen, und darüber ist der Mensch nicht traurig. Sicher könnt ihr hieran sehen, daß der Mensch Verlust sucht und nicht Gewinn."

Bartholomäus fragte: „Herr, was soll der tun, der nicht weinen kann, da das Weinen seinem Herzen fremd ist?" Jesus antwortete: „Nicht alle, die Tränen vergießen, weinen, o Bartholomäus. So wahr Gott lebt, man findet Menschen, von deren Auge nie eine Träne fiel, und sie haben mehr geweint als eintausend von denen, die Tränen vergießen. Das Weinen eines Sünders ist das Verzehren irdischer Zuneigung durch die Heftigkeit des Kummers. Ebenso wie der Sonnenschein das zuoberst Stehende vor Fäulnis bewahrt, so bewahrt dieses Verzehren die Seele vor der Sünde. Wenn Gott dem wahrhaft Reumütigen so viele Tränen gewähren würde, wie das Meer Wasser hat, würde er sich noch viel mehr wünschen, und dieser Wunsch verzehrt also jenen kleinen Tropfen, den er gerne vergießen würde, wie ein brennender Ofen einen Tropfen Wasser verzehrt. Aber die, die leicht in Weinen ausbrechen, sind wie das Pferd, das um so schneller geht, je leichter es beladen ist.

104. Das Beweinen der Sünde
Der Sinn menschlicher Rede von Gott

Es GIBT WAHRHAFTIG Menschen, die sowohl im Innern ergriffen sind als auch nach außen hin Tränen vergießen. Aber wer so ist, wird ein Jeremias sein. Beim Weinen mißt Gott mehr den Kummer als die Tränen."

Da sagte Johannes: „O Herr, wie verliert der Mensch, wenn er über etwas anderes als über die Sünde weint?"

Jesus antwortete: „Wenn Herodes dir einen Mantel zur Aufbewahrung gäbe und ihn dir nachher wegnähme, hättest du dann Grund zum Weinen?"

„Nein", sagte Johannes. Da sagte Jesus: „Nun hat der Mensch um so weniger Grund zu weinen, wenn er etwas verliert oder nicht das hat, was er möchte; denn alles kommt aus der Hand Gottes. Soll Gott also nicht die Macht haben, nach seinem Gutdünken über seine eigenen Dinge zu verfügen, o törichter Mensch! Denn dir gehört nur die Sünde; und darüber solltest du weinen und über nichts anderes."

Sagte Matthäus: „O Herr, du hast vor ganz Judäa bekannt, daß Gott keine Ähnlichkeit mit dem Menschen hat, und nun sagst du, daß der Mensch aus der Hand Gottes empfängt; weil Gott also Hände hat, hat er eine Ähnlichkeit mit dem Menschen."

Jesus antwortete: „Du bist im Irrtum, o Matthäus, und viele haben so geirrt und verstanden nicht den Sinn der Worte. Denn der Mensch sollte nicht das Äußere der Worte betrachten, sondern den Sinn, da die menschliche Rede gleichsam eine Vermittlerin zwischen uns und Gott ist. Und wißt ihr nicht, daß unsere Väter ausriefen, als Gott beschloß, zu unseren Vätern auf dem Berge Sinai zu sprechen: ‚Sprich du zu uns, o Moses, und laß nicht Gott zu uns sprechen, sonst sterben wir‘? Und was sagte Gott durch den Propheten Jesaja anderes, als daß die Wege Gottes so weit entfernt von den Wegen der Menschen sind und die Gedanken Gottes von den Gedanken der Menschen, wie der Himmel von der Erde entfernt ist.

105. Über die Größe Gottes

GOTT IST SO unermeßlich, daß ich zittere, ihn zu beschreiben. Aber es ist nötig, daß ich euch ein Beispiel gebe. Ich sage euch denn, daß der Himmel neun sind und daß sie so weit voneinander entfernt sind, wie der erste Himmel von der Erde entfernt ist, dessen Entfernung von der Erde eine Reise von fünfhundert Jahren beträgt, weshalb die Entfernung zwischen der Erde und dem höchsten Himmel eine Reise von viertausendundfünfhundert Jahren beträgt. Ich sage euch denn, daß die Erde im Verhältnis zum ersten Himmel wie eine Nadelspitze ist, und in gleicher Weise ist der erste Himmel im Verhältnis zum zweiten wie ein Punkt, und in ähnlicher Weise sind alle Himmel einander untergeordnet. Aber der gesamte Umfang der Erde mit dem aller Himmel ist im Verhältnis zum Paradies ein Punkt, ja ein Sandkorn. Ist diese Größe unermeßlich?"

Die Jünger antworteten: „Ja, gewiß."

Da sagte Jesus: „So wahr Gott lebt, in dessen Gegenwart meine Seele steht, das Universum ist vor Gott so klein wie ein Sandkorn, und Gott ist um so viele Male größer, als man Sandkörner braucht, alle Himmel und das Paradies damit zu füllen, und mehr. Bedenket nun, ob Gott in irgendeinem Verhältnis zum Menschen steht, der ein kleines Stück Lehm ist, das auf der Erde weilt. Achtet also darauf, daß ihr den Sinn erfaßt und nicht bloß die Worte, wenn ihr das ewige Leben wünscht."

Die Jünger antworteten: „Gott allein kann sich selbst erkennen, und wahr ist, was der Prophet Jesaja sagte: ‚Er ist vor den menschlichen Sinnen verborgen.'"

Jesus antwortete: „So ist es wahrhaftig; wenn wir also im Paradiese sind, werden wir Gott erkennen, so wie man hier das Meer von einem Tropfen Salzwasser unterscheidet.

Zu meiner Rede zurückkehrend sage ich euch, daß man über die Sünde allein weinen sollte, denn durch das Sündigen wendet sich der Mensch ab von Gott, seinem Schöpfer. Aber wie soll der weinen, der Gelage und Festmahle besucht? Er wird ebensowenig weinen, wie aus Eis Feuer entsteht! Ihr müßt die Gelage in Fasten verwandeln, wenn ihr Herrschaft über eure Sinne haben wollt, denn eben so hat unser Gott Herrschaft."

Sagte Thaddäus: „Dann hat Gott also Sinne, über die er Herrschaft hat."

Jesus antwortete: „Fangt ihr wieder an mit ‚Gott hat dies', ‚Gott ist solchermaßen'? Sagt mir, hat der Mensch Sinne?"

„Ja", antworteten die Jünger.

Sagte Jesus: „Findet man einen Menschen, der Leben in sich hat, in dem aber die Sinne nicht funktionieren?"

„Nein", sagten die Jünger.

„Ihr täuscht euch", sagte Jesus, „denn wer blind, taub, stumm und verstümmelt ist – wo sind seine Sinne? Und wenn jemand ohnmächtig ist?"

Da waren die Jünger verwirrt, und Jesus sagte: „Es sind drei Dinge, die den Menschen ausmachen, das sind die Seele, die Sinne und das Fleisch, ein jedes vom anderen getrennt. Unser Gott erschuf die Seele und den Körper, wie ihr gehört habt, aber ihr habt noch nicht gehört, wie er die Sinne erschuf. Deshalb werde ich euch morgen, so Gott will, alles erzählen."

Und als Jesus so gesprochen hatte, dankte er Gott und betete für die Rettung unseres Volkes, und ein jeder von uns sagte: „Amen."

ALS JESUS DAS Morgengebet beendet hatte, ließ er sich unter einer Palme nieder, und seine Jünger setzten sich zu ihm. Da sagte Jesus: „So wahr Gott lebt, in dessen Gegenwart meine Seele steht, viele täuschen sich über unser Leben. Denn so eng sind die Seele und die Sinne verbunden, daß ein Großteil der Menschen behauptet, daß die Seele und die Sinne ein und dasselbe seien, sie durch ihre Wirkung und nicht durch ihr Wesen unterscheidet und sie die fühlende, die lebendige und die denkende Seele nennt. Aber ich sage euch wahrlich, die Seele ist eine, und sie denkt und lebt. O Törichte, wo wollen sie die denkende Seele ohne Leben finden? Bestimmt niemals. Aber Leben ohne die Sinne findet man leicht, wie man am Bewußtlosen sieht, wenn die Sinne ihn verlassen."

Thaddäus antwortete: „O Herr, wenn die Sinne das Leben verlassen, hat ein Mensch kein Leben."

Jesus antwortete: „Dies ist nicht wahr, denn der Mensch verliert das Leben, wenn die Seele hinweggeht; denn die Seele kehrt nicht wieder zum Körper zurück, außer durch ein Wunder. Die Sinne aber schwinden aufgrund von Furcht, die sie empfangen, oder durch große Sorge, die die Seele hat. Denn die Sinne hat Gott zum Vergnügen erschaffen, und nur dadurch leben sie, ebenso wie der Körper von Nahrung lebt und die Seele durch Wissen und Liebe lebt. Diese Sinne empören sich nun gegen die Seele aus Entrüstung darüber, daß ihnen durch die Sünde die Freude des Paradieses genommen ist. Darum ist es unbedingt nötig, sie mit geistiger Freude zu nähren, für den, der nicht will, daß sie von der irdischen Freude leben. Versteht ihr?

Wahrlich, ich sage euch, daß Gott sie bei ihrer Erschaffung zu Hölle und unerträglichem Eis und Schnee verdammte, weil sie sagten, sie seien Gott; aber als er sie der Nahrung beraubte und ihnen die Speise fortnahm, bekannten sie, daß sie Sklaven Gottes und das Werk seiner Hände waren. Und nun sagt mir, wie arbeiten die Sinne in den Gottlosen? Gewiß sind sie in ihnen wie Gott, denn jene folgen den Sinnen und verlassen die Vernunft und das Gesetz Gottes. Darum werden sie verabscheuenswert und wirken nichts Gutes.

107. Über das Fasten

UND SO IST das erste, was dem Kummer über die Sünde folgt, das Fasten. Denn wer sieht, daß ihn eine bestimmte Speise krank macht, läßt ab von ihr, wenn er bereut, sie gegessen zu haben, da er den Tod fürchtet und sich nicht krank machen will. Dies sollte der Sünder tun. Er begreift, daß das Vergnügen ihn zur Sünde gegen Gott, seinen Schöpfer, veranlaßt hat, indem er den Sinnen in diesen guten Dingen der Welt Folge leistete; laßt ihn sich hierüber grämen, denn sie nehmen ihm Gott, sein Leben, weg und geben ihm den ewigen Tod der Hölle. Da nun der Mensch, indem er lebt, gezwungen ist, von diesen guten Dingen der Welt zu nehmen, ist das Fasten hier vonnöten. Laßt ihn also danach streben, die Sinne zu zähmen und Gott als seinen Herrn zu erkennen. Und wenn die Sinne das Fasten verabscheuen, soll er ihnen den Zustand der Hölle beschreiben, wo überhaupt keine Freude, sondern unendliche Betrübnis empfangen wird. Er soll ihnen die Freuden des Paradieses beschreiben, die so groß sind, daß ein Körnchen von einer der Freuden des Paradieses größer ist als all jene der Welt. Denn so werden sie leicht beruhigt, weil es besser ist, mit wenigem zufrieden zu sein, um viel zu bekommen, als mit wenigem zügellos zu sein und alles zu verlieren und Qualen zu ertragen.

Ihr sollt euch an den reichen Schlemmer erinnern, um gut zu fasten. Denn er, der hier auf Erden täglich auf das Köstlichste essen und trinken wollte, wurde auf ewig eines einzigen Tropfen Wassers beraubt, während Lazarus, der sich hier auf Erden mit Krumen begnügte, auf ewig leben wird im vollen Überfluß der Freuden des Paradieses.

Aber laßt die Reumütigen vorsichtig sein, weil Satan danach trachtet, jedes gute Werk zunichte zu machen, bei dem Reumütigen mehr als bei anderen, weil der Reumütige sich gegen ihn erhoben und sich aus einem treuergebenen Sklaven in einen widerspenstigen Feind verwandelt hat. Worauf Satan ihn versuchen wird, unter dem Vorwand der Krankheit überhaupt nicht zu fasten, und wenn dies nichts nützt, wird er ihn zu einem sehr strengen Fasten auffordern, damit er krank wird und anschließend in Saus und Braus lebt. Und wenn ihm dies nicht gelingt, wird er ihn versuchen, sein Fasten einfach auf leibliche Speise zu richten, damit er sei wie er selbst, der niemals ißt, aber immer sündigt.

So wahr Gott lebt, es ist abscheulich, den Körper von Speise zu leeren und die Seele mit Stolz zu füllen, die zu verachten, die nicht fasten, und sich selbst für besser zu halten als sie. Sagt mir, wird sich der Kranke der Diät brüsten, die ihm der Arzt auferlegt hat, und jene verrückt nennen, die nicht Diät halten müssen? Sicher nicht. Sondern er wird sich über die Krankheit sorgen, derentwegen er Diät einhalten muß. Ebenso sage ich euch, daß der Reumütige sich nicht seines Fastens rühmen und die verachten darf, die nicht fasten, sondern sich über die Sünde sorgen soll, derentwegen er fastet. Noch sollte der Reumütige, der fastet, köstliche Speise erhalten, sondern sich mit einfacher Speise begnügen. Wird man denn dem bissigen Hund köstliche Speise geben und dem Pferd, welches austritt? Sicher nicht, sondern eher das Gegenteil. Und laßt euch dies über das Fasten genug sein.

HÖRT NUN, WAS ich euch über das Wachen sagen werde. Denn ebenso wie es zwei Arten des Schlafens gibt, nämlich das des Körpers und das der Seele, so müßt ihr beim Wachen achtgeben, daß die Seele nicht schläft, während der Körper wacht. Denn dies wäre ein höchst betrüblicher Irrtum. Sagt mir durch ein Gleichnis: Da ist ein Mann, der sich beim Gehen gegen einen Felsen stößt, und damit er sich nicht so sehr mit dem Fuß daran stößt, stößt er sich mit dem Kopf. Wie ist der Zustand eines solchen Mannes?"

„Erbärmlich", antworteten die Jünger, „denn solch ein Mann ist wahnsinnig."

Da sagte Jesus: „Wohl habt ihr geantwortet, denn ich sage euch wahrlich, daß der, der mit dem Körper wacht und mit der Seele schläft, wahnsinnig ist. Da die geistige Krankheit schwerer als die körperliche ist, ist sie um so schwieriger zu heilen. Sollte sich also solch ein Unglücklicher damit brüsten, daß er nicht mit dem Körper schläft, welcher der Fuß des Lebens ist, während er nicht sein Elend begreift, daß er mit der Seele schläft, welche der Kopf des Lebens ist? Der Schlaf der Seele ist das Vergessen Gottes und seines schrecklichen Gerichts. Die Seele also, die wacht, ist jene, die in allem und an jedem Ort Gott erkennt und in allem und durch alles und über allem seiner Erhabenheit Dank erweist in dem Wissen, daß sie fortwährend in jedem Augenblick Gnade und Erbarmen von Gott erhält. Daher erklingt in ihrem Ohr in Ehrfurcht vor seiner Erhabenheit stets jener Ausspruch der Engel: ‚Geschöpfe, kommt zum Gericht, denn euer Schöpfer will euch richten.' Denn jene befindet sich für gewöhnlich stets im Dienst an Gott. Sagt mir, ob ihr lieber bei dem Licht eines Sterns oder bei dem Licht der Sonne zu sehen wünscht?"

Andreas antwortete: „Bei dem Licht der Sonne, denn beim Licht der Sterne können wir nicht die umliegenden

Berge sehen, und beim Lichte der Sonne sehen wir das winzigste Sandkorn. Daher wandeln wir in Furcht beim Licht der Sterne, aber beim Licht der Sonne gehen wir in Sicherheit."

109. Über das Wachen der Seele im Gedenken Gottes

JESUS ANTWORTETE: „EBENSO sage ich euch, daß ihr mit der Seele wachen sollt bei der Sonne der Gerechtigkeit, unserem Gott, und euch nicht des Wachens eures Körpers rühmen sollt. Es ist deshalb wohl wahr, daß körperlicher Schlaf soweit wie möglich gemieden werden soll, auf ihn aber ganz zu verzichten, ist unmöglich, da die Sinne und das Fleisch durch Speise ermüdet werden und der Geist durch Geschäfte. Daher laßt den, der wenig schlafen will, zu viele Geschäfte und zu vieles Essen meiden.

So wahr Gott lebt, in dessen Gegenwart meine Seele steht, es ist rechtens, jede Nacht etwas zu schlafen, aber es ist niemals rechtens, Gott zu vergessen und sein gewaltiges Gericht; und der Schlaf der Seele ist ein solches Vergessen."

Da antwortete der, der dies schreibt: „O Herr, wie können wir stets in Gedenken an Gott sein? Dies scheint uns doch gewiß unmöglich."

Jesus sagte mit einem Seufzen: „Dies ist das größte Elend, das der Mensch erleiden kann, o Barnabas. Denn der Mensch kann hier auf Erden nicht allzeit Gottes gedenken, außer denen, die heilig sind, denn sie gedenken allzeit Gottes, weil sie das Licht der Gnade Gottes in sich haben, so daß sie Gott nicht vergessen können. Aber sagt mir, habt ihr die gesehen, die im Steinbruch arbeiten, wie sie durch ständige Übung gelernt haben, so zu treffen, daß sie mit anderen reden und gleichzeitig das eiserne Werkzeug treffen, das den Stein bearbeitet, ohne das Eisen anzuschauen, und dennoch treffen sie nicht ihre Hände? Nun tut ihr desgleichen. Begehret, heilig zu sein, wenn ihr dieses Elend der Vergeßlichkeit gänzlich überwinden wollt. Gewiß ist, daß Wasser die härtesten Felsen mit einem einzigen Tropfen spaltet, wenn es eine lange Zeit hindurch auf sie fällt.

Wißt ihr, warum ihr dieses Elend nicht überwunden habt? Weil ihr nicht begriffen habt, daß es Sünde ist. Ich sage euch denn, daß es ein Vergehen ist, wenn ein Fürst dir ein Geschenk gibt, o Mensch, daß du deine Augen verschließt und dich von ihm abwendest. Ebenso vergehen sich die, die Gott vergessen, denn zu allen Zeiten empfängt der Mensch von Gott Gaben und Gnade.

110. Über das Begehren der Heiligkeit

NUN SAGT MIR, beschenkt euch Gott zu jeder Zeit? Ja, gewiß, denn unaufhörlich spendet er euch den Atem, durch den ihr lebt. Wahrlich, wahrlich, ich sage euch, jedesmal wenn euer Körper Atem empfängt, sollte euer Herz sagen: ‚Gott sei gedankt‘.“

Da sagte Johannes: „Es ist sehr wahr, was du sagst, o Herr, lehre uns also den Weg, wie wir diesen gesegneten Zustand erreichen.“

Jesus antwortete: „Wahrlich, sage ich euch, man gelangt zu diesem Zustand nicht durch menschliche Kräfte, sondern vielmehr durch die Gnade Gottes unseres Herrn. Es ist in der Tat wahr, daß der Mensch das Gute begehren soll, damit Gott es ihm gebe. Sagt mir, wenn ihr bei Tisch seid, nehmt ihr jene Speisen, die ihr nicht einmal ansehen würdet? Gewiß nicht. Ebenso sage ich euch, daß ihr nicht das empfangen werdet, was ihr nicht begehren wollt. Gott ist fähig, wenn ihr Heiligkeit begehrt, euch in weniger als einem Augenblick heilig zu machen, aber damit der Mensch empfänglich sei für die Gabe und den Geber, will es unser Gott, daß wir warten und fragen sollen.

Habt ihr jene gesehen, die üben, auf ein Ziel zu schießen? Sicherlich schießen sie viele Male umsonst. Jedoch wünschen sie nie, umsonst zu schießen, sondern haben stets Hoffnung, das Ziel zu treffen. Tut ihr nun dies, die ihr begehrt, unseren Gott immer im Gedächtnis zu haben, und wenn ihr vergeßt, trauert; denn Gott wird euch die Gnade geben, all das zu erlangen, was ich gesagt habe.

Fasten und geistiges Wachen sind so miteinander verbunden, daß, wenn man das Wachen bricht, das Fasten geradewegs gebrochen ist. Denn wenn der Mensch sündigt, bricht er das Fasten der Seele und vergißt Gott. Daher sind das Wachen und das Fasten, das die Seele betrifft, stets notwendig für uns und für alle Menschen. Denn für niemanden ist es rechtens, zu sündigen. Aber das Fasten des Körpers und sein Wachen, glaubt mir, sie sind nicht zu jeder Zeit für alle Menschen möglich. Denn es gibt kranke und alte Leute, schwangere Frauen, Menschen, die eine Diät einhalten, Kinder und andere, die in schwacher körperlicher Verfassung sind. Denn ebenso wie sich jeder nach seinem eigenen Maß kleidet, so sollte er die Art seines Fastens wählen. Denn genau wie die Kleidung eines Kindes einem Mann von dreißig Jahren nicht paßt, so paßt das Wachen und Fasten des einen nicht für einen anderen.

III. Über das Fasten, Wachen und Beten

ABER NEHMT EUCH in acht, denn Satan wird all seine Macht darauf verwenden, daß ihr während der Nacht wacht und dann im Schlafe liegt, wenn ihr auf Gottes Geheiß hin beten und das Wort Gottes hören solltet.

Sagt mir, würde es euch gefallen, wenn euer Freund das Fleisch äße und euch die Knochen gäbe?"

Petrus antwortete: „Nein, Herr, denn solch einer sollte nicht Freund, sondern Verächter genannt werden."

Jesus antwortete mit einem Seufzen: „Wohl hast du die Wahrheit gesprochen, o Petrus, denn jeder, der mit dem Körper mehr wacht als nötig und also schläft oder das Haupt von Schlummer gebeugt hat, während er doch beten oder das Wort Gottes hören sollte: Solch ein Unglücklicher verspottet wahrlich Gott, seinen Schöpfer, und ist also solch einer Sünde schuldig. Überdies ist er ein Räuber, da er ja die Zeit stiehlt, die er Gott geben sollte, und davon verbraucht, wann und soviel es ihm gefällt.

Aus einem Gefäß mit dem besten Wein gab ein Mann seinen Feinden so lange zu trinken, wie der Wein am besten war, aber als der Wein zum Bodensatz gelangte, gab er seinem Herrn davon zu trinken. Was, denkt ihr, wird der Herr mit seinem Diener tun, wenn er alles erfahren wird und der Diener vor ihm steht? Gewiß wird er ihn schlagen und aus rechtschaffener Empörung töten gemäß den Gesetzen der Welt. Und was wird Gott nun mit dem Menschen tun, der den besten Teil seiner Zeit mit Geschäften verbringt und den schlechtesten Teil mit Gebet und dem Studieren des Gesetzes? Wehe der Welt, denn durch diese und durch größere Sünde ist ihr Herz betrübt! Als ich nun zu euch sagte, daß aus Lachen Weinen werden sollte, aus Festen Fasten und aus Schlaf Wachen, habe ich in drei Worten alles zusammengefaßt, was ihr gehört habt – daß man hier auf Erden immer weinen sollte und daß das Weinen von Herzen kommen sollte, weil Gott, unser Schöpfer, beleidigt wird; und daß ihr fasten sollt, um die Herrschaft über die Sinne zu haben, und wachen sollt, um nicht zu sündigen, und daß das körperliche Weinen und das körperliche Fasten und Wachen nach der Verfassung eines jeden geschehen sollen."

112. Gespräch zwischen Jesus und Barnabas

ALS JESUS SO gesprochen hatte, sagte er: „Ihr müßt euch Früchte und Kräuter suchen, um euch am Leben zu erhalten, denn es sind nun acht Tage, daß wir kein Brot gegessen haben. Darum will ich zu unserem Gott beten und auf euch warten mit Barnabas."

Also gingen alle Jünger und Apostel ihres Weges, zu viert und zu sechst, gemäß dem Worte Jesu. Es blieb bei Jesus der, der dies schreibt; da weinte Jesus und sagte: „O Barnabas, es ist nötig, daß ich dir große Geheimnisse enthülle, die du der Welt enthüllen wirst, nachdem ich von ihr gegangen sein werde."

Da antwortete der, der dies schreibt, und sagte weinend: „Laß mich weinen, o Herr, und andere Menschen ebenso, denn wir sind Sünder. Und du, der du ein Heiliger und Prophet Gottes bist, für dich ziemt es sich nicht, so viel zu weinen."

Jesus antwortete: „Glaub mir, Barnabas, daß ich nicht soviel weinen kann, wie ich sollte. Denn wenn die Menschen mich nicht Gott genannt hätten, hätte ich Gott hier gesehen, wie er im Paradies gesehen werden wird, und hätte sicher nicht den Tag des Gerichtes zu fürchten brauchen. Aber Gott weiß, daß ich unschuldig bin, denn nie ist mir der Gedanke gekommen, für mehr als einen armen Sklaven gehalten zu werden. Ja ich sage dir, wenn man mich nicht Gott genannt hätte, wäre ich ins Paradies getragen worden, wenn ich von dieser Welt hinweggehe; nun aber werde ich nicht dorthin gehen bis zum Gericht. Nun siehst du, daß ich Grund zum Weinen habe. Wisse, o Barnabas, daß ich hierfür große Verfolgung erleiden muß, und von einem meiner Jünger werde ich für dreißig Goldstücke verkauft werden. Aber ich bin sicher, daß der, der mich verkaufen wird, in meinem Namen getötet werden wird, denn Gott wird mich von der Erde hinwegnehmen und das

Aussehen des Verräters verwandeln, so daß ihn jeder für mich halten wird; jedoch wenn er eines schlimmen Todes sterben wird, wird diese Schande in der Welt noch lange Zeit über mir sein. Aber wenn Mahomet kommen wird, der heilige Gesandte Gottes, wird jene Schmach hinweggenommen werden. Und dies wird Gott tun, weil ich die Wahrheit über den Messias bekannt habe. Er wird mir diese Belohnung geben, daß man erfahren wird, daß ich lebe und mit diesem schändlichen Tod nichts zu schaffen habe."

Da antwortete der, der dies schreibt: „O Herr, sag mir, wer dieser Elende ist, denn ich würde ihn gern erwürgen."

„Schweig still", antwortete Jesus, „denn Gott will es so, und er kann nichts anderes tun, aber sorge du dafür, daß du meiner Mutter die Wahrheit sagen wirst, wenn sie betrübt ist durch dieses Ereignis, damit sie getröstet wird."

Da antwortete der, der dies schreibt: „All dies werde ich tun, o Herr, wenn es Gott gefällt."

113. Das Gleichnis vom Feigenbaum

ALS DIE JÜNGER wiederkamen, brachten sie Pinienzapfen, und durch den Willen Gottes fanden sie eine große Menge Datteln. Also aßen sie mit Jesus nach dem Mittagsgebet. Als die Apostel und Jünger jedoch sahen, daß der, der dies schreibt, traurig aussah, fürchteten sie, daß Jesus bald von der Welt hinweggehen müsse. Da tröstete Jesus sie und sagte: „Fürchtet euch nicht, denn meine Stunde ist noch nicht gekommen, von euch wegzugehen.

Ich werde noch eine Weile bei euch bleiben. Darum muß ich euch jetzt belehren, damit ihr in ganz Israel Buße predigt, wie ich es euch gesagt habe, damit Gott sich der Sünde Israels erbarme. Ein jeder möge sich also vor Faulheit hüten und mehr noch der, der bereut, denn jeder Baum, der keine guten Früchte trägt, wird gefällt und ins Feuer geworfen werden.

Da war ein Mann, der einen Weinberg hatte, in dem ein schöner Feigenbaum stand. Als der Besitzer nach drei Jahren kam und keine Früchte an ihm fand, jeder andere Baum aber Früchte trug, sagte er zu seinem Weinbauern: ‚Fälle diesen schlechten Baum, denn er belastet den Boden.'

Der Weinbauer antwortete: ‚Nein, Herr, es ist doch ein schöner Baum.'

‚Schweig', sagte der Besitzer, ‚denn mir ist an unnützer Schönheit nichts gelegen. Du solltest wissen, daß die Palme und der Balsambaum edler sind als die Feige. Aber ich hatte im Innenhof meines Hauses eine Palme und einen Balsambaum angepflanzt, die ich von einem teuren Zaun umgeben ließ, aber als diese keine Früchte trugen, sondern Blätter, die sich aufhäuften und auf dem Boden vor dem Haus verfaulten, ließ ich sie beide entfernen. Wie soll ich dann einem Feigenbaum vergeben, der weit weg steht vom Haus und von meinem Garten und meinem Weinberg eine Last ist, wo jeder andere Baum Früchte trägt? Ich werde dies gewiß nicht länger dulden.'

Da sagte der Weinbauer: ‚Herr, die Erde ist zu fett. Warte also noch ein Jahr, denn ich werde die Zweige des Feigenbaumes beschneiden und die Fettigkeit des Bodens von ihm hinwegnehmen, indem ich magere Erde mit Steinen dazu tue, und so wird er Früchte tragen.'

Der Eigentümer antwortete: ‚Nun geh und tu dies; denn ich werde warten, und die Feigenpflanze wird Früchte tragen.' Versteht ihr dieses Gleichnis?"

Die Jünger antworteten: „Nein, Herr, darum erkläre es uns."

JESUS ANTWORTETE: „WAHRLICH, ich sage euch, der Eigentümer ist Gott, und der Weinbauer ist sein Gesetz. Gott hatte im Paradies die Palme und den Balsambaum; denn Satan ist die Palme und der erste Mensch der Balsambaum. Die jagte er hinaus, weil sie nicht die Früchte guter Werke trugen, sondern gottlose Worte äußerten, die vielen Engeln und vielen Menschen zur Verdammnis gereichten. Wo nun Gott den Menschen in der Welt hat inmitten seiner Geschöpfe, die ihm dienen, ein jeder von ihnen gemäß seinem Gebot, und der Mensch, sage ich, keine Früchte trägt, will Gott ihn niederfällen und ihn der Hölle übergeben, denn er vergab nicht dem Engel und dem ersten Menschen, sondern bestrafte den Engel auf ewig und den Menschen für eine Zeit. Worauf das Gesetz Gottes sagt, daß der Mensch zu viel Gutes in diesem Leben hat und es daher nötig ist, daß er Trübsal erleide und der irdischen Güter beraubt werde, damit er gute Werke tue. Darum wartet unser Gott darauf, daß der Mensch bereut. Wahrlich, ich sage euch, daß unser Gott den Menschen zur Arbeit verdammt hat, genau wie Hiob sagte, der Freund und Prophet Gottes: ‚Wie der Vogel zum Fliegen geboren ist und der Fisch zum Schwimmen, eben so ist der Mensch zum Arbeiten geboren.‘

So sagt auch unser Vater David, Gottes Prophet: ‚Wenn wir durch unserer Hände Arbeit essen, werden wir gesegnet sein, und es soll uns wohlergehen.‘

Darum soll ein jeder arbeiten gemäß seiner Eigenschaft. Und saget mir, wenn unser Vater David und sein Sohn Salomon mit ihren Händen arbeiteten, was sollte dann der Sünder tun?“

Sagte Johannes: „Herr, es geziemt sich zu arbeiten, aber dies sollten die Armen tun.“

Jesus antwortete: „Ja, denn sie können nicht anders. Aber weißt du nicht, daß das Gute, damit es gut ist, frei von Notwendigkeit sein muß! So werden die Sonne und die anderen Planeten gehalten durch das Gebot Gottes, so daß sie nicht anders können, und deshalb werden sie keinen Verdienst haben. Sagt mir, als Gott das Gebot gab zu arbeiten, sagte er da etwa: ‚Ein Armer soll im Schweiße seines Antlitzes leben.'? Und Hiob, sagte er vielleicht: ‚Wie ein Vogel zum Fliegen geboren ist, so ist ein Armer zum Arbeiten geboren.'? Ganz anders sagte Gott zum Menschen: ‚Im Schweiße deines Angesichts sollst du Brot essen.', und Hiob sagte: ‚Der Mensch ist zum Arbeiten geboren.' Daher ist nur der von diesem Gebot befreit, der kein Mensch ist. Gewiß sind aus keinem anderen Grunde alle Dinge teuer, weil es eine große Anzahl Müßiggänger gibt. Wenn diese arbeiteten, indem sie das Land bebauen oder im Wasser fischen, würde es den größten Überfluß in der Welt geben. Und über den Mangel hieran wird am gewaltigen Tag des Gerichtes Rechenschaft gegeben werden müssen.

115. Über die Lüsternheit

DER MENSCH SOLL mir etwas erklären: Was hat er in die Welt gebracht, das ihn dazu berechtigte, im Müßiggang zu leben? Sicher ist, daß er nackt geboren wurde und völlig hilflos. Von allem, was er vorfand, ist er also nicht der Eigentümer, sondern der Verwalter. Und er wird an jenem gewaltigen Tage hierüber Rechenschaft ablegen müssen. Die abscheuliche Lüsternheit, die den Menschen dem rohen Tier gleich macht, ist sehr zu fürchten; denn der Feind kommt aus dem eigenen Hause, so daß es nicht möglich ist, an einen Ort zu gehen, wohin dein Feind nicht hingehen darf. Ach, wie viele gingen durch die Lüsternheit zugrunde! Durch die Lüsternheit kam die Sintflut, in der die Welt vor der Gnade Gottes zugrunde ging, und nur Noah sowie dreiundachtzig Menschen wurden gerettet.

Um der Lüsternheit willen machte Gott drei sündige Städte nieder, aus der nur Lot und seine zwei Kinder entkamen.

Um der Lüsternheit willen wurde der Stamm Benjamin völlig ausgelöscht. Und ich sage euch wahrlich, wenn ich euch erzählen würde, wie viele durch Lüsternheit zugrundegegangen sind, würde der Zeitraum von fünf Tagen nicht ausreichen."

Jakobus erwiderte: „O Herr, was bedeutet Lüsternheit?"

Jesus antwortete: „Lüsternheit ist ein ungezügeltes Verlangen nach Liebe, das nicht durch die Vernunft geleitet wird und die Grenzen von menschlichem Verstand und Gefühl sprengt, so daß der Mensch das liebt, was er hassen sollte, da er sich nicht kennt. Glaubt mir, wenn ein Mensch ein Ding liebt, nicht weil ihm Gott solch ein Ding gegeben hat, sondern wie sein Eigentümer, dann begeht er Unzucht, denn er hat die Seele, die mit Gott, ihrem Schöpfer, vereint bleiben sollte, mit dem Geschöpf vereint. Und so wehklagt Gott durch den Propheten Jesaja, indem er sagt: ‚Du hast mit vielen Liebhabern Unzucht begangen; kehre dennoch zu mir zurück, und ich werde dich empfangen.' So wahr Gott lebt, in dessen Gegenwart meine Seele steht: Wenn im Herzen des Menschen keine innerliche Lüsternheit wäre, würde er nicht in die äußerliche fallen, denn wenn die Wurzel entfernt wird, stirbt der Baum rasch.

Lasset den Mann sich also mit der Frau begnügen, die ihm sein Schöpfer gegeben hat, und lasset ihn jede andere Frau vergessen."

Andreas erwiderte: „Wie soll ein Mann die Frauen vergessen, wenn er in der Stadt lebt, wo es so viele von ihnen gibt?"

Jesus antwortete: „O Andreas, es ist sicher, daß die Stadt jedem schadet, der in ihr lebt; die Stadt ist ja ein Schwamm, der jede Bosheit aufsaugt.

116. Über die Gefahr des Schauens
Elias und der Blinde

Es ziemt sich für einen Menschen, der in der Stadt lebt, sich vor jedem Angriff zu schützen und in ständiger Furcht vor dem Verrat ihrer Bewohner zu sein, ebenso wie der Soldat lebt, wenn seine Festung von Feinden umgeben ist. Ebenso, so sage ich, soll er sich gegen jede äußere Verlockung zur Sünde wehren und die Sinne fürchten, denn sie haben ein überwältigendes Verlangen nach unreinen Dingen. Aber wie soll er sich schützen, wenn er nicht das Auge zügelt, welches der Ursprung jeder fleischlichen Sünde ist? So wahr Gott lebt, in dessen Gegenwart meine Seele steht: Wer keine körperlichen Augen hat, kann sicher sein, daß er nur Strafe dritten Grades empfangen wird, während der, der Augen hat, sie bis zum siebenten Grade empfängt.

Zur Zeit des Propheten Elias geschah es, daß Elias einen Blinden sah, der weinte, einen Mann von gutem Lebenswandel; und er befragte ihn und sagte: ‚Warum weinst du, o Bruder?‘ Der Blinde antwortete: ‚Ich weine, weil ich den Propheten Elias nicht sehen kann, den Heiligen Gottes.‘ Da schalt ihn Elias und sagte: ‚Hör auf zu weinen, o Mann, denn durch das Weinen sündigst du.‘

Der Blinde antwortete: ‚Nun sag mir, ist es eine Sünde, einen heiligen Propheten Gottes zu sehen, der die Toten auferweckt und das Feuer vom Himmel herunterkommen läßt?‘

Elias antwortete: ‚Du sprichst nicht die Wahrheit, denn Elias vermag nichts von all dem, was du sagst, weil er ein Mensch ist, wie du es bist. Denn alle Menschen der Welt sind nicht fähig, auch nur eine einzige Fliege hervorzubringen.‘

Sagte der Blinde: ‚Du sagst dies, o Mann, weil Elias dich wegen einer deiner Sünden getadelt haben muß; darum haßt du ihn.‘

Elias antwortete: ‚Möge es Gott gefallen, daß du die Wahrheit sprichst; denn, o Bruder, wenn ich den Elias hassen würde, würde ich Gott lieben, und je mehr ich den Elias hassen würde, um so mehr würde ich Gott lieben.‘

Da war der Blinde sehr erzürnt und sagte: ‚So wahr Gott lebt, du bist ein ruchloser Kerl! Kann man Gott denn lieben und die Propheten Gottes hassen? Hinweg mit dir, denn ich will dir nicht länger zuhören.‘

Elias antwortete: ‚Bruder, nun magst du mit deinem Verstand sehen, welches Übel das körperliche Sehen ist. Denn du wünschst dir, daß du sehen kannst, um Elias zu sehen, und haßt Elias mit deiner Seele.‘

Der Blinde antwortete: ‚Nun fort mit dir! Denn du bist der Teufel, der möchte, daß ich mich gegen den Heiligen Gottes versündige.‘

Da seufzte Elias und sagte unter Tränen: ‚Du hast die Wahrheit gesprochen, o Bruder, denn mein Fleisch, das du zu sehen begehrst, trennt dich von Gott.‘

Sagte der Blinde: ‚Ich will dich nicht sehen; ja selbst wenn ich Augen hätte, würde ich sie schließen, um dich nicht zu sehen.‘

Da sagte Elias: ‚Wisse, Bruder, daß ich Elias bin!‘

Der Blinde antwortete: ‚Du sagst nicht die Wahrheit.‘

Da sagten die Jünger des Elias: ‚Bruder, er ist in Wahrheit Elias, der Prophet Gottes.‘

‚Er soll mir sagen‘, sagte der Blinde, ‚wenn er der Prophet ist, von wem ich abstamme und wie ich blind geworden bin.‘

117. Über das Licht der Augen und das Licht des Herzens

ELIAS ANTWORTETE: ‚Du bist aus dem Stamme Levi, und weil du beim Betreten des Gotteshauses eine Frau mit lüsternen Augen anblicktest, obwohl du dem Heiligtum nahe warst, nahm dir unser Gott dein Augenlicht!‘

Da sagte der Blinde weinend: ‚Vergib mir, o heiliger Prophet Gottes, denn ich habe gesündigt, indem ich mit dir sprach; denn wenn ich dich gesehen hätte, hätte ich nicht gesündigt.‘

Elias antwortete: ‚Möge unser Gott dir verzeihen, o Bruder, denn was mich betrifft, so weiß ich, daß du mir die Wahrheit gesagt hast, da ich Gott um so mehr liebe, je mehr ich mich selbst hasse. Und wenn du mich sehen würdest, würdest du dein Verlangen stillen, was Gott nicht gefällt. Denn nicht Elias ist dein Schöpfer, sondern Gott; also bin ich, was dich betrifft, der Teufel‘, sagte Elias weinend, ‚weil ich dich von deinem Schöpfer abwende. Weine denn, o Bruder, denn du hast jenes Licht nicht, das dich das Wahre vom Falschen unterscheiden ließe, denn wenn du jenes gehabt hättest, hättest du meine Lehre nicht verschmäht. Darum sage ich dir, daß viele mich sehen wollen und von weither kommen, um mich zu sehen, die meine Worte verachten. Darum wäre es besser für sie und für ihre Rettung, wenn sie keine Augen hätten; denn jeder, der Freude über das Geschöpf hat – sei er, wer er will – und nicht die Freude an Gott sucht, hat ein Götzenbild in seinem Herzen errichtet und Gott verlassen.‘“

Da sagte Jesus seufzend: „Habt ihr alles verstanden, was Elias sagte?“

Die Jünger antworteten: „Fürwahr, wir haben verstanden, und wir sind außer uns, da wir wissen, daß es hier auf Erden nur ganz wenige gibt, die keine Götzenanbeter sind.“

118. Über das Hüten des Auges

DA SAGTE JESUS: „Ihr sprecht die Wahrheit, denn Israel wollte nun die Götzendienerei errichten, die sie im Herzen haben, indem sie mich für Gott halten; viele von ihnen haben nun meine Lehre verschmäht und sagen, daß ich mich zum Herrn von ganz Judäa machen könne, wenn ich mich Gott nennen würde, und daß ich töricht sei, in Armut an einsamen Orten leben zu wollen, anstatt bei Fürsten von vornehmer Lebensführung zu weilen. O unglücklicher Mensch, der du das Licht wertschätzt, das den Fliegen und Ameisen zueigen ist, und das Licht verschmähst, das nur den Engeln und Propheten und den heiligen Freunden Gottes gehört!

Denn wenn das Auge nicht gehütet wird, o Andreas, sage ich dir, daß es unmöglich ist, nicht kopfüber in die Lüsternheit hineinzufallen. Darum sagte wahrhaft der Prophet Jeremias unter heftigem Wehklagen: ‚Mein Auge ist ein Dieb, der meine Seele beraubt.‘ Und darum betete unser Vater David mit größter Inbrunst zu Gott unserem Herrn, daß er sein Auge abwende, damit er nicht die Eitelkeit ansehe. Denn alles, was ein Ende hat, ist wahrhaft eitel. Sagt mir doch, wenn jemand zwei Pfennige hätte, um Brot zu kaufen, würde er davon Räucherwerk kaufen? Sicherlich nicht, da der Rauch den Augen schadet und nicht für die Erhaltung des Körpers sorgt. Ebenso soll es der Mensch tun; denn mit der äußeren Sicht der Augen und mit der inneren Sicht des Geistes soll er danach trachten, Gott, seinen Schöpfer, zu erkennen und die Freude an seinem Willen, und er sollte nicht versuchen, das Geschöpf zu seinem Ziel zu machen, durch das er sich von Gott, seinem Schöpfer, entfernt.

DENN WAHRLICH, JEDESMAL, wenn der Mensch ein Ding ansieht und Gott vergißt, der es für den Menschen gemacht hat, hat er gesündigt. Denn wenn dein Freund dir etwas gäbe zur Erinnerung an sich und du es verkaufen und deinen Freund vergessen würdest, so hast du deinen Freund beleidigt. Ebendies tut der Mensch; denn wenn er das Geschöpf ansieht und nicht des Schöpfers gedenkt, der es aus Liebe zum Menschen erschaffen hat, dann sündigt er gegen Gott, seinen Schöpfer, durch Undankbarkeit.

Wer also Frauen ansieht und Gott vergißt, der die Frau zum Wohle des Mannes erschaffen hat, der wird sie lieben und begehren. Und diese seine Lüsternheit wird in solchem Maße aus ihm herausbrechen, daß er alles lieben wird, was dem geliebten Ding ähnlich ist; und davon kommt jene Sünde, an die ich nur mit Scham denken kann. Wenn der Mensch also seine Augen zügelt, wird er Herr der Sinne sein, die ja nicht etwas begehren können, was sie nicht vor Augen haben. Also soll das Fleisch dem Geiste untertan sein. Denn wie das Schiff sich nicht bewegt ohne den Wind, so kann das Fleisch nicht sündigen ohne die Sinne.

Daß es hiernach für den Büßer nötig sei, müßiges Gerede in Gebet zu verwandeln, darin zeigt sich die Vernunft selbst, auch wenn dies nicht ein Gebot Gottes wäre. Denn in jedem müßigen Wort sündigt der Mensch, und unser Gott löscht die Sünde aus durch die Kraft des Gebetes. Denn das Gebet ist ja der Fürsprecher der Seele; das Gebet ist die Arznei der Seele; das Gebet ist der Schutz des Herzens; das Gebet ist die Waffe des Glaubens; das Gebet ist die Zähmung der Sinne; das Gebet ist das Salz des Fleisches, das nicht zuläßt, daß es durch die Sünde verdorben wird. Ich sage euch, daß das Gebet ist wie die Hände unseres Lebens, mit denen sich der Mensch, der betet, am Tag des Gerichtes schützen wird.

Denn er wird seine Seele hier auf Erden vor der Sünde bewahren, und er wird sein Herz behüten, daß es nicht berührt wird von bösen Begierden. Satan wird er beleidigen, da er seine Sinne in dem Gesetz Gottes hält, und sein Fleisch wird in Rechtschaffenheit wandeln, und er wird von Gott empfangen, um was immer er bittet.

So wahr Gott lebt, in dessen Gegenwart wir sind: Ein Mensch ohne Gebet kann kein Mensch von guten Werken sein, sowenig ein Stummer einem Blinden sein Anliegen erklären kann und eine Fistel ohne Salben heilt; wie man sich nicht wehren kann, ohne sich zu bewegen, oder jemanden ohne Waffen angreifen; sowenig man ohne Ruder segeln oder totes Fleisch ohne Salz aufbewahren kann. Denn wahrlich, wer keine Hand hat, der kann nicht empfangen. Wenn jemand Mist in Gold verwandeln könnte und Lehm in Zucker, was würde er tun?"

Da, als Jesus schwieg, antworteten die Jünger: „Niemand würde etwas anderes zu machen versuchen als Gold und Zucker."

Da sagte Jesus: „Und warum verwandelt nun der Mensch nicht törichtes Gerede in Gebet? Ist ihm die Zeit womöglich von Gott gegeben worden, daß er Gott beleidigen darf? Gewiß nicht, denn welcher Fürst gäbe seinem Untertanen eine Stadt, damit jener Krieg gegen sie führe? So wahr Gott lebt, wenn der Mensch wüßte, in welcher Weise sich die Seele durch eitles Reden verändert, er würde sich eher die Zunge abbeißen, als zu reden. O unglückliche Welt! Denn heute versammeln sich die Menschen nicht zum Gebet, sondern in den Vorhallen des Tempels, und selbst im Tempel bringt Satan das eitle Gerede als Opfer dar und Schlimmeres, von dem ich nicht ohne Scham reden kann.

120. Warnung vor achtlosem Geschwätz und übler Nachrede

DIE FRUCHT EITLEN Redens ist die, daß es den Verstand in solcher Weise schwächt, daß dieser nicht fähig ist, die Wahrheit aufzunehmen; ebenso kann ein Pferd, das nur eine Unze Baumwolle zu tragen gewohnt ist, nicht hundert Pfund Steine tragen.

Aber schlimmer noch ist der Mensch, der seine Zeit mit Scherzen vertreibt. Wenn er gerne beten würde, legt Satan ihm ebenjene Scherze in den Sinn, und wenn er dann über seine Sünden weinen sollte, um Gott zur Gnade zu bewegen und Vergebung für seine Sünden zu erlangen, so bewegt er durch sein Lachen Gott zum Zorn; dieser wird ihn bestrafen und hinauswerfen.

Wehe also denen, die eitel scherzen und reden! Aber wenn unser Gott jene verabscheut, die eitel scherzen und reden, wie wird er es dann mit jenen halten, die hinter vorgehaltener Hand ihre Nächsten in Verruf bringen, und in welch schlimmer Lage werden jene sein, die das Sündigen wie ein äußerst notwendiges Geschäft betreiben? O unreine Welt, ich kann nicht ermessen, wie schwer du von Gott bestraft werden wirst! Derjenige also, der bereuen will, der, sage ich, muß seine Worte zum Preis von Gold herausgeben."

Seine Jünger antworteten: „Wer würde denn die Worte eines Menschen zu dem Preis von Gold kaufen? Gewiß niemand. Und wie soll er Buße tun? Es ist sicher, daß er habsüchtig werden wird!"

Jesus antwortete: „Ihr habt soviel Schwere in euern Herzen, daß ich sie nicht emporzuheben vermag. Also muß ich euch die Bedeutung eines jeden Wortes erklären. Aber danket Gott, der euch die Gnade gegeben hat, die Geheimnisse Gottes zu erkennen. Ich sage nicht, daß der Büßer sein Reden verkaufen sollte, sondern ich sage, daß er beim Reden denken sollte, er würde Gold hervorbringen. Denn wenn er dies wirklich tut, so wird er nur dann reden, wenn es nötig ist zu reden, ebenso wie man Gold nur für notwendige Dinge ausgibt. Und ebenso wie niemand Gold für ein Ding ausgeben würde, das seinem Körper schaden würde, so soll man nicht von einer Sache reden, die der Seele schaden könnte.

121. Mahnung zu maßvoller Rede

WENN DER STATTHALTER einen Angeklagten verhaftet hat, den er verhört, während der Gerichtsschreiber den Fall niederschreibt, sagt mir, wie redet solch ein Mann?"

Die Jünger antworteten: „Er redet mit Furcht und über das Wesentliche, um keinen Verdacht auf sich zu lenken, und er hütet sich, irgend etwas zu sagen, was dem Statthalter mißfallen könnte, vielmehr sucht er so zu sprechen, daß man ihn freiläßt."

Da antwortete Jesus: „So sollte es denn auch der Büßer tun, um nicht seine Seele zu verlieren. Denn Gott hat jedem Menschen zwei Engel als Schreiber gegeben; der eine schreibt das Gute auf und der andere das Böse, welches der Mensch tut. Wenn ein Mensch also Gnade erlangen möchte, soll er sein Reden genauer abwägen, als Gold abgewogen wird.

122. Über die Habsucht

WAS DIE HABSUCHT betrifft, so muß sie in Almosenspenden verwandelt werden. Wahrlich, ich sage euch, ebenso wie einer, der etwas lotrecht macht, die Mitte zum Ziel hat, so hat der Habgierige die Hölle zum Ziel; denn es ist unmöglich für den Habgierigen, irgend etwas Gutes im Paradies zu besitzen. Wißt ihr warum? Ich will es euch sagen. So wahr Gott lebt, in dessen Gegenwart meine Seele steht: Auch wenn der Habgierige mit seiner Zunge schweigt, sagt er durch seine

Taten: ‚Es gibt keinen anderen Gott als mich.‘ Denn er würde ja gerne alles, was er hat, zu seinem eigenen Vergnügen aufbrauchen und bedenkt nicht seinen Anfang oder sein Ende und daß er nackt geboren wurde und alles zurückläßt, wenn er stirbt. Nun saget mir: Wenn Herodes euch einen Garten zu bestellen gäbe und ihr euch gerne wie die Eigentümer aufführen würdet, indem ihr dem Herodes keine Früchte schicktet, und wenn nun Herodes seine Boten schicken würde wegen der Früchte und ihr sie wegjagen würdet, sagt mir, würdet ihr euch zu Königen über jenen Garten machen? Ja, gewiß. Nun sage ich euch, ebenso macht sich der Habgierige zum Gott über seine Reichtümer, die Gott ihm gegeben hat.

Habgier ist ein Durst der Sinne; wenn diese Gott durch die Sünde verlieren, weil sie für ihr Vergnügen leben und sich nicht an Gott freuen können, der ihnen verborgen ist, dann umgeben sie sich mit weltlichen Dingen, die sie als ihr Gut hochhalten; und je weiter sie sich von Gott entfernt sehen, um so stärker werden sie.

Und so ist die Umkehr des Sünders von Gott gegeben, der die Gnade gibt, zu bereuen. Wie unser Vater David sagte: ‚Dieser Wandel kommt von der rechten Hand Gottes.‘

Ich muß euch erklären, von welcher Art der Mensch ist, wenn ihr wissen wollt, wie man Buße tun soll. Und so laßt uns heute Gott danken, der uns die Gnade erwiesen hat, uns seinen Willen durch mein Wort mitzuteilen.“

Darauf erhob er die Hände und betete, indem er sprach: „Herr und Gott, Allmächtiger und Barmherziger, der du uns in Barmherzigkeit erschaffen und uns in den Stand von Menschen, deiner Diener, gesetzt und mit dem Glauben deines wahren Gesandten beschenkt hast: Wir danken dir für all deine Wohltaten und würden gerne dich allein anbeten alle Tage unseres Lebens, unsere Sünden beweinen, beten und Almosen geben; fasten und nach deinem Wort streben; jene unterweisen, die von deinem Willen nichts wissen, und Leid erdulden durch die Welt aus Liebe zu dir und unser Leben aufgeben bis zum Tod, um dir zu dienen. Errette du uns, o Herr, von Satan, von dem Fleischlichen und von der Welt, ebenso wie du deine Auserwählten aus Liebe zu dir selbst und aus Liebe zu deinem Gesandten errettet hast, für den du uns erschaffen hast, und aus Liebe zu all deinen Heiligen und Propheten."

Die Jünger antworteten immer wieder: „So sei es, so sei es, Herr, so sei es, o du unser barmherziger Gott."

123. Über den Menschen

AM FREITAG MORGEN in der Frühe, als es Tag geworden war, versammelte Jesus seine Jünger nach dem Gebet und sagte zu ihnen: „Wir wollen uns niederlassen; denn ebenso wie an diesem Tag Gott den Menschen erschuf aus dem Lehm der Erde, will ich euch sagen, was für ein Ding der Mensch ist, wenn es Gott gefällt."

Als alle sich niedergelassen hatten, sprach Jesus von neuem: „Um seinen Geschöpfen seine Güte und Gnade und seine Allmacht zu zeigen sowie seine Freigiebigkeit und Gerechtigkeit, stellte unser Gott vier Dinge zusammen, die zueinander im Gegensatz stehen, und vereinigte sie schließlich in einem Ding, welches der Mensch ist – und dieser ist Erde, Luft, Wasser und Feuer –, auf daß ein jedes mäßigend auf sein Gegenteil einwirke. Und er machte aus diesen vier Dingen ein Gefäß, welches der Körper des Menschen ist, aus Fleisch, Knochen, Blut, Knochenmark und Haut sowie Nerven und Venen und all seinen inneren Teilen. Und Gott gab ihm die Seele und die Sinne ein wie zwei Hände in diesem Leben.

Und er gab den Sinnen jeden Teil des Körpers zur Wohnung; denn sie breiteten sich dort aus wie das Öl. Und der

Seele gab er das Herz zur Wohnung, wo sie, vereint mit den Sinnen, das ganze Leben leiten sollte.

Als Gott den Menschen solcherart erschaffen hatte, gab er ihm ein inneres Licht ein, welches Vernunft genannt wird, welches das Fleisch, die Sinne und die Seele zu einem einzigen Zweck vereinigen sollte: im Dienste Gottes zu arbeiten. Und er brachte dieses Werk ins Paradies, und da die Vernunft von den Sinnen durch das Wirken Satans verführt wurde, verlor das Fleisch seine Ruhe, die Sinne verloren das Vergnügen, welches sie am Leben erhält, und die Seele verlor ihre Schönheit.

Der Mensch war in solch eine mißliche Lage geraten, daß die Sinne, die keine Ruhe in der Arbeit fanden, sondern das Vergnügen suchten, nicht durch die Vernunft gebändigt wurden, sondern dem Licht folgten, welches ihnen das Auge zeigt; da aber die Augen nichts als Eitelkeit zu sehen vermögen, täuschen sie sich selbst, und also sündigen sie, da sie die irdischen Dinge erwählen.

Also ist es nötig, daß sich die Vernunft des Menschen durch die Gnade Gottes von neuem erhellt, um das Gute vom Bösen zu unterscheiden und das wahre Vergnügen zu erkennen: Denn wenn der Sünder dieses erkennt, bekehrt er sich zur Reue. Darum sage ich wahrhaft zu euch: Wenn nicht Gott unser Herr das Herz des Menschen erhellt, ist das Denken des Menschen ohne Nutzen."

Johannes erwiderte: „Welchem Zweck dient dann die Rede des Menschen?"

Jesus antwortete: „Der Mensch als Mensch kann dem Menschen nicht dazu verhelfen, sich zur Reue zu bekehren; sondern der Mensch, den Gott als Mittel benutzt, bekehrt den Menschen. Da also Gott auf eine verborgene Weise im Menschen wirkt zum Heile des Menschen, sollte man jedem Menschen zuhören, auf daß jener bei allen Einlaß finde, durch den Gott zu uns spricht."

Jakobus erwiderte: „O Herr, wenn nun aber ein falscher Prophet und lügnerischer Lehrer käme und vorgäbe, uns zu belehren, was sollten wir dann tun?"

124. Die Frage nach den wahren und falschen Lehrern

JESUS ANTWORTETE IN Gleichnissen: „Ein Mann geht mit einem Netz zum Fischen und fängt hiermit viele Fische, aber er wirft die weg, die schlecht sind.

Ein Mann ging hinaus zu säen; aber nur die Saat geht auf, die auf guten Boden fällt.

Ebendies sollt ihr tun: allen zuhören und nur die Wahrheit aufnehmen, weil ja die Wahrheit allein Früchte trägt bis zum ewigen Leben."

Da erwiderte Andreas: „Wie soll man nun die Wahrheit erkennen?"

Jesus antwortete: „Alles, was mit dem Buch des Moses übereinstimmt, das nehmet als wahr an; denn wie Gott eins ist, so ist die Wahrheit eins, woraus folgt, daß die Lehre eins ist und daß die Bedeutung der Lehre eins ist, und daher ist der Glaube eins. Wahrlich, ich sage euch, wäre die Wahrheit nicht ausgelöscht worden aus dem Buche Moses, Gott hätte unserem Vater David nicht das zweite gegeben. Und wäre das Buch David nicht verunreinigt, Gott hätte mir nicht das Evangelium anvertraut; denn der Herr unser Gott ist ja unveränderlich und hat nur eine einzige Botschaft gesprochen zu allen Menschen.

Wenn also der Gesandte Gottes kommen wird, wird er kommen und mein Buch von all dem reinigen, mit dem die Gottlosen es verunreinigt haben."

Es erwiderte der, der dies schreibt: „O Herr, was soll der Mensch tun, wenn das Gesetz verunreinigt sein wird und der falsche Prophet sprechen wird?"

Jesus antwortete: „Groß ist deine Frage, o Barnabas; darum sage ich dir, daß in solch einer Zeit wenige gerettet werden, da die Menschen ihr Ziel nicht bedenken, welches Gott ist. So wahr Gott lebt, in dessen Gegenwart meine Seele steht: Jede Lehre, die den Menschen von seinem Ziel abhält, welches Gott ist, ist eine höchst üble Lehre. Drei Dinge sollst du darum in einer Lehre betrachten, nämlich die Liebe zu Gott, die Liebe zum Nächsten und den Haß auf dich selbst, der du gesündigt hast gegen Gott und dich täglich versündigst.

Vermeide also jede Lehre, die zu diesen drei Grundsätzen im Widerspruch steht, denn sie ist von großem Übel.

125. Über Habgier, Almosen und Reue

Ich werde nun auf die Habgier zurückkommen, und ich sage euch: Wenn die Sinne gerne ein Ding besitzen würden oder hartnäckig an ihm festhalten, dann muß der Verstand sagen: ‚Solch ein Ding wird ein Ende haben.' Wenn es also ein Ende haben wird, ist es gewißlich verrückt, es zu lieben. Darum geziemt es sich, dasjenige zu lieben und zu bewahren, welches kein Ende haben wird.

Es möge also die Habgier in Almosen verwandelt werden, damit gerecht verteilt wird, was der Mensch zu Unrecht erworben hat.

Und lasset ihn darauf achtgeben, daß die linke Hand nicht weiß, was die rechte gibt. Denn wenn die Heuchler Almosen spenden, wollen sie von der Welt gesehen und gepriesen werden. Aber sie sind wahrhaft eitel, denn der Mensch erhält ja seinen Lohn von dem, für den er arbeitet. Wenn nun der Mensch etwas von Gott bekommen möchte, ziemt es sich für ihn, Gott zu dienen.

Und achtet darauf, wenn ihr Almosen spendet, daß ihr alles, was ihr Gott gebt, aus Liebe zu Gott gebt. Darum seid nicht faul im Geben und gebt vom Besten, was ihr habt, aus Liebe zu Gott.

Sagt mir, wünscht ihr, von Gott etwas zu bekommen, was schlecht ist? Sicherlich nicht, o Staub und Asche! Wie könnt ihr euch selbst also trauen, wenn ihr etwas Schlechtes gäbet aus Liebe zu Gott?

Es wäre besser, nichts zu geben als etwas Schlechtes, denn wenn ihr nichts gebt, habt ihr in den Augen der Welt eine Ausrede; aber wenn ihr etwas Wertloses gebt und das Beste für euch selbst behaltet, welche Ausrede habt ihr dann?

Und dies ist alles, was ich euch über die Reue zu sagen habe."

Bartholomäus erwiderte: „Wie lange soll die Reue dauern?"

Jesus antwortete: „Solange der Mensch im Zustand der Sünde ist, sollte er stets bereuen und dafür Buße tun. Und da das menschliche Leben allzeit sündigt, sollte es allzeit bereuen, es sei denn, ihr nehmt eure Schuhe wichtiger als eure Seele, denn jedesmal, wenn eure Schuhe Löcher bekommen, flickt ihr sie zusammen."

126. Die Aussendung der Jünger

JESUS VERSAMMELTE SEINE Jünger und schickte sie zu zweien durch das Land Israel, und er sprach: „Gehet und predigt ebenso, wie ihr es gehört habt."

Da verneigten sie sich, und er legte seine Hand auf ihr Haupt und sprach: „Im Namen Gottes, gebt den Kranken Gesundheit, treibt die Dämonen aus und nehmt jenen Irrtum über mich von Israel hinweg, indem ihr ihnen all das berichtet, was ich vor dem Hohenpriester sagte."

Also brachen sie auf, außer dem, der dies schreibt, und Jakobus und Johannes; und sie zogen durch ganz Judäa und predigten Buße, wie Jesus es ihnen gesagt hatte, und sie heilten jede Art von Krankheit. Und so bewahrheiteten sich in Israel die Worte Jesu, daß Gott Einer ist und daß Jesus Gottes Prophet ist, als sie nämlich sahen, daß so viele das taten, was Jesus bei der Heilung der Kranken tat.

Aber die Söhne des Teufels fanden einen anderen Weg, um Jesus zu verfolgen, und das waren die Priester und Schriftgelehrten. Sie begannen daraufhin zu sagen, daß Jesus die Königsherrschaft über Israel wolle.

Aber sie fürchteten das einfache Volk und betrieben daher ihre Verschwörung gegen Jesus im geheimen.

Als die Jünger durch ganz Judäa gezogen waren, kehrten sie zu Jesus zurück, der sie empfing wie ein Vater seine Söhne und sprach: „Sagt mir, was hat der Herr unser Gott gewirkt? Ich sah gewiß, wie Satan euch vor die Füße fiel und ihr ihn zertratet, ebenso wie der Weinbauer die Trauben austritt!"

Sie antworteten: „O Herr, wir haben unzählige Kranke geheilt und viele Dämonen ausgetrieben, welche die Menschen quälten."

Jesus sagte: „Gott vergebe euch, o Brüder, denn ihr habt gesündigt bei den Worten: ‚Wir haben geheilt', wo es doch Gott ist, der alles getan hat."

Da sagten sie: „Wir haben töricht geredet; lehre uns darum, wie wir reden sollen."

Jesus erwiderte: „Bei jedem guten Werk sagt: ‚Gott hat's gewirkt', und bei jedem schlechten sagt: ‚Ich habe gesündigt'."

„Dies wollen wir tun", sagten die Jünger.

Da sagte Jesus: „Nun, was sagt Israel, nachdem sie gesehen haben, daß Gott durch die Hände so vieler Menschen das tat, was Gott durch meine Hände getan hat?"

Die Jünger antworteten: „Sie sagen, daß Gott Einer ist und daß du Gottes Prophet bist."

Jesus erwiderte mit fröhlicher Miene: „Gesegnet sei der heilige Name Gottes, der meinen Wunsch nicht verschmähte, der ich sein Diener bin." Und als er so gesprochen hatte, begaben sie sich zur Ruhe.

127. Jesus predigt über Demut und Stolz

JESUS VERLIESS DIE Wüste und ging nach Jerusalem hinein, worauf das ganze Volk zum Tempel lief, um ihn zu sehen. Nach Verlesung der Psalmen also stieg Jesus auf den höchsten Punkt hinauf, auf den für gewöhnlich der Schriftgelehrte stieg, und nachdem er mit der Hand das Zeichen zum Schweigen gegeben hatte, sagte er: „Gesegnet sei der heilige Name Gottes, o Brüder, der uns aus dem Lehm der Erde erschuf und nicht aus feurigem Geist. Denn wenn wir sündigen, finden wir Gnade vor Gott, welche der Satan niemals finden wird, da er unverbesserlich ist in seinem Stolz, wenn er sagt, daß er stets dadurch erhaben sei, daß er feuriger Geist ist.

Habt ihr gehört, Brüder, was unser Vater David von Gott sagt, daß er bedenkt, daß wir Staub sind und daß unser Geist geht und nicht wiederkehrt, und daß er darum Erbarmen mit uns hat? Gesegnet sind, die diese Worte verstehen, denn sie werden sich nicht auf ewig gegen ihren Herrn versündigen, da sie nach dem Sündigen bereuen und ihre Sünde daher nicht von Dauer ist. Wehe denen, die sich erhöhen, denn sie werden zu brennender Kohle der Hölle erniedrigt werden. Sagt mir, Brüder, aus welchem Grund sich der Mensch erhöht. Gibt es etwa irgend etwas Gutes hier auf Erden? Gewiß nicht, denn wie Salomon, der Prophet Gottes, sagt: ‚Alles, was unter der Sonne ist, ist Eitelkeit.'

Wenn uns aber die Dinge der Welt keinen Grund dazu geben, in unseren Herzen Überheblichkeit zu haben, um wieviel weniger gibt uns dann unser Leben Grund hierzu; denn es ist ja mit viel Mühsal beladen, weil uns alle Geschöpfe bekämpfen, die doch geringer sind als der Mensch. O wie viele wurden durch brennende Sommerhitze getötet; wie viele wurden durch Frost und Kälte des Winters getötet; wie viele wurden durch Blitz und Hagel getötet; wie viele ertranken im Meer durch die Wut der Winde, wie viele starben an der Pest oder an Hungersnot oder weil sie von wilden Tieren verschlungen oder von Schlangen gebissen wurden oder beim Essen erstickten! O unglückseliger Mensch, der sich erhöht, obwohl er durch so vieles niedergedrückt wird und ihm überall ein jedes Geschöpf auflauert! Aber was soll ich über das Fleisch und die Sinne sagen, die nur das Böse begehren, über die Welt, die nichts als Sünde bietet, und über die Gottlosen, die dem Satan dienen und all die verfolgen, die nach Gottes Gesetz leben wollen? Es ist gewißlich so, ihr Brüder, wie es unser Vater David sagte: ‚Wenn der Mensch sich die Ewigkeit vor Augen hielte, würde er nicht sündigen.'

Wer im Herzen Überheblichkeit hat, der verschließt sich dem Mitleid und Erbarmen Gottes, so als würde dieser nicht verzeihen. Denn unser Vater David sagt, daß unser Gott bedenkt, daß wir Staub sind und daß unser Geist geht und nicht wiederkehrt. Wer sich also erhöht, der verneint, daß er Staub ist; und da er also seine Not nicht kennt, bittet er nicht um Hilfe, und er zürnt so Gott, seinem Helfer. So wahr Gott lebt, in dessen Gegenwart meine Seele steht: Würde Satan sein eigenes Elend erkennen, Gott würde ihm verzeihen, wenn Satan seinen Schöpfer um Erbarmen bitten würde, welcher auf immer gepriesen sei.

128. Gegen die Götzendienerei
Das Gleichnis vom
Pharisäer und vom Zöllner

ALSO SAGE ICH euch, Brüder, der ich ein Mensch bin aus
Staub und Lehm und auf Erden wandle: Tut Buße und erkennt eure Sünden. Ich sage euch, Brüder, daß euch Satan
mit Hilfe der römischen Soldaten täuschte, als er sagte, ich
sei Gott. Hütet euch also davor, ihnen zu glauben, da sie dem
Fluche Gottes anheimgefallen sind und falschen und lügnerischen Göttern dienen; auch unser Vater David sprach einen Fluch über sie aus, indem er sagte: ‚Die Götter der Völker sind Silber und Gold, das Werk ihrer Hände; sie haben
Augen und sehen nicht, haben Ohren und hören nicht,
haben Nasen und riechen nicht, haben einen Mund und
essen nicht, haben eine Zunge und sprechen nicht, haben
Hände und greifen nicht, haben Füße und gehen nicht.'
Darum sagte unser Vater David, als er zu unserem lebendigen Gott betete: ‚Sie mögen sein wie jene, die sie machen und
in die sie ihr Vertrauen setzen.'

O unerhörter Stolz, dieser Stolz des Menschen, der, von
Gott aus Erde erschaffen, seine Beschaffenheit vergißt und
wohl gerne Gott nach seinem Gutdünken machen würde!
Hierin verspottet er Gott im stillen, als würde er sagen: ‚Gott
zu dienen, ist sinnlos.' Denn so zeigen es ihre Werke. Dies
wollte Satan aus euch machen, o Brüder, indem er euch glauben macht, ich sei Gott; denn ich, der ich keine Fliege zu
erschaffen vermag und der ich vergänglich und sterblich bin,
ich kann euch nichts von Nutzen geben, wo ich doch selbst
aller Dinge bedarf. Wie also könnte ich euch bei allen Dingen helfen, was zu tun doch Gottes Sache ist?

Werden wir es etwa den Heiden und ihren Göttern gleich-
tun, wir, die wir als Gott den großen Gott haben, der das
Universum durch sein Wort erschuf?

Es waren zwei Männer, die hierher in den Tempel kamen, um zu beten; der eine war ein Pharisäer und der andere ein Zöllner. Der Pharisäer ging in die Nähe des Heiligtums, er betete mit erhobenem Haupt und sprach: ‚Ich sage dir Dank, mein Herr und Gott, weil ich nicht wie andere Menschen bin, wie die Sünder, die jede Sünde begehen, und besonders wie dieser Zöllner. Denn ich faste zweimal in der Woche und gebe den Zehnten von allem, was ich besitze.‘

Der Zöllner blieb in einiger Entfernung stehen und verbeugte sich bis zur Erde, und indem er sich auf die Brust schlug, sprach er mit gesenktem Haupt: ‚Herr, ich bin nicht würdig, den Himmel anzuschauen oder dein Heiligtum, denn ich habe viel gesündigt; erbarme dich meiner!‘

Wahrlich, ich sage euch, daß der Zöllner besser vom Tempel hinunterging als der Pharisäer, weil unser Gott ihn rechtfertigte und ihm all seine Sünden vergab. Der Pharisäer aber ging schlechter hinunter als der Zöllner, denn unser Gott wies ihn ab, und seine Werke waren ihm ein Greuel.

129. Jesus im Hause Simons

SOLL SICH DENN die Axt rühmen, den Wald gerodet zu haben, in dem ein Mensch einen Garten angelegt hat? Gewiß nicht; denn all das hat der Mensch getan und überdies die Axt mit seinen Händen gemacht.

Und sollst du, o Mensch, dich rühmen, irgend etwas getan zu haben, was gut ist, wo unser Gott dich doch aus Lehm erschuf und, wenn dir etwas Gutes widerfährt, Gott es gewirkt hat?

Und warum siehst du auf deinen Nächsten herab? Weißt du nicht, daß du schlimmer wärest als Satan, wenn Gott dich nicht vor Satan beschützt hätte?

Weißt du denn nicht, daß eine einzige Sünde aus dem schönsten Engel den widerwärtigsten Dämonen machte?

Und daß sie den vollkommensten Menschen, der in diese Welt gekommen ist, nämlich Adam, zu einem armseligen Wesen machte, indem er ihn leiden ließ, was wir leiden, und ebenso seine gesamte Nachkommenschaft? Welche Vollmacht hast du denn, die dir erlaubt, für dein eigenes Vergnügen zu leben ohne jede Furcht? Wehe dir, o Lehm, denn du hast dich höher als Gott gestellt, der dich erschuf, und darum wirst du zu Füßen Satans liegen, der dir auflauert."

Und als Jesus so gesprochen hatte, betete er, die Hände zum Herrn erhebend, und das Volk sagte: „So sei es! So sei es!" Als er das Gebet beendet hatte, kam er herunter. Da wurden viele Kranke zu ihm geführt, welche er heilte, und er verließ den Tempel. Und Simon, ein Aussätziger, den Jesus gereinigt hatte, lud ihn ein, Brot zu essen.

Die Priester und Schriftgelehrten, die Jesus haßten, berichteten den römischen Soldaten, was Jesus gegen ihre Götter gesprochen hatte. Denn sie wollten ihn tatsächlich töten, fanden aber keinen Weg, weil sie das Volk fürchteten.

Als Jesus in das Haus des Simon hineingegangen war, setzte er sich zu Tisch nieder. Und während er beim Essen war, siehe, da kam eine Frau namens Maria, eine öffentliche Sünderin, in das Haus hinein und warf sich Jesus zu Füßen, wusch diese mit ihren Tränen, salbte sie mit kostbaren Salben und trocknete sie mit dem Haar ihres Hauptes.

Simon war empört und ebenso alle, die zu Tische saßen, und sie sprachen in ihren Herzen: „Wäre dieser Mann ein Prophet, dann wüßte er, wer und von welcher Art diese Frau ist, und er würde ihre Berührung nicht dulden."

Da sagte Jesus: „Simon, ich muß dir etwas sagen."

Simon erwiderte: „Sprich, o Herr, denn ich begehre dein Wort."

Jesus sagte: „Da war ein Mann, der hatte zwei Schuldner. Der eine schuldete seinem Gläubiger fünfzig Geldstücke, der andere fünfhundert. Als nun keiner von beiden etwas zurückzahlen konnte, erließ der Schuldner einem jedem die Schuld aus Mitleid. Welcher von ihnen wird wohl seinen Gläubiger am meisten lieben?"

Simon antwortete: „Derjenige, dem die größere Schuld erlassen wurde."

Sagte Jesus: „Du hast wohl gesprochen; darum sage ich dir nun, sieh diese Frau an und dich selbst: Beide waret ihr ja Gottes Schuldner, der eine wegen Aussatz des Körpers, die andere wegen Aussatz der Seele, welcher die Sünde ist.

Gott unser Herr erbarmte sich durch meine Gebete und hat es gewollt, daß du an Leib und Seele geheilt wurdest. Du liebst mich darum wenig, weil du wenig geschenkt bekommen hast. Als ich dein Haus betrat, hast du mich deshalb nicht geküßt und auch nicht mein Haupt gesalbt. Aber sieh nur diese Frau an! Sofort beim Betreten des Hauses setzte sie sich mir zu Füßen, welche sie mit ihren Tränen gewaschen und mit kostbaren Salben gesalbt hat. Darum sage ich dir wahrlich, viele Sünden sind ihr vergeben, denn sie hat viel geliebt." Und er wandte sich der Frau zu und sagte: „Geh in Frieden deiner Wege, denn der Herr unser Gott hat deine Sünden vergeben; aber sieh zu, daß du nicht mehr sündigst. Dein Glaube hat dich geheilt."

131. Der Mensch ist Gottes Gast
Johannes bei Herodes

NACH DEM NACHTGEBET versammelten sich die Jünger um Jesus und sagten: „O Herr, was müssen wir tun, um dem Stolz zu entgehen?"

Jesus antwortete: „Habt ihr gesehen, wie ein Armer zu eines Fürsten Haus eingeladen wurde, um Brot zu essen?"

Johannes antwortete: „Ich habe Brot gegessen im Hause des Herodes. Ich ging ja fischen, bevor ich dich kennenlernte, und pflegte den Fisch der Familie des Herodes zu verkaufen. Und als er eines Tages ein Festmahl hielt und ich ihm einen schönen Fisch gebracht hatte, hieß er mich bleiben und dort essen."

Da sagte Jesus: „Wie konntest du nur mit Ungläubigen Brot essen? Gott vergebe dir, o Johannes! Aber sag mir, wie hast du dich an der Tafel betragen? Wolltest du den Ehrenplatz haben? Hast du um die köstlichsten Speisen gebeten? Hast du am Tisch geredet, wenn du nicht gefragt warst? Hast du dich selbst für würdiger gehalten als die anderen, bei Tisch zu sitzen?"

Johannes antwortete: „So wahr Gott lebt, ich wagte es nicht, die Augen zu erheben, da ich mich, einen armen Fischer, in schlechter Kleidung, sitzen sah unter den Edelleuten des Königs. Als mir der König dann ein kleines Stück Fleisch gab, da erschien es mir, als ob mir die Welt auf den Kopf fiele, so groß war die Gunst, die der König mir erwies. Und wahrlich sage ich, würde der König unser Gesetz halten, hätte ich ihm gerne gedient an jedem Tage meines Lebens."

Jesus rief aus: „Schweig still, Johannes, denn ich fürchte, daß Gott uns ebenso wie den Abiram in den Abgrund stürzt wegen unseres Stolzes!"

Die Jünger zitterten vor Furcht bei den Worten Jesu, und er sprach von neuem: „Laßt uns Gott fürchten, damit er uns nicht in den Abgrund werfe wegen unseres Stolzes.

O Brüder, habt ihr von Johannes gehört, wie es im Hause eines Fürsten zugeht? Wehe den Menschen, die in die Welt kommen; denn da sie im Stolze leben, werden sie in Verachtung sterben und der Verwirrung anheimfallen.

Denn diese Welt ist ein Haus, in dem Gott den Menschen ein Festmahl bereitet und in dem alle Heiligen und Propheten Gottes gespeist haben. Und wahrlich sage ich euch: Alles, was der Mensch bekommt, bekommt er von Gott. Darum soll sich der Mensch mit der größten Demut betragen, denn er kennt seine eigene Schlechtigkeit und die Größe Gottes sowie die große Güte, mit der er uns nährt. Darum ist es unrecht, wenn der Mensch sagt: ‚Ach, warum wird dies getan und dies gesagt in der Welt?‘ Vielmehr soll er sich als Unwürdiger sehen, der er in Wirklichkeit ist, in der Welt an Gottes Tafel zu sitzen. So wahr Gott lebt, in dessen Gegenwart meine Seele steht, nichts von dem, was wir in der Welt von Gott bekommen, ist so klein, als daß der Mensch nicht dafür sein Leben in Liebe zu Gott verbringen sollte.

So wahr Gott lebt, du sündigtest nicht, Johannes, da du mit Herodes aßest, denn du hast es auf Gottes Geheiß getan, damit du unser Lehrer seist und der Lehrer all derer, die Gott fürchten. Verhaltet euch so", sagte Jesus zu seinen Jüngern, „daß ihr in der Welt lebt, wie Johannes im Hause des Herodes lebte, als er Brot mit ihm aß; denn so werdet ihr wahrhaft frei von jeglichem Stolz sein."

132. Jesus spricht in Gleichnissen auf dem See von Galiläa

ALS JESUS AM See von Galiläa wandelte, umringte ihn eine große Volksmenge; er ging darum in ein kleines Boot, das abseits in einiger Entfernung vom Ufer lag, und Jesus ankerte so nahe am Ufer, daß man seine Stimme hören konnte. Da gingen alle zum See hinüber, ließen sich nieder und warteten auf seine Worte. Er hub an zu reden und sprach: „Sehet, ein Sämann ging hinaus zu säen, und als er säte, fiel ein Teil der Saat auf den Weg, wurde unter den Füßen der Menschen zertreten und von den Vögeln gefressen; ein Teil fiel auf Gestein, ging auf und wurde durch die Sonne verbrannt, weil er keine Feuchtigkeit bekam; ein Teil fiel in Hecken und wurde von den Dornen erstickt, als er zu wachsen begann; ein Teil fiel auf guten Boden und trug Früchte, sogar dreißig-, sechzig- und hundertfach.“

Und wiederum sprach Jesus: „Sehet, ein Familienvater säte gute Saat auf seinem Felde aus. Als aber die Diener des guten Mannes im Schlafe lagen, kam der Feind des Mannes, ihres Herrn, und säte Unkraut über die gute Saat. Und als das Getreide aufging, kam eine große Menge Unkraut zwischen dem Getreide zum Vorschein. Die Diener kamen zu ihrem Herrn und sagten: ‚O Herr, hast du nicht gute Saat in deinem Felde ausgesät? Wieso ist dann soviel Unkraut darin aufgegangen?‘ Der Herr antwortete: ‚Gute Saat säte ich aus, aber während die Menschen schliefen, kam der Feind des Mannes und säte Unkraut über dem Getreide aus.‘

Da sagten die Diener: ‚Willst du, daß wir hingehen und das Unkraut aus dem Getreide herausziehen?‘

Der Herr antwortete: ‚Tut dies nicht, denn ihr würdet das Getreide mitherausziehen; wartet vielmehr, bis die Zeit der Ernte kommt. Dann nämlich sollt ihr hingehen und das Unkraut aus dem Getreide herausziehen und ins Feuer zum Verbrennen werfen; das Getreide aber sollt ihr in meine Kornkammer bringen.‘“

Wiederum sagte Jesus: „Vierzig Männer gingen aus, um Feigen zu verkaufen. Als sie jedoch auf dem Markte angekommen waren, siehe, da wollten die Menschen nicht gute Feigen, sondern schöne Blätter. Daher konnten die Männer ihre Feigen nicht verkaufen. Und ein Bösewicht sah dies und sagte: ‚Gewiß kann ich reich werden.‘ Da rief er seine beiden

Söhne und sagte: ‚Gehet und sammelt eine große Menge Blätter mit schlechten Feigen.' Und diese ließen sie mit Gold aufwiegen und verkauften sie hierfür, denn die Menschen fanden großen Gefallen an den Blättern. Daraufhin wurden die Menschen, die die Feigen gegessen hatten, von schwerer Krankheit heimgesucht."

Wiederum sprach Jesus: „Sehet, ein Mann hat einen Brunnen, aus welchem alle Nachbarn Wasser schöpfen, um ihre Unreinheit abzuwaschen; jener Mann aber läßt seine eigenen Kleider verschmutzen."

Wiederum sprach Jesus: „Da gingen zwei Männer aus, um Äpfel zu verkaufen. Der eine nahm sich vor, die Apfelschalen für ihr Gewicht in Gold zu verkaufen und kümmerte sich nicht um die eigentlichen Äpfel. Der andere wollte die Äpfel weggeben und nur etwas Brot für die Reise dafür haben. Aber die Menschen kauften die Apfelschalen für ihr Gewicht in Gold und kümmerten sich nicht um den, der sie gerne verschenkt hätte, ja sie verachteten ihn sogar."

Und so sprach Jesus an jenem Tage in Gleichnissen zu den Menschen. Und er verabschiedete sie und ging mit seinen Jüngern nach Nain, wo er den Sohn der Witwe zum Leben erweckt hatte; jener empfing ihn mit seiner Mutter in seinem Hause und bewirtete ihn.

133. Die Deutung der Gleichnisse

DIE JÜNGER JESU setzten sich zu ihm und baten ihn: „O Herr, sag uns, was die Gleichnisse bedeuten, die du dem Volk erzählt hast."

Jesus erwiderte: „Die Stunde des Gebets ist nahe; wenn aber das Abendgebet beendet ist, werde ich euch die Bedeutung der Gleichnisse erklären."

Als das Gebet beendet war, kamen die Jünger zu Jesus, und er sprach zu ihnen: „Der Mensch, der Saat aussät auf dem Wege, auf Steinen, auf Dornen, auf gutem Boden, ist der, der das Wort Gottes lehrt, welches auf viele Menschen fällt.

Es fällt auf den Weg, wenn es zu Ohren der Seefahrer und Kaufleute kommt, denen die Erinnerung an Gottes Wort durch Satan genommen wird, weil sie lange Reisen unternehmen und mit den verschiedenen Völkern Handel treiben. Es fällt auf Gestein, wenn es zu Ohren der Höflinge kommt, in die das Wort Gottes nicht hineingelangt, weil diese sehr darauf bedacht sind, dem Körper eines Fürsten zu dienen. Und obwohl sie eine gewisse Erinnerung an Gottes Wort haben, entfällt es doch bei der kleinsten Unruhe ihrem Gedächtnis; denn da sie Gott nicht dienen, können sie nicht auf Gottes Hilfe hoffen.

Es fällt zwischen Dornen, wenn es zu Ohren derer kommt, die ihr eigenes Leben lieben; denn obwohl Gottes Wort auf ihnen wächst, ersticken sie die gute Saat des Gotteswortes, wenn fleischliche Begierde sich regt, weil der Mensch sich wegen fleischlicher Genüsse von Gottes Wort abwendet. Wenn Gottes Wort zu Ohren dessen kommt, der Gott fürchtet, dann fällt es auf guten Boden und bringt Früchte des ewigen Lebens hervor. Wahrlich, ich sage euch, immer wenn der Mensch Gott fürchtet, wird Gottes Wort Früchte in ihm tragen.

Von jenem Familienvater aber sage ich euch wahrlich, daß er Gott unser Herr ist, Vater aller Dinge, da er alle Dinge erschaffen hat. Er ist aber nicht Vater nach der Art der Natur, da die Bewegung ihm nicht eignet, ohne die Zeugung unmöglich ist. Es ist also unser Gott, dem die Welt gehört, und sein Feld, auf dem er aussät, ist die Menschheit, und die Saat ist das Wort Gottes. Wenn die Lehrer nun bei der Verkündigung von Gottes Wort nachlässig sind, weil sie mit weltlichen Geschäften beschäftigt sind, dann sät Satan Irrtum in den Menschenherzen aus, und hieraus sind zahllose Sekten voll sündiger Lehren entstanden.

Die Heiligen und Propheten rufen: ‚O Herr, gabst du den Menschen denn nicht gute Lehre? Wieso gibt es denn so viele Irrtümer?‘

Gott antwortet: ‚Ich gab den Menschen gute Lehre, aber während sich die Menschen der Eitelkeit hingaben, säte Satan Irrtümer aus, um mein Gesetz zunichte zu machen.‘

Die Heiligen sagen: ‚O Herr, wir werden diese Irrtümer beseitigen, indem wir die Menschen vernichten.‘

Gott erwidert: ‚Tut dies nicht, denn die Gläubigen sind mit den Ungläubigen so eng durch Verwandtschaft verbunden, daß der Gläubige mit dem Ungläubigen untergehen würde. Aber wartet ab bis zum Gericht, denn dann werden die Ungläubigen von meinen Engeln versammelt und mit Satan in die Hölle geworfen werden, während die Guten und Gläubigen in mein Königreich kommen werden.‘ Gewiß werden viele ungläubige Väter gläubige Söhne zeugen, um derentwillen Gott wartet, daß die Welt bereue.

134. Weitere Gleichnisdeutung
Die Unterscheidung wahrer von falscher Lehre

DIE, DIE GUTE Feigen tragen, sind die wahren Lehrer, die gute Lehre predigen, aber die Welt, die an Lügen Vergnügen findet, will von den Lehrern die Blätter der schönen Worte und der Schmeichelei. Satan, der dieses sieht, verbündet sich mit dem Fleisch und den Sinnen und bringt eine große Menge Blätter herbei, das heißt, einen Haufen irdischer Dinge, in welchen er die Sünde verbirgt, und wenn der Mensch die bekommt, wird er krank, und ewiger Tod ist ihm bereitet.

Der Mann, der das Wasser hat und anderen gibt, damit sie ihre Unreinheit abwaschen, seine eigenen Kleider aber verschmutzen läßt, ist der Lehrer, der anderen Reue predigt und selbst in Sünde lebt.

O Unglücklicher, denn nicht die Engel, sondern seine eigene Zunge schreibt die Strafe in den Himmel, die ihm gebührt.

Wenn einer die Zunge eines Elefanten hätte und sein übriger Körper klein wie der einer Ameise wäre, wäre dies nicht ungeheuerlich? Ja, sicherlich. Nun sage ich euch wahrlich, daß der von noch größerer Ungeheuerlichkeit ist, der anderen Reue predigt, selbst aber seine Sünden nicht bereut.

Mit den zwei Männern, die Äpfel verkaufen, verhält es sich so: Der eine predigt aus Liebe zu Gott; darum schmeichelt er niemandem, sondern predigt in Wahrheit und will nichts als die Speise der Armen. So wahr Gott lebt, in dessen Gegenwart meine Seele steht, einen solchen Menschen heißt die Welt nicht willkommen, sondern sie verachtet ihn. Wer aber die Schale für ihr Gewicht in Gold verkauft und den Apfel verschenkt, der predigt, um den Menschen zu gefallen; und da er so der Welt schmeichelt, richtet er die Seele zugrunde, die seiner Schmeichelei folgt. Ach, wie viele hieran zugrunde gegangen sind!"

Da antwortete der, der dies schreibt, und sprach: „Wie soll man Gottes Wort hören, und wie soll man wissen, ob jemand aus Liebe zu Gott predigt?"

Jesus antwortete: „Wenn jemand predigt, sollte man ihn genauso anhören, als würde Gott sprechen, wenn er gute Lehre predigt; denn Gott spricht durch seinen Mund. Wer aber nicht die Sünde verurteilt, auf bestimmte Menschen Rücksicht nimmt und ihnen schmeichelt, den sollte man meiden wie eine furchteinflößende Schlange, denn er vergiftet wahrhaftig der Menschen Herz.

Begreift ihr? Wahrlich, ich sage euch, so wie ein Verwundeter keinen schönen Verband braucht, seine Wunden zu verbinden, sondern vielmehr eine gute Salbe, ebenso braucht der Sünder keine schönen Worte, sondern kräftigen Tadel, damit er aufhört zu sündigen."

DA SAGTE PETRUS: „O Herr, sag uns, wie die Qual der Verlorenen sein wird und wie lange sie in der Hölle sein werden, damit der Mensch die Sünde meidet."

Jesus erwiderte: „O Petrus, groß ist deine Frage, dennoch werde ich dir antworten, wenn es Gott gefällt. Wisse also, daß die Hölle eins ist und doch sieben Teile hat, von denen einer unter dem anderen liegt. Denn da es sieben Arten von Sünde gibt, hat Satan sieben Tore zur Hölle geschaffen, in denen sieben Strafen sind.

Denn der Stolze, der im Herzen der Hochmütigste ist, wird in den tiefsten Teil geworfen werden, nachdem er all die darüberliegenden Teile durchschritten und alle Schmerzen gelitten hat, die es dort gibt. Und so wie er hier mehr als Gott zu sein sucht, da er nach eigenem Gutdünken tun will und nicht so, wie es Gott befohlen hat, und da er keinen über sich dulden will, ebenso wird er dort Satan und seinen Teufeln zu Füßen geworfen werden, die ihn zertreten werden, wie man Weintrauben zertritt, wenn Wein gemacht wird, und er wird von Teufeln verlacht und verspottet werden.

Der Neider, der sich giftet über das Wohlergehen seines Nächsten und sich an dessen Mißgeschick erfreut, wird in den sechsten Teil hinuntergehen, und dort wird er von den Giftzähnen zahlreicher Höllenschlangen in Stücke gerissen werden.

Und es wird ihm scheinen, als freue sich alles in der Hölle an seiner Qual und trauere, daß er nicht in den siebten Teil hinuntergegangen ist. Denn obwohl die Verdammten keiner Freude fähig sind, wird es dem unglücklichen Neider durch Gottes Gerechtigkeit dennoch so scheinen, als werde er wie in einem Traum von jemandem mit Füßen getreten und fühle hierob Qualen – eben so wird die Lage sein, in der sich der unglückselige Neider befindet. Denn wo es überhaupt keine Freude gibt, wird es ihm scheinen, als freue sich ein jeder über sein Unglück und trauere darüber, daß es ihm nicht noch schlechter geht.

Der Habgierige wird in den fünften Teil hinuntergehen, wo er äußerste Armut erleiden wird, wie sie der reiche Schlemmer erlitten hat. Und um seine Qual zu vergrößern, werden die Dämonen ihm anbieten, was er begehrt; und wenn er es in Händen haben wird, werden andere Teufel es ihm gewaltsam entreißen mit den Worten: ‚Gedenke, daß du nicht geben wolltest aus Liebe zu Gott; daher will Gott nicht, daß du nun empfängst.'

O unglücklicher Mensch! Nun wird er in einem Zustand sein, daß er sich des vergangenen Überflusses erinnert und die gegenwärtige Not begreift und daß er ewige Seligkeit hätte erwerben können mit den Gütern, die er dann nicht haben darf!

In den vierten Teil wird der Lüstling hineingehen; dort werden die, die den von Gott gegebenen Weg verlassen haben, sein wie Getreide, welches im brennenden Dung des Teufels gekocht wird. Und dort werden sie von fürchterlichen Höllenschlangen umarmt werden. Und die mit den Huren gesündigt haben, denen werden all jene unreinen Handlungen zur Vereinigung mit den Furien der Hölle werden, welche Dämonen gleich Frauen sind: Ihre Haare sind Schlangen, ihre Augen sind brennender Schwefel, ihr Mund ist Gift, ihre Zunge ist Galle, ihr Körper ist ganz mit Widerhaken umgeben gleich jenen, mit denen man die unvorsichtigen Fische fängt, ihre Klauen sind wie die der Greifvögel, ihre Nägel sind Klingen, ihre Geschlechtsteile sind Feuer. Mit diesen nun werden alle Lüstlinge die glühenden Kohlen der Hölle genießen, welche ihr Bett sein werden.

In den dritten Teil wird der Faule gehen, der jetzt nicht arbeiten will. Hier werden Städte und riesige Paläste gebaut, und sobald sie fertiggestellt sind, werden sie sofort wieder abgerissen, weil ein einziger Stein nicht an der richtigen Stelle ist. Und diese riesigen Steine werden dem Müßiggänger aufgebürdet werden, der keine Hand frei hat, um seinen Körper beim Gehen abzukühlen und seine Bürde leichter zu machen, da der Müßiggang seinen Armen die Kraft genommen hat und seine Füße gefesselt sind von den Schlangen der Hölle.

Und was noch schlimmer ist, hinter ihm sind die Dämonen, die ihn stoßen und ihn viele Male unter seiner Last zu Fall bringen, und niemand hilft ihm, sie hochzuheben, ja obwohl sie zu schwer zu heben ist, wird ihm die doppelte Menge auferlegt.

In den zweiten Teil werden die Völler hineingehen. Hier ist nun ein solcher Mangel an Nahrung, daß es nichts zu essen geben wird außer Skorpionen und lebenden Schlangen, die solch eine Qual bereiten, daß es besser wäre, nie geboren zu sein, als solche Speise zu essen. Dort werden ihnen wahrhaftig köstliche Speisen von den Dämonen vorgesetzt werden; aber da ihnen Hände und Füße mit Fesseln aus Feuer gebunden sind, können sie nicht die Hand nach der Speise ausstrecken, wenn sie ihnen vor Augen kommt. Aber was noch schlimmer ist, die gleichen Skorpione, die er ißt, damit sie seinen Bauch verschlingen, zerreißen dem Völler die Schamteile, weil sie nicht schnell genug wieder herauskommen. Und wenn sie faulig und unsauber herauskommen, stinkend wie sie sind, werden sie von neuem gegessen.

Der Zornige geht in den ersten Teil hinunter, wo er von allen Teufeln beschimpft wird und von so vielen der Verdammten, die noch tiefer unten sind als er. Sie schmähen und schlagen ihn, heißen ihn, sich auf den Weg hinzulegen, auf dem sie gehen, und stellen sich mit dem Fuß auf seinen Hals. Doch er kann sich nicht wehren, da seine Hände und Füße gebunden sind.

Und was noch schlimmer ist, er kann seinem Zorn nicht Luft machen, indem er andere beschimpft, denn seine Zunge ist an einem Haken befestigt, wie ihn die Fleischverkäufer benutzen.

An jenem verfluchten Ort wird eine allgemeine Bestrafung sein, die allen Teilen gemeinsam ist, wie um aus verschiedenen Getreidesorten Brot zu machen. Denn Feuer, Eis, Gewitter, Blitze, Schwefel, Hitze, Kälte, Wind, Furcht und Raserei werden durch Gottes Gerechtigkeit derart vereinigt werden, daß die Kälte nicht die Hitze mildern wird und nicht das Feuer das Eis, sondern ein jedes wird dem unglücklichen Sünder Qualen bereiten.

136. Der Gesandte Gottes in der Hölle

AN DIESEM VERFLUCHTEN Ort werden die Ungläubigen für immer bleiben, und wäre die Welt voller Hirsekörner und ein einziger Vogel käme einmal in hundert Jahren, ein einziges Korn wegzunehmen, um die Welt leerzumachen, und würden die Ungläubigen dann, wenn sie leer wäre, ins Paradies eingehen – sie wären erfreut. Aber es gibt diese Hoffnung nicht, denn ihre Qual kann nicht enden, da sie nicht willens waren, aus Liebe zu Gott von ihrer Sünde abzulassen.

Aber die Gläubigen werden Trost finden, denn ihre Qual wird ein Ende haben."

Die Jünger erschraken, als sie dies hörten, und sagten: „Dann müssen die Gläubigen also in die Hölle gehen?"

Jesus antwortete: „Ein jeder, er mag sein, wer er will, muß in die Hölle gehen. Es ist jedoch wahr, daß die Heiligen und Propheten Gottes dort hingehen werden, um die Strafe zu schauen und nicht um sie zu erleiden, und die Rechtschaffenen nur, um sich zu fürchten. Und was soll ich sagen? Ich sage euch, daß sogar der Gesandte Gottes dort hinkommen wird, die Gerechtigkeit Gottes zu schauen. Dann wird die

Hölle beben durch seine Gegenwart. Und da er einen menschlichen Körper hat und allen, welche einen menschlichen Körper haben, Strafe zuteil werden wird, werden diese so lange ohne Strafe bleiben, wie der Gesandte Gottes bleiben wird, die Hölle zu sehen. Aber er wird nur für die Dauer eines Augenblicks dort verweilen.

Und dies wird Gott tun, damit jedes Geschöpf wisse, daß es Wohltaten von dem Gesandten Gottes empfängt.

Wenn er dorthin kommt, werden alle Teufel aufschreien und sich unter den brennenden Kohlen verstecken wollen, und sie werden zueinander sprechen: ‚Fliehet, fliehet, denn hier kommt Mahomet, unser Feind!' Wenn Satan dieses hört, wird er sich mit beiden Händen aufs Gesicht schlagen, und er wird aufschreien: ‚Du bist edler als ich mir zum Verdruß, und dies ist ungerecht!'

Was die Gläubigen betrifft, von denen es zweiundsiebzig Stufen gibt, so werden diejenigen der letzten beiden Stufen, die Glauben hatten ohne gute Werke – die einen waren traurig über gute Werke, die anderen hatten Freude am Bösen –, sie also werden siebzigtausend Jahre lang in der Hölle bleiben.

Danach wird der Engel Gabriel in die Hölle kommen und hören, wie sie sagen: ‚O Mahomet, was ist mit den Versprechen, die du uns gegeben hast, als du sagtest, daß die, die deinen Glauben haben, nicht für immer in der Hölle bleiben werden?'

Darauf wird der Engel Gottes ins Paradies zurückkehren, und er wird sich dem Gesandten Gottes ehrerbietig nähern und ihm alles berichten, was er gehört hat.

Dann wird der Gesandte Gottes zu Gott sprechen und sagen: ‚Herr mein Gott, gedenke des Versprechens, das du mir, deinem Diener, machtest die betreffend, die meinen Glauben empfangen haben, daß sie nicht für immer in der Hölle bleiben werden.'

Gott wird antworten: ‚Erbitte, was du willst, o mein Freund, denn ich werde dir alles geben, worum du bittest.'

137. Die Fürsprache durch den Gesandten

DANN WIRD DER Gesandte Gottes sagen: ‚O Herr, da sind Gläubige, die siebzigtausend Jahre lang in der Hölle waren. Wo, o Herr, ist dein Erbarmen? Ich bitte dich inständig, Herr, sie von diesen bitteren Strafen zu befreien.'

Dann wird Gott zu den vier Engeln sagen, die er am meisten liebt, sie sollen zur Hölle gehen und jeden herausholen, der den Glauben seines Gesandten hat, und ihn ins Paradies geleiten. Und dies werden sie tun.

Und der Glaube an den Gesandten Gottes wird von solchem Vorteil sein, daß die, die an ihn geglaubt haben werden, auch wenn sie keine guten Werke getan haben, da sie in diesem Glauben starben, nach der Bestrafung, über die ich gesprochen habe, ins Paradies eingehen werden."

138. Das Wunder der Ernte

FRÜH AM NÄCHSTEN Morgen kamen alle Männer der Stadt und mit ihnen die Frauen und Kinder zu dem Haus, wo Jesus und seine Jünger waren, und sie baten ihn und sprachen: „Herr, hab Erbarmen mit uns, denn die Würmer haben dieses Jahr das Getreide aufgefressen, und wir werden dieses Jahr kein Brot in unserem Lande haben."

Jesus erwiderte: „Was fürchtet ihr euch! Wißt ihr nicht, daß Elias, der Diener Gottes, während der dreijährigen Verfolgung durch Ahab kein Brot sah und sich nur von Kräutern und wilden Früchten ernährte? Unser Vater David, Gottes Prophet, aß zwei Jahre lang wilde Früchte und Kräuter, als er von Saul verfolgt wurde, und nur zweimal aß er Brot."

Die Männer entgegneten: „Herr, sie waren Propheten Gottes und ernährten sich von der Freude des Geistes, und so ertrugen sie es wohl; aber wie soll es diesen Kleinen ergehen?" Und sie zeigten ihm ihre große Kinderschar. Da wurde Jesus von Mitleid über ihr Mißgeschick ergriffen und sagte: „Wie lange ist es bis zur Ernte?" Sie antworteten: „Zwanzig Tage."

Da sagte Jesus: „Laßt uns sehen, daß wir diese zwanzig Tage mit Fasten und Beten zubringen; denn Gott wird sich eurer erbarmen. Wahrlich, ich sage euch, Gott hat diese Hungersnot verursacht, weil hier die Torheit der Menschen und die Sünde Israels begann, als sie sagten, ich sei Gott oder Gottes Sohn."

Als sie neunzehn Tage lang gefastet hatten, sahen sie am Morgen des zwanzigsten Tages, daß die Felder und Hügel mit reifem Getreide bedeckt waren. Daraufhin liefen sie zu Jesus und erzählten ihm alles. Und als Jesus es vernommen hatte, sagte er Gott Dank und sprach: „Gehet, Brüder, und sammelt das Brot ein, das Gott euch gegeben hat." Die Männer holten so viel Getreide ein, daß sie nicht wußten, wo sie es unterbringen sollten; und dies verursachte eine Fülle in Israel.

Die Bürger beriefen eine Versammlung ein, um Jesus zu ihrem König zu machen; als er dies erfuhr, floh er vor ihnen. Darauf suchten die Jünger ihn fünfzehn Tage lang.

139. Jesus spricht über seine Verfolgung

JESUS WURDE VON Jakobus und Johannes bei dem gefunden, der dies schreibt. Und weinend sprachen sie: „O Herr, warum bist du vor uns geflohen? Wir haben dich voller Trauer gesucht; ja, all deine Jünger suchen unter Tränen nach dir." Jesus erwiderte: „Ich bin geflohen, weil ich weiß, daß eine Horde Teufel mir auflauert, das werdet ihr bald sehen. Denn die Oberen der Priester und die Ältesten des Volkes werden sich gegen mich erheben und vom römischen Statthalter die Vollmacht erwirken, mich zu töten, weil sie fürchten, daß ich die Königsmacht über Israel an mich reißen werde. Ich werde überdies von einem meiner Jünger verkauft und verraten werden wie Joseph, der nach Ägypten verkauft wurde. Aber Gott der Gerechte wird ihn zu Fall bringen, wie der Prophet David sagt: ‚Er wird den in eine Grube stürzen, der seinem Nächsten eine Falle stellt.‘ Denn Gott wird mich aus ihren Händen erretten und mich von dieser Welt hinwegnehmen."

Die drei Jünger fürchteten sich, aber Jesus tröstete sie und sagte: „Fürchtet euch nicht, denn von euch wird mich keiner verraten." Darüber waren sie ein wenig getröstet.

Am folgenden Tage kamen sechsunddreißig der Jünger Jesu, jeweils zu zweien; und er blieb in Damaskus in Erwartung der anderen. Und es trauerte ein jeder von ihnen, da sie wußten, daß Jesus diese Welt verlassen mußte. Daher begann er zu reden und sprach: „Unglücklich ist gewißlich jener, der geht, ohne zu wissen wohin; aber unglücklicher noch ist jener, der in der Lage ist zu wissen, wie er eine gute Herberge erreicht, und dennoch unbedingt auf der schlammigen Straße bleiben will, im Regen und von Räubern bedroht. Sagt mir, Brüder, ist diese Welt unsere Heimat?

Sicher nicht, denn der erste Mensch wurde in die Welt hineingeworfen wie in eine Verbannung; und hierin erleidet er die Strafe für sein Vergehen. Gibt es denn einen Verbannten, der nicht in sein eigenes reiches Land zurückkehren möchte, wenn er sich in Armut befindet! Sicher leugnet es die Vernunft, aber die Erfahrung beweist, daß die nicht an den Tod denken, welche die Welt lieben; und wer zu ihnen hierüber spricht, dessen Rede wollen sie nicht hören.

140. Über den Tod

GLAUBT MIR, O MENSCHEN, daß ich in die Welt mit einem
Vorrecht gekommen bin, welches kein Mensch gehabt hat,
und auch der Gesandte Gottes wird es nicht haben; Gott
erschuf ja den Menschen nicht, um ihn in die Welt zu stellen,
sondern vielmehr, um ihm einen Platz im Paradies zu geben.

Dies ist gewiß: Wer nicht darauf hofft, irgend etwas von
den Römern zu bekommen, weil sie unter einem Gesetz
stehen, welches ihm fremd ist, der ist nicht gewillt, sein Heimatland und alles, was er hat, zu verlassen, um nie mehr zurückzukehren und in Rom zu leben. Und er würde dies erst
recht nicht tun, wenn er sich in der Lage befände, den Kaiser
beleidigt zu haben. Ebenso sage ich euch wahrlich und rufe
mit Salomon, dem Propheten Gottes, aus: ‚O Tod, mit welcher Bitterkeit gedenken deiner diejenigen, die in ihren
Reichtümern Frieden finden!‘ Ich sage dies nicht, weil ich
nun sterben muß, wiewohl ich sicher bin, daß ich leben werde, bis das Ende der Welt nahe ist.

Aber ich will zu euch hiervon sprechen, damit ihr lernt zu
sterben.

So wahr Gott lebt, alles, was man falsch macht, wenn es
auch nur einmal ist, zeigt, daß man sich in einer Sache üben
muß, wenn man sie gut machen will.

Habt ihr die Soldaten gesehen, wie sie in Friedenszeiten
miteinander üben, als wären sie im Kriege? Wie soll aber der
Mensch eines guten Todes sterben, der nicht lernt, gut zu
sterben?

‚Kostbar ist der Tod der Heiligen in den Augen des
Herrn‘, sagte der Prophet David. Wißt ihr warum? Ich werde
es euch sagen: Ebenso wie alle seltenen Dinge kostbar sind,
so ist der Tod derer, die gut sterben, kostbar in den Augen
Gottes, unseres Schöpfers, weil jene selten sind.

Sicher ist, wenn ein Mensch etwas beginnt, ist ihm nicht nur daran gelegen, dies zu beenden, sondern er bemüht sich darum, seinen Plan zu einem guten Ende zu bringen.

O unglücklicher Mensch, dem seine Beinkleider mehr wert sind als er selbst, denn wenn er das Tuch zuschneidet, nimmt er sorgfältig Maß, bevor er es zuschneidet, und wenn es zugeschnitten ist, näht er es mit Sorgfalt. Sein Leben aber, welches entstanden ist, um zu vergehen – denn nur der stirbt nicht, der nicht geboren wurde –, warum wollen die Menschen dieses ihr Leben nicht an ihrem Tode messen?

Habt ihr die gesehen, die bauen, wie sie bei jedem Stein, den sie mauern, das Fundament im Blick haben und Maß nehmen, ob er gerade sitzt, damit die Mauer nicht einstürzt? O unglücklicher Mensch! Denn zu einem Trümmerhaufen wird das Gebäude seines Lebens zusammenfallen, weil er auf das Fundament des Todes nicht achtgibt!

141. Über die Vergänglichkeit des Irdischen

SAGT MIR: WENN ein Mensch geboren wird, wie wird er geboren? Sicher wird er nackt geboren. Und wenn er tot in die Erde gelegt wird, was hat er für einen Gewinn? Nicht mehr als ein Leinentuch, in das man ihn einwickelt; und dies ist die Belohnung, die die Welt ihm gibt.

Wenn nun bei jeder Arbeit die Mittel für den Anfang und das Ende tauglich sein müssen, damit die Arbeit zu einem guten Ende gebracht werde, welches Ende wird der Mensch haben, der sich irdische Reichtümer wünscht? Er wird sterben, wie David, der Prophet Gottes, sagt: ‚Der Sünder wird eines schlimmen Todes sterben.‘

Wenn jemand, der ein Stück Tuch näht, statt eines Fadens Balken in die Nadel einfädeln würde, wie würde die Arbeit enden? Er würde doch gewiß umsonst arbeiten und von seinen Nachbarn verachtet werden. Aber der Mensch sieht nicht, daß er dies fortwährend tut, wenn er irdische Güter erwirbt. Denn der Tod ist die Nadel, in welche die Balken der irdischen Güter nicht eingefädelt werden können. Dennoch versucht er in seiner Torheit fortwährend, die Arbeit zum Erfolg zu bringen, doch vergeblich.

Und wer meinen Worten keinen Glauben schenkt, der möge sich die Gräber anschauen, denn dort wird er die Wahrheit finden. Wer gerne mehr als alle anderen wissen möchte über die Gottesfurcht, der möge das Buch des Grabes studieren, denn dort wird er die wahre Lehre seines Heils finden. Denn er wird sich der Welt, des Fleisches und der Sinne zu wehren wissen, wenn er sieht, daß das Fleisch des Menschen den Würmern als Futter dienen wird.

Sagt mir, wenn es eine Straße gäbe von solcher Beschaffenheit, daß man sicher gehen würde, solange man auf der Mitte geht, sich aber das Genick bräche, wenn man am Rande ginge – was würdet ihr sagen, wenn ihr sähet, wie Menschen miteinander darum wetteiferten, wer dem Rand am nächsten kommt und sich umbringt? Wie würdet ihr euch wundern! Bestimmt würdet ihr sagen: ‚Sie sind töricht und irre, und wenn sie nicht irre sind, sind sie verzweifelt.'"

„Ebenso ist es", erwiderten die Jünger.

Da weinte Jesus und sagte: „Ebenso sind wahrlich diejenigen, welche die Welt lieben. Denn würden sie im Einklang mit der Vernunft leben, welche in der Mitte des Menschen ist, dann würden sie dem Gesetz Gottes folgen und vor dem ewigen Tod gerettet werden. Aber da sie dem Fleisch folgen und der Welt, sind sie wahnsinnig und sich selbst ein grausamer Feind, da sie darum wetteifern, wer das überheblichste und das ausschweifendste Leben führt."

ALS JUDAS, DER Verräter, sah, daß Jesus geflohen war, verlor
er die Hoffnung, in der Welt Macht zu erlangen, denn er
trug die Geldtasche Jesu, in der er alles aufbewahrte, was man
ihm aus Liebe zu Gott gegeben hatte. Er hoffte, daß Jesus
König von Israel werden würde und er dadurch ein mächti-
ger Mann. Also sagte er zu sich selbst, als er diese Hoffnung
aufgegeben hatte: „Wenn dieser Mann ein Prophet wäre,
wüßte er, daß ich ihm sein Geld stehle; dann würde er auch
die Geduld verlieren und mich aus seinen Diensten entlas-
sen, da er ja wüßte, daß ich nicht an ihn glaube. Und wenn
er ein weiser Mann wäre, würde er nicht vor der Ehre fliehen,
die Gott ihm geben will. Darum wäre es besser, ich würde
mich mit den Hohenpriestern und mit den Schriftgelehrten
und Pharisäern absprechen, um ihn an sie auszuliefern, denn
so werde ich etwas Gutes dabei herausholen." Als er seine
Entscheidung getroffen hatte, berichtete er den Schriftgelehrten und Pharisäern, was in Nain geschehen war.

Und sie berieten sich mit dem Hohenpriester und sagten:
„Was sollen wir tun, wenn dieser Mann König wird? Gewiß
wird es uns schlecht ergehen, denn er wird wohl den Gottesdienst gemäß dem alten Brauch wiederherstellen wollen und
unsere Gewohnheiten nicht dulden. Wie wird es uns wohl
unter der Herrschaft eines solchen Menschen ergehen? Wir
werden gewiß untergehen und ebenso unsere Kinder, denn
wenn man uns aus unseren Ämtern hinauswirft, werden wir
um unser Brot betteln müssen.

Nun haben wir aber – Gott sei's gelobt – einen König und
einen Statthalter, denen unser Gesetz fremd ist und die unser
Gesetz nicht kümmert, ebenso wie wir uns nicht um das ihre
bekümmern. Und so können wir das tun, wonach uns der
Sinn steht; denn obwohl wir sündigen, ist unser Gott so
barmherzig, daß er sich durch Opfer und Fasten versöhnen

läßt. Wenn aber dieser Mann König wird, wird er keine Ruhe geben, bis er den Gottesdienst so vollzogen sieht, wie es bei Moses geschrieben steht; und was noch schlimmer ist: Er sagt, daß der Messias nicht aus dem Stamme Davids kommen wird – wie uns einer seiner engsten Jünger gesagt hat –, sondern er sagt, daß er aus dem Stamme Ismaels kommen wird und daß das Versprechen an Ismael erging und nicht an Isaak.

Was hätte es denn für Folgen, wenn man diesen Mann am Leben ließe! Gewiß werden die Ismaeliten bei den Römern zu Ansehen kommen, und sie werden ihnen unser Land in Besitz geben; und so wird Israel wieder der Knechtschaft unterworfen werden wie zuvor." Als der Hohepriester diese Rede vernommen hatte, erwiderte er deshalb, daß er unbedingt mit Herodes und dem Statthalter in Verhandlungen treten müsse, „da das Volk ihm so zugetan ist, daß wir ohne das Heer nichts erreichen können; und gebe Gott, daß wir diese Angelegenheit mit Hilfe des Heeres vollbringen mögen."

Als sie sich also miteinander beraten hatten, faßten sie den Beschluß, ihn bei Nacht gefangenzunehmen, wenn der Statthalter und Herodes hierzu ihr Einverständnis gäben.

143. Die Einkehr bei Zachäus

DANN KAMEN GEMÄSS dem Willen Gottes alle Jünger nach Damaskus. Und mehr als irgend jemand tat Judas, der Verräter, an jenem Tage so, als sei er über Jesu Abwesenheit sehr bekümmert gewesen. Darum sagte Jesus: „Hütet euch vor jedem, der euch ohne Grund Beweise seiner Liebe zu geben versucht."

Und Gott nahm uns die Gabe des Verstehens, damit wir nicht verstanden, aus welchem Grund er dies sagte.

Als alle Jünger angekommen waren, sagte Jesus: „Laßt uns nach Galiläa zurückkehren, denn der Engel Gottes sagte mir, daß ich dorthin müsse."

Und an einem Sabbatmorgen kam Jesus nach Nazareth. Als die Bewohner Jesus erkannten, wollten ihn alle sehen. Und ein Zöllner mit Namen Zachäus, der von kleiner Gestalt war und Jesus wegen der großen Menge Volkes nicht sehen konnte, kletterte bis auf die Spitze eines Maulbeerbaumes und wartete, daß Jesus auf dem Weg zur Synagoge dort vorbeikäme. Als Jesus nun zu der Stelle kam, erhob er die Augen und sagte: „Komm herunter, Zachäus, denn heute will ich in deinem Hause weilen."

Der Mann kam herunter und empfing ihn mit Freuden, und er bewirtete ihn festlich.

Die Pharisäer murrten und sagten zu Jesu Jüngern: „Warum ist euer Herr bei den Zöllnern und Sündern eingekehrt?"

Jesus antwortete: „Aus welchem Grund geht ein Arzt in ein Haus hinein? Sagt es mir, und ich werde euch sagen, warum ich hierhergekommen bin."

Sie antworteten: „Um die Kranken zu heilen."

„Ihr sagt die Wahrheit", sagte Jesus, „weil die Gesunden keine Medizin nötig haben, nur die Kranken.

144. Der Ursprung des Pharisäertums

So wahr Gott lebt, in dessen Gegenwart meine Seele steht, Gott sendet seine Propheten und Diener in die Welt hinaus, damit die Sünder bereuen; und er entsendet sie nicht um der Rechtschaffenen willen, da sie der Buße nicht bedürfen, ebenso wie der Saubere kein Bad benötigt. Aber ich sage euch wahrlich, wäret ihr wirkliche Pharisäer, ihr würdet euch freuen, daß ich bei den Sündern eingekehrt bin, um sie zu retten.

Sagt mir, ob ihr euren Ursprung wißt und warum die Welt begann, Pharisäer zu beherbergen? Ich werde es euch gewiß erzählen, da ihr es nicht wißt. Merket also auf meine Worte.

Henoch, ein Freund Gottes, der wahrhaft auf Gottes Weg wandelte und der Welt keine Aufmerksamkeit schenkte, wurde ins Paradies erhoben; und dort bleibt er bis zum Gericht; denn wenn das Ende der Welt naht, wird er mit Elias und einem anderen zurückkehren. Und die Menschen, die hiervon Kenntnis hatten, begannen, aus Sehnsucht nach dem Paradies nach Gott, ihrem Schöpfer, zu suchen. Denn ‚Pharisäer‘ bedeutet eigentlich ‚Gottsucher‘ in der Sprache Kanaans, denn dort hatte man begonnen, mit diesem Namen gute Menschen zu verspotten; denn die Kanaaniter waren Götzendiener und verehrten die menschlichen Hände.

Und wenn die Kanaaniter jemanden aus unserem Volke sahen, der abgeschieden von der Welt lebte, um Gott zu dienen, sagten sie, um ihn zu verspotten, ‚Pharisäer‘, das heißt: ‚Er sucht Gott‘, und damit wollten sie sagen: ‚Du Narr, du hast keine Götzenbilder und betest den Wind an, darum bedenke dein Geschick und komm, unseren Göttern zu dienen!‘

Wahrlich, ich sage euch“, sagte Jesus, „alle Heiligen und Propheten Gottes waren Pharisäer nicht dem Namen nach, wie ihr es seid, sondern in der Tat. Denn bei allem, was sie taten, suchten sie Gott ihren Schöpfer, und aus Liebe zu Gott verließen sie ihre Städte und ihren Besitz, verkauften ihn und gaben den Armen aus Liebe zu Gott.

145. Das Büchlein des Elias

So wahr Gott lebt, es gab zu Elias Zeiten, der ein Freund und Prophet Gottes war, zwölf Berge, auf denen siebzehntausend Pharisäer wohnten; und obwohl sie so zahlreich waren, fand sich kein einziger Verdammter unter ihnen, sondern alle waren Erwählte Gottes. Aber nun, wo es in Israel mehr als einhunderttausend Pharisäer gibt, möge es

Gott gefallen, daß auf jedes Tausend ein Auserwählter kommt."

Die Pharisäer antworteten voller Empörung: „Dann sind wir also Verdammte, und du hältst unsere Religion für verdammt!"

Jesus entgegnete: „Ich halte die Religion der wahren Pharisäer nicht für verworfen, sondern ich heiße sie gut, und dafür bin ich bereit zu sterben. Aber laßt uns doch sehen, ob ihr wirklich Pharisäer seid. Elias, der Freund Gottes, schrieb auf Bitten seines Schülers Elischa hin ein kleines Buch, welches alle Weisheit der Menschen sowie das Gesetz Gottes unseres Herrn umfaßte."

Die Pharisäer waren verwirrt, als sie den Namen des Buches Elias vernahmen, weil sie durch ihre Überlieferungen wußten, daß sich niemand an diese Lehre hielt. Darum wären sie gerne weggegangen und gaben vor, noch Geschäfte erledigen zu müssen.

Da sagte Jesus: „Wenn ihr Pharisäer wäret, würdet ihr alle anderen Geschäfte vernachlässigen, um hieran teilzunehmen; denn der Pharisäer sucht Gott allein." Da waren sie verwirrt und blieben, um Jesus zuzuhören, der weitersprach: „‚Elias, der Diener Gottes‘, denn so beginnt das kleine Buch, ‚schreibt dies für all jene, die mit Gott, ihrem Schöpfer, wandeln möchten. Wer viel zu lernen wünscht, der fürchtet Gott wenig, denn wer Gott fürchtet, der ist schon zufrieden, wenn er weiß, was Gott will.

Die, die schöne Worte suchen, suchen nicht Gott, welcher nichts anderes tut, als uns wegen unserer Sünden zu tadeln.

Die, die Gott suchen wollen, sollen in ihren Häusern die Türen und Fenster fest verschließen, denn man findet den Hausherrn nicht außerhalb seines Hauses, wo man ihn nicht liebt. Hütet deshalb eure Sinne und hütet euer Herz, denn man findet Gott nicht außerhalb von uns, in dieser Welt, in der man ihn haßt.

Die, die gute Werke tun wollen, sollen sich um sich selbst kümmern, denn es nützt nichts, die ganze Welt zu gewinnen und die eigene Seele zu verlieren.

Die, die andere belehren wollen, sollen ein besseres Leben führen als die anderen; denn von jemandem, der noch weniger weiß als wir selbst, kann man nichts lernen. Wie soll denn der Sünder sein Leben bessern, wenn er die Belehrungen eines Menschen hört, der noch schlechter ist als er selbst?

Die, die Gott suchen, sollen das Gerede der Menschen fliehen; denn Moses fand zu Gott, als er allein auf dem Berge Sinai war, und er sprach mit ihm, wie es ein Freund tut, der mit einem Freund spricht.

Die, die Gott suchen, sollen nur einmal in dreißig Tagen zu den Menschen der Welt hinausgehen; denn in einem Tage können die Tätigkeiten und Angelegenheiten desjenigen erledigt werden, welcher Gott sucht.

Wenn er geht, soll er nur auf seine eigenen Füße schauen.

Wenn er redet, soll er nur das reden, was nötig ist.

Wenn sie essen, sollen sie hungrig vom Tisch aufstehen; jeden Tag sollen sie denken, daß sie den nächsten nicht erleben werden; sie sollen ihre Zeit verbringen, so wie man Atem holt.

Ein einziges Gewand aus Tierfellen soll ihnen genügen. Der Haufen Erde soll auf der nackten Erde schlafen; denn zwei Stunden Schlaf sollen für jede Nacht genügen. Er soll niemanden hassen, außer sich selbst, niemanden verdammen, außer sich selbst.

Beim Gebet sollen sie in solcher Furcht stehen, als wäre das Gottesgericht gekommen.

Tut dies nun im Dienste Gottes, mit dem Gesetz, das Gott euch durch Moses gegeben hat; denn solcherart werdet ihr Gott finden, daß ihr zu jeder Zeit und an jedem Ort fühlen werdet, daß ihr in Gott seid und Gott in euch.'

Dies ist das kleine Buch des Elias, o Pharisäer; darum sage ich euch wiederum: Wäret ihr Pharisäer, ihr würdet euch freuen, daß ich hier eingekehrt bin, denn Gott hat Erbarmen mit den Sündern."

146. Das Gleichnis vom verlorenen Sohn

DA SAGTE ZACHÄUS: „Sieh, Herr, aus Liebe zu Gott werde ich das Vierfache dessen spenden, was ich durch Wucher erworben habe."

Da sagte Jesus: „Am heutigen Tag kam zu diesem Haus das Heil. Wahrlich, wahrlich, viele Zöllner, Huren und Sünder werden in das Königreich Gottes eingehen, und die, die sich für rechtschaffen halten, werden in die ewigen Flammen hineingehen."

Als die Pharisäer dies hörten, gingen sie empört von dannen. Da sprach Jesus zu denen, die sich zur Reue bekehrten, und zu seinen Jüngern: „Da war ein Vater, der hatte zwei Söhne, und der Jüngere sagte: ,Vater, gib mir meinen Anteil an den Gütern', und diesen gab sein Vater ihm. Und als er seinen Anteil erhalten hatte, zog er weg in ein fernes Land, wo er all seine Habe mit Huren verpraßte und im Überfluß lebte. Danach entstand eine gewaltige Hungersnot in jenem Land, so daß der unglückliche Mann bei jemandem in Dienst ging, der ihn die Schweine auf seinem Hof hüten ließ. Und während er sie hütete, stillte er seinen Hunger in Gesellschaft der Schweine und aß Eicheln. Aber als er zur Besinnung kam, sagte er sich: ,Ach, wie viele schwelgen im Überfluß in meines Vaters Haus, und ich vergehe hier vor Hunger! Daher will ich mich aufmachen und zu meinem Vater gehen, und ich werde zu ihm sagen: »Vater, ich habe im Himmel gegen dich gesündigt; tu mit mir, wie du es mit einem deiner Diener machst.«'

Der arme Mann machte sich auf den Weg, und es geschah, daß sein Vater ihn aus der Ferne kommen sah und von

Mitleid für ihn erfüllt wurde. Daher ging er ihm entgegen, und als er bei ihm angelangt war, umarmte und küßte er ihn.

Der Sohn kniete nieder vor ihm und sagte: ‚Vater, ich habe im Himmel gegen dich gesündigt, tu mit mir wie mit einem deiner Diener, denn ich bin nicht würdig, dein Sohn genannt zu werden.‘

Der Vater erwiderte: ‚Sohn, sprich nicht so, denn du bist mein Sohn, und ich werde nicht dulden, daß du dich meinen Sklaven gleichstellst.‘ Und er rief seine Diener und sagte: ‚Bringt neue Kleider her und legt sie diesem meinem Sohne an und gebt ihm neue Schuhe; steckt ihm den Ring an den Finger und schlachtet flugs das gemästete Kalb, dann werden wir feiern. Denn dieser mein Sohn war tot und ist wieder lebendig; er war verloren und ist nun gefunden.‘

147. Die Heimkehr des verlorenen Sohnes

UND ALS SIE nun in dem Hause feierten, siehe, da kam der ältere Sohn heim, und als er hörte, daß sie drinnen ein Fest feierten, da verwunderte er sich, und er rief einen der Diener herbei und fragte ihn, was der Grund für jenes Fest sei.

Der Diener antwortete ihm: ‚Dein Bruder ist gekommen, und dein Vater hat das gemästete Kalb geschlachtet, und sie halten ein Festmahl.‘ Der ältere Sohn war sehr erzürnt, als er das hörte und wollte nicht in das Haus hineingehen. Daher kam sein Vater zu ihm heraus und sagte zu ihm: ‚Sohn, dein Bruder ist gekommen, komm doch und freu dich mit ihm.‘

Der Sohn antwortete mit Empörung: ‚Ich habe dir stets treu gedient, und dennoch gabst du mir nie ein Lamm, um meine Freunde zu bewirten. Aber für diesen nichtswürdigen Burschen, der dich verlassen und all sein Vermögen mit Huren verschleudert hat, hast du, da er nun gekommen ist, das gemästete Kalb geschlachtet.‘

Der Vater erwiderte: ‚Sohn, du bist stets bei mir, und alles ist dein; aber dieser war tot und ist wieder lebendig, war verloren und ward nun gefunden; darüber muß unsere Freude groß sein.'

Da wurde der ältere Sohn noch zorniger und sagte: ‚Geh du nur und frohlocke, ich aber will nicht mit Hurern an einem Tisch essen.' Und er ging von seinem Vater weg, ohne auch nur ein Geldstück bekommen zu haben.

So wahr Gott lebt", sagte Jesus, „ebenso groß ist die Freude bei den Engeln Gottes über einen einzigen Sünder, der Buße tut."

Und als sie gegessen hatten, brach er auf, denn er wollte nach Judäa gehen. Da sagten die Jünger: „Herr, geh nicht nach Judäa, denn wir wissen, daß sich die Pharisäer und der Hohepriester gegen dich verschworen haben."

Jesus erwiderte: „Ich wußte es, bevor sie es taten, aber ich fürchte mich nicht, denn sie können nichts tun, was dem Willen Gottes zuwiderläuft. Sie sollen nur alles tun, was sie wollen; denn nicht fürchte ich sie, sondern ich fürchte Gott.

148. Die Pharisäer der Frühzeit
Die zwei Einsiedler-Pharisäer

SAGT MIR NUN, die Pharisäer von heute: Sind sie Pharisäer? Sind sie Diener Gottes? Gewiß nicht. Ja, und ich sage euch wahrlich, daß es hier auf Erden nichts Schlimmeres gibt, als wenn ein Mensch sich in Gelübde einhüllt und mit dem Gewand der Religion seine Bosheit verhüllt. Ich werde euch ein einziges Beispiel von den Pharisäern der Frühzeit geben, damit ihr die von heute erkennt. Jene heilige Versammlung der Pharisäer wurde nach dem Weggang des Elias zerstreut aufgrund der scharfen Verfolgung durch die Götzenanbeter. Denn in ebenjener Zeit des Elias wurden in einem Jahr mehr als zehntausend Propheten getötet, die wirkliche Pharisäer waren.

Zwei Pharisäer gingen in die Berge, um dort Wohnung zu nehmen; und der eine blieb fünfzehn Jahre lang ohne Wissen von seinem Nachbarn, obwohl sie eine Stunde voneinander entfernt wohnten. Seht nun, ob sie neugierig waren!

Es geschah nun, daß sich auf jenen Bergen eine Dürre erhob, und deshalb machten sich beide auf, nach Wasser zu suchen, und so fanden sie einander. Da sagte der Ältere – denn es war bei ihnen so Sitte, daß der Älteste als erster sprach, und sie hielten es für eine große Sünde, wenn ein jüngerer Mann vor einem älteren sprach – der Ältere also sagte: ‚Wo wohnst du, Bruder?‘

Der antwortete, indem er mit dem Finger auf die Behausung wies: ‚Hier wohne ich‘, denn sie befanden sich nahe bei der Wohnung des Jüngeren.

Sagte der Ältere: ‚Wie lange, Bruder, wohnst du hier schon?‘

Der Jüngere antwortete: ‚Fünfzehn Jahre.‘

Sagte der Ältere: ‚Kamst du womöglich, als Ahab die Diener Gottes tötete?‘

‚So ist es‘, antwortete der Jüngere.

Sagte der Ältere: ‚O Bruder, weißt du, wer nun König von Israel ist?‘

Der Jüngere erwiderte: ‚Gott ist es, o Bruder, der König von Israel ist, denn die Götzendiener sind nicht die Könige, sondern die Verfolger Israels.‘

‚Es ist wahr‘, sagte der Ältere, ‚aber ich wollte sagen, wer ist es, der jetzt Israel verfolgt?‘

Der Jüngere antwortete: ‚Die Sünden Israels sind es, die Israel verfolgen, denn hätten sie nicht gesündigt, dann hätte Gott nicht die götzendienerischen Fürsten gegen Israel aufgewiegelt.‘

Da sagte der Ältere: ‚Wer ist jener ungläubige Fürst, den Gott aussandte, um Israel zu bestrafen?‘ Der Jüngere antwortete: ‚Woher soll ich das denn wissen, wo ich in diesen fünfzehn Jahren außer dir keinen Menschen gesehen habe und auch keine Briefe bekomme, da ich nicht lesen kann?'

Sagte der Ältere: ‚Wie neu aber deine Schaffelle sind! Wer hat sie dir gegeben, wenn du keinen Menschen gesehen hast?'

149. Die Erzählung von den Einsiedler-Pharisäern

DER JÜNGERE ANTWORTETE: ‚Der das Gewand des Volkes Israel vierzig Jahre lang in der Wüste wohl behütete, der hat meine Felle so erhalten, wie du sie siehst!'

Da erkannte der Ältere, daß der Jüngere vollkommener war als er, der jedes Jahr Berührung mit den Menschen gehabt hatte. Und um Nutzen von dem Gespräch zu haben, sagte er: ‚Bruder, du kannst nicht lesen, und ich kann lesen, und ich habe in meinem Hause die Psalmen des David. Komm doch, damit ich dir jeden Tag vorlese und dir erkläre, was David sagt.'

Der Jüngere erwiderte: ‚Laßt uns jetzt gehen.'

Sagte der Ältere: ‚O Bruder, es sind nun zwei Tage her, daß ich Wasser getrunken habe; laßt uns darum ein wenig Wasser suchen.'

Der Jüngere erwiderte: ‚O Bruder, es sind nun zwei Monate her, daß ich Wasser getrunken habe. Laßt uns darum gehen und sehen, was Gott uns durch seinen Propheten David sagt; der Herr vermag uns Wasser zu geben.'

Daraufhin kehrten sie zu der Wohnung des Älteren zurück, und bei der Tür fanden sie eine Quelle mit frischem Wasser.

Sprach der Ältere: ‚O Bruder, du bist ein Heiliger Gottes; denn um deinetwillen hat Gott diese Quelle gegeben.'

Der Jüngere erwiderte: ‚O Bruder, aus Bescheidenheit sagst du dies; aber hätte Gott dies um meinetwillen getan, er hätte eine Quelle in der Nähe meiner Wohnung gemacht, damit ich nicht weggehen muß, um danach zu suchen.

Denn ich bekenne dir, daß ich gegen dich gesündigt habe. Als du sagtest, daß du seit zwei Tagen nicht getrunken habest, suchtest du nach Wasser; und ich hatte zwei Monate lang nicht getrunken und fühlte darüber Überheblichkeit in mir, als wäre ich besser als du.'

Da sagte der Ältere: ‚O Bruder, du sagst die Wahrheit, darum hast du nicht gesündigt.'

Sprach der Jüngere: ‚O Bruder, du hast vergessen, was unser Vater Elias sagte, daß der, der Gott sucht, nur sich selbst verdammen solle. Gewiß schrieb er es nicht, damit wir es wissen, sondern vielmehr damit wir es befolgen.'

Da sah der Ältere die Wahrheit und Rechtschaffenheit seines Gefährten und sagte: ‚Es ist wahr, und unser Gott hat dir verziehen.'

Und als er dies gesagt hatte, nahm er die Psalmen und las, was unser Vater David sagt: ‚Ich will eine Wache über meinen Mund setzen, daß sich meine Zunge nicht zu Worten der Bosheit verdrehe, die mich mit Ausreden von meiner Sünde freisprechen.' Und hier hielt der ältere Mann eine Abhandlung über die Zunge, und der jüngere ging von dannen. Und es dauerte wieder fünfzehn Jahre, bis sie einander fanden, da der Jüngere seinen Wohnort gewechselt hatte.

Als der Ältere ihn nun wiedergefunden hatte, sagte er zu ihm: ‚O Bruder, warum kehrtest du nicht mehr zu meinem Hause zurück?'

Der Jüngere antwortete: ‚Weil ich noch nicht richtig begriffen habe, was du mir sagtest.'

Da sagte der Ältere: ‚Wie kann das sein, wo doch fünfzehn Jahre vergangen sind?'

Der Jüngere antwortete: ‚Was die Wörter betrifft, so habe ich sie in nur einer Stunde gelernt und sie nie vergessen, aber ich habe sie noch nicht befolgt. Wozu dient es denn, zuviel zu lernen und es nicht zu befolgen! Unser Gott strebt nicht danach, daß unser Verstand gut sei, sondern vielmehr unser Herz. Am Tag des Gerichts wird er uns also nicht fragen, was wir gelernt, sondern was wir getan haben.'

150. Die Gespräche der Einsiedler-Pharisäer

Der Ältere antwortete: ‚O Bruder, sprich nicht so, denn du mißachtest das Wissen, wo es doch Gottes Wille ist, daß wir es hochachten.'

Der Jüngere erwiderte: ‚Wie soll ich denn reden, ohne eine Sünde zu begehen, denn deine Worte sind wahr und auch die meinen. Also sage ich, wer die Gebote Gottes kennt, die im Gesetz geschrieben stehen, soll diese befolgen, bevor er neue dazulernt. Und alles, was ein Mensch lernt, möge er befolgen und nicht nur wissen.'

Sprach der Ältere: ‚O Bruder, sag mir, mit wem hast du gesprochen, daß du weißt, daß du nicht alles gelernt hast, was ich gesagt habe?'

Der Jüngere antwortete: ‚O Bruder, ich sprach mit mir selbst. Jeden Tag stelle ich mich vor das Urteil Gottes, um Rechenschaft über mich abzulegen. Und stets spüre ich einen in mir, der Ausreden für meine Fehler sucht.'

Sagte der Ältere: ‚O Bruder, was hast du für Fehler, der du vollkommen bist?'

Der Jüngere antwortete: ‚O Bruder, sprich nicht so, denn ich stehe zwischen zwei großen Fehlern: Der eine ist, daß ich mich nicht als den größten Sünder erkenne, der andere ist, daß ich hierfür nicht mehr Buße tun will als andere Menschen.'

Der Ältere erwiderte: ‚Wie erkennst du dich denn als den größten Sünder, wenn du der vollkommenste Mensch bist?'

Der Jüngere antwortete: ‚Das erste Wort, das mir mein Lehrer sagte, als ich die Lebensweise der Pharisäer annahm, war: Ich soll die Güte der anderen und meine eigene Bosheit betrachten; denn täte ich dies, so würde ich begreifen, daß ich der größte Sünder bin.'

Sprach der Ältere: ‚O Bruder, wessen Güte oder wessen Fehler betrachtest du auf diesen Bergen, wo es hier doch keine Menschen gibt?'

Der Jüngere antwortete: ‚Ich sollte den Gehorsam der Sonne und der Planeten betrachten, denn sie dienen ihrem Schöpfer besser als ich. Aber diese verdamme ich, entweder weil sie nicht Licht geben, wie ich es wünsche, oder weil ihre Hitze zu groß ist oder weil die Erde zu viel oder zu wenig Regen bekommt.'

Als der Ältere dies hörte, sagte er: ‚Bruder, wo hast du diese Lehren gelernt? Denn ich bin nun neunzig Jahre alt und seit fünfundsiebzig Jahren Pharisäer.'

Der Jüngere antwortete: ‚O Bruder, du sagst dies in Demut, denn du bist ein Heiliger Gottes. Dennoch gebe ich dir zur Antwort, daß Gott, unser Schöpfer, nicht auf die Zeit schaut, sondern auf das Herz; darum wurde David, als er fünfzehn Jahre alt war und jünger als seine sechs anderen Geschwister, zum König von Israel auserkoren, und er wurde ein Prophet Gottes, unseres Herrn.'

151. Die wahren Pharisäer

DIESER MANN WAR ein wahrer Pharisäer", sagte Jesus zu seinen Jüngern, „und möge es Gott gefallen, daß wir ihn am Tag des Gerichtes zum Freund haben."

Dann ging Jesus auf ein Schiff, und die Jünger waren besorgt, weil sie vergessen hatten, Brot mitzubringen. Jesus schalt sie und sagte: „Hütet euch vor der Hefe der heutigen Pharisäer, denn ein wenig Hefe verdirbt viel Mehl."

Da sagten die Jünger zueinander: „Was haben wir denn an Hefe, wo wir noch nicht einmal Brot haben?"

Da sagte Jesus: „O ihr kleingläubigen Menschen, habt ihr denn vergessen, was Gott in Nain vollbrachte, wo kein Getreide zu sehen war? Und wie viele aßen und wurden satt von fünf Broten und zwei Fischen? Die Hefe der Pharisäer ist der mangelnde Glaube an Gott und die Selbstsucht, welche nicht nur die heutigen Pharisäer verdorben haben, sondern Israel. Denn das einfache Volk kann nicht lesen und macht das nach, was es bei den Pharisäern sieht, weil es sie für Heilige hält.

Wißt ihr, was ein wirklicher Pharisäer ist? Er ist das Öl der menschlichen Wesensart. Denn ebenso wie das Öl bei jeder Flüssigkeit oben bleibt, so steht die Güte des wahren Pharisäers über aller menschlichen Güte. Er ist ein lebendiges Buch, das Gott der Welt gibt; denn alles, was er sagt und tut, ist im Einklang mit Gottes Gesetz.

Wer also tut, was er tut, befolgt Gottes Gesetz. Der wahre Pharisäer ist das Salz, das verhindert, daß der menschliche Körper an der Sünde verfault, denn ein jeder, der ihn sieht, bekehrt sich zur Buße. Er ist ein Licht, welches auf dem Wege des Pilgers leuchtet, denn ein jeder, der in Reue seine Armut bedenkt, der begreift, daß wir in dieser Welt nicht unser Herz verschließen sollen.

Wer aber das Öl ranzig macht, das Buch verfälscht, das Salz verdirbt, das Licht auslöscht – dieser Mensch ist ein falscher Pharisäer. Wenn ihr also nicht zugrunde gehen wollt, dann hütet euch zu tun, wie die Pharisäer heute tun."

152. Jesus und die römischen Soldaten

JESUS GING NACH Jerusalem, und als er an einem Sabbat den Tempel betrat, kamen die Soldaten auf ihn zu, um ihn zu versuchen und ihn festzunehmen, und sie fragten: „Herr, ist es gesetzlich, Krieg zu führen?"

Jesus antwortete: „Unser Glaube sagt uns, daß unser Leben ein ständiger Krieg auf Erden ist."

Sagten die Soldaten: „Du möchtest uns also gerne zu deinem Glauben bekehren und hättest es gerne, wenn wir von unseren zahlreichen Göttern abließen – denn allein Rom hat achtundzwanzigtausend Götter, die man sehen kann – und daß wir deinem Gott folgen, der nur einer ist; und da man ihn nicht sieht, weiß man nicht, wo er ist, und womöglich ist er nur Einbildung."

Jesus erwiderte: „Wenn ich euch erschaffen hätte, wie unser Gott euch erschuf, würde ich euch zu bekehren versuchen."

Sie antworteten: „Wie hat uns denn dein Gott erschaffen, da man nicht weiß, wo er ist? Zeig uns deinen Gott, und wir werden Juden werden."

Da sagte Jesus: „Wenn ihr Augen hättet, ihn zu sehen, würde ich ihn euch zeigen; da ihr aber blind seid, kann ich ihn euch nicht zeigen."

Die Soldaten erwiderten: „Gewißlich, die Ehre, die dir diese Leute erweisen, muß dir den Verstand genommen haben. Denn jeder von uns hat zwei Augen im Kopf, und du sagst, wir seien blind."

Jesus erwiderte: „Die körperlichen Augen können nur grobe und äußerliche Dinge sehen; ihr könnt darum nur eure Götter aus Holz und Silber und Gold sehen, die nichts tun können. Aber wir von Juda haben geistige Augen, welche die Gottesfurcht und der Glaube an unseren Gott sind, weshalb wir unseren Gott an jedem Orte sehen können."

Die Soldaten erwiderten: „Achte auf deine Worte, denn wenn du Verachtung über unsere Götter ausgießt, werden wir dich dem Herodes übergeben, der sich für unsere Götter rächen wird, welche allmächtig sind."

Jesus erwiderte: „Wenn sie allmächtig sind, wie ihr sagt, vergebt mir, denn ich will ihnen dienen."

Die Soldaten freuten sich, als sie dies hörten, und begannen, ihre Götzenbilder zu lobpreisen.

Da sagte Jesus: „Hier sind nicht Worte nötig, sondern Taten; laßt darum eure Götter eine Fliege erschaffen, und ich werde ihnen dienen."

Die Soldaten erschraken, als sie dies hörten, und wußten nichts zu sagen; darum sprach Jesus: „Da sie sicherlich keine Fliege neu machen können, werde ich nicht um ihretwillen von jenem Gott ablassen, der alles durch ein einziges Wort erschuf, dessen Name allein die Heerscharen in Schrecken versetzt."

Die Soldaten erwiderten: „Das wollen wir nun sehen, denn wir wollen dich festnehmen", und sie wollten mit der Hand nach Jesus greifen.

Da sprach Jesus: „Adonai Sabaot!" Da wurden die Soldaten geradewegs aus dem Tempel hinausgerollt, so wie man Holzfässer rollt, wenn sie gewaschen werden, um sie neu mit Wein aufzufüllen, so daß ihre Köpfe und Füße abwechselnd auf die Erde schlugen, und dies, ohne daß jemand sie berührte.

Und sie erschraken derart, daß sie die Flucht ergriffen und nie wieder in Judää gesehen wurden.

153. Über den Diebstahl an Gott

DIE PRIESTER UND Pharisäer murrten untereinander und sagten: „Er hat die Weisheit von Baal und Astarte, und so hat er dies durch die Kraft Satans getan."

Jesus hub an zu reden und sprach: „Unser Gott gebot uns, nicht die Habe unseres Nächsten zu stehlen. Aber dieses eine Gebot ist derart vergewaltigt und mißbraucht worden, daß es die Welt mit einer solchen Art von Sünde erfüllt hat, die nie vergeben wird, so wie andere Sünden vergeben werden; denn jede andere Sünde, die der Mensch bereut und nicht mehr tut und nach welcher er fastet in Gebet und Almosen, die vergibt unser großer und gnädiger Gott. Aber diese Sünde ist von solcher Art, daß sie nie vergeben wird, außer wenn das zu Unrecht Genommene ersetzt wird."

Da sagte ein Schriftgelehrter: „O Herr, wieso hat der Diebstahl die ganze Welt mit Sünde erfüllt? Sicherlich gibt es heute durch Gottes Gnade nur wenige Diebe, und sie können sich nicht zeigen, sonst werden sie sofort von den Soldaten gehängt."

Jesus antwortete: „Wer die Habe nicht kennt, der kann die Diebe nicht kennen. Ja ich sage euch wahrlich, daß viele stehlen, die nicht wissen, was sie tun, und darum ist ihre Sünde größer als die der anderen, denn die Krankheit, die man nicht erkennt, wird nicht geheilt."

Da kamen die Pharisäer zu Jesus und sagten: „O Herr, da du allein in Israel die Wahrheit kennst, lehre du uns."

Jesus antwortete: „Ich sage nicht, daß ich allein in Israel die Wahrheit kenne, denn das Wort ‚allein' steht nur Gott zu und niemandem sonst. Denn er ist die Wahrheit, der allein die Wahrheit kennt. Wenn ich dies also sagen würde, wäre ich ein größerer Dieb, denn ich würde Gott die Ehre stehlen. Und indem ich sagte, ich allein würde Gott kennen, würde ich in größere Unwissenheit verfallen als alle. Ihr habt also eine schlimme Sünde begangen, indem ihr sagtet, daß ich allein die Wahrheit kenne. Und ich sage euch, wenn ihr dies gesagt habt, um mich zu versuchen, ist eure Sünde noch größer."

Als Jesus nun sah, daß alle schwiegen, redete er weiter: „Obwohl nicht ich allein in Israel die Wahrheit kenne, will ich alleine sprechen; darum höret mich an, so ihr mich doch befragt habt.

Alles Erschaffene gehört dem Schöpfer in solcher Weise, daß nichts auf irgend etwas einen Anspruch hat. Also sind die Seele, die Sinne, das Fleisch, Zeit, Güter und Ehre alle Gottes Eigentum; wenn demnach der Mensch sie nicht annimmt, so wie Gott es will, wird er zum Dieb. Und wenn er

sie wiederum so ausgibt, daß es Gottes Willen zuwiderläuft,
so ist er ebenfalls ein Dieb. Daher sage ich euch, so wahr Gott
lebt, in dessen Gegenwart meine Seele steht, wenn ihr euch
Zeit nehmt und sagt: ‚Morgen werde ich dies tun, morgen
werde ich jenes tun, ich werde an den und den Ort gehen‘
und nicht sagt: ‚So Gott will‘, dann seid ihr Diebe. Und ihr
seid noch ärgere Diebe, wenn ihr den besseren Teil eurer Zeit
so verbringt, wie es euch gefällt, und nicht so, wie es Gott
gefällt, und wenn ihr den schlechteren Teil damit verbringt,
Gott zu dienen: Dann seid ihr wahrhaft Diebe.

Wer eine Sünde begeht – von welcher Art sie auch immer
sein mag –, der ist ein Dieb, denn er bestiehlt die Zeit und
die Seele und sein eigenes Leben, welche Gott dienen sollen,
und gibt sie Satan, dem Feinde Gottes.

154. Die Frage nach den verbotenen Früchten

DER MENSCH ALSO, der Ehre, Leben und Eigentum hat:
Wenn sein Eigentum gestohlen wird, wird der Dieb gehängt
werden; wenn man ihm das Leben nimmt, wird der Mörder
enthauptet werden. Und das ist gerecht, denn Gott hat es so
befohlen.

Aber wenn man seinem Nächsten die Ehre nimmt, warum wird dann der Dieb nicht gekreuzigt? Ist Besitz denn
besser als Ehre? Hat Gott denn etwa befohlen, daß der
bestraft werde, der Eigentum stiehlt, und daß der bestraft
werde, der Leben und Eigentum stiehlt; wer aber die Ehre
stiehlt, der soll ungestraft davonkommen? Gewiß nicht,
denn wegen ihrer Klagen sind unsere Väter nicht in das
Gelobte Land eingegangen, sondern nur ihre Kinder. Und
wegen dieser Sünde töteten die Schlangen etwa siebzigtausend aus unserem Volke.

So wahr Gott lebt, in dessen Gegenwart meine Seele steht,
wer die Ehre stiehlt, der verdient härtere Strafe als der, der

einem Menschen Gut und Leben stiehlt. Und wer einem Klagenden zuhört, ist ebenfalls schuldig, denn der eine empfängt Satan mit der Zunge und der andere mit dem Ohr."

Als die Pharisäer dies hörten, entbrannten sie in Zorn, da sie seine Rede nicht verdammen konnten.

Da kam ein Doktor auf Jesus zu und sagte zu ihm: „Guter Herr, sagt mir, warum erlaubte Gott unseren Vätern nicht Getreide und Früchte? Da er wußte, daß sie fallen würden, hätte er ihnen doch das Getreide gestatten oder nicht zulassen sollen, daß die Menschen es sahen."

Jesus erwiderte: „Mann, du nennst mich gut, aber du irrst, denn Gott allein ist gut. Und du irrst noch viel gewaltiger, wenn du fragst, warum Gott nicht nach deinem Verstande getan hat. Dennoch will ich dir alles beantworten. Ich sage dir also, daß Gott unser Schöpfer sich in seinem Wirken nicht uns anpaßt und es daher für das Geschöpf nicht recht ist, nach seiner eigenen Art und Bequemlichkeit zu gehen, sondern vielmehr nach der Ehre Gottes, seines Schöpfers. Denn das Geschöpf ist vom Schöpfer abhängig und nicht der Schöpfer vom Geschöpf. So wahr Gott lebt, in dessen Gegenwart meine Seele steht, wenn Gott dem Menschen alles erlaubt hätte, hätte sich der Mensch nicht als Gottes Diener erkannt; und so hätte er sich für den Herrn des Paradieses gehalten. Darum verbot ihm der Schöpfer, der auf immer gepriesen sei, jene Speise, damit der Mensch sich ihm ergeben zeige.

Und wahrlich sage ich dir, wessen Auge ein helles Licht hat, der sieht alles hell, und selbst die Dunkelheit macht er zu Licht; der Blinde jedoch tut dies nicht. Darum sage ich dir, hätte der Mensch nicht gesündigt, dann hätten weder du noch ich die Gnade Gottes und seine Gerechtigkeit erkannt. Und hätte Gott den Menschen unfähig zur Sünde gemacht, so wäre er Gott in jener Sache gleich; deshalb erschuf der gesegnete Gott den Menschen gut und gerecht, jedoch frei zu tun, wie es ihm beliebt im Hinblick auf sein eigenes Leben und seine Erlösung und Verdammnis."

Der Doktor war verwundert, als er dies hörte, und schied in Verwirrung.

155. Gott erschuf den Menschen frei

DA RIEF DER Hohepriester im geheimen zwei alte Priester und schickte sie zu Jesus, der aus dem Tempel hinausgegangen war und in der Halle des Salomon saß und darauf wartete, das Mittagsgebet zu verrichten. Und seine Jünger waren bei ihm und eine große Menschenmenge.

Die Priester kamen auf Jesus zu und sagten: „Herr, warum aß der Mensch Getreide und Früchte? Wollte Gott, daß er sie aß, oder nicht?" Und dies sagten sie, um ihn zu versuchen; denn wenn er sagen würde: „Gott wollte es", würden sie antworten: „Warum hat er es verboten?" Und wenn er sagen würde: „Gott wollte es nicht", dann würden sie sagen: „Dann hat der Mensch mehr Macht als Gott, da er gegen den Willen Gottes wirkt."

Jesus erwiderte: „Eure Frage ist wie ein Weg über einem Berg, der zur Rechten und zur Linken einen Abgrund hat; ich aber werde in der Mitte gehen."

Als die Priester dies hörten, waren sie verwirrt, da sie sahen, daß er ihr Herz kannte.

Da sagte Jesus: „Bei allem, was der Mensch tut, wirkt er zu seinem eigenen Nutzen, da er bedürftig ist. Gott aber, der nichts benötigt, wirkte zu seinem Wohlgefallen. Indem er also den Menschen erschuf, erschuf er ihn frei, damit er wisse, daß Gott seiner nicht bedarf; kraft seines Wortes, wie es ein König tut, der, um seinen Reichtum zu zeigen und damit seine Sklaven ihn mehr lieben, seinen Sklaven die Freiheit schenkt.

Gott erschuf also den Menschen frei, damit er seinen Schöpfer um so mehr lieben und seine Großzügigkeit erkennen möge. Denn obwohl Gott allmächtig ist und den Menschen nicht braucht, den er ja durch seine Allmacht erschaffen hat, ließ er ihn in seiner Güte frei, damit er auf diese Weise dem Bösen widerstehen und Gutes tun könne. Denn obwohl Gott die Macht hat, die Sünde zu verhindern, würde er nicht gegen seine eigene Großzügigkeit handeln – denn Gott hat kein Gegenteil –, damit er, nachdem er seine Allmacht und Güte im Menschen vollbracht hatte, nicht der Sünde im Menschen zuwiderhandele, sage ich, auf daß im Menschen die Gnade Gottes und seine Gerechtigkeit wirken mögen. Und zum Beweis dafür, daß ich die Wahrheit sage, sage ich euch, daß der Hohepriester euch geschickt hat, um mich zu versuchen, und dies ist die Frucht seines Priesteramtes."

Die Ältesten gingen von dannen und berichteten alles dem Hohenpriester, welcher sagte: „Dieser hat den Teufel im Rücken, der ihm alles erzählt, denn er strebt nach der Königswürde über Israel; aber Gott wird hierüber wachen."

156. Die Heilung eines Blindgeborenen

ALS JESUS DAS Mittagsgebet beendet hatte, fand er beim Verlassen des Tempels einen Mann, der von Geburt an blind war. Seine Jünger befragten ihn und sagten: „Herr, wer hat in diesem Manne gesündigt, daß er blind geboren ist, sein Vater oder seine Mutter?"

Jesus antwortete: „Weder sein Vater noch seine Mutter sündigten in ihm, sondern Gott hat ihn so erschaffen, zum Zeugnis für das Evangelium." Und er rief den Blinden zu sich, spuckte auf die Erde und bereitete Lehm, und er legte ihn dem Blinden auf die Augen und sprach zu ihm: „Geh zum Teich von Schiloach und wasch dich!"

Der Blinde ging, und als er sich gewaschen hatte, wurde er sehend; und als er dann heimging, sagten viele, die ihm begegneten: „Wenn dieser Mann blind wäre, würde ich mit Gewißheit behaupten, daß er es war, der für gewöhnlich am Schönen Tor des Tempels saß." Andere sagten: „Er ist es, aber wie ist er sehend geworden?" Und sie gingen zu ihm und sagten: „Bist du der Blinde, der am Schönen Tor des Tempels zu sitzen pflegte?"

Er antwortete: „Ich bin's – und warum?" Sie sagten: „Wie bist du denn sehend geworden?"

Er antwortete: „Ein Mann bereitete Lehm, spuckte auf die Erde und legte mir diesen Lehm auf die Augen, und er sagte zu mir: ‚Geh und wasch dich im Teich von Schiloach.' Ich ging hin und wusch mich, und nun kann ich sehen. Gepriesen sei der Gott Israels!"

Als der Blindgeborene wiederum zum Schönen Tor des Tempels kam, sprach man in ganz Jerusalem über das Geschehene. Darum wurde er dem Obersten der Priester vorgeführt, der mit den Priestern und Pharisäern gegen Jesus beratschlagte.

Der Hohepriester befragte ihn und sagte: „Mann, bist du von Geburt an blind?"

„Ja", antwortete er.

„Nun gib Gott die Ehre", sagte der Hohepriester, „und sag uns, welcher Prophet dir im Traume erschienen ist und dich sehend gemacht hat. War es unser Vater Abraham oder Moses, der Diener Gottes, oder irgendein anderer Prophet? Denn andere können solches nicht vollbringen."

Der Blindgeborene antwortete: „Weder Abraham noch Moses noch sonst einen Propheten habe ich im Traum gesehen, noch wurde ich von ihm geheilt, sondern als ich am Tor des Tempels saß, ließ ein Mann mich zu sich kommen, und er vermischte seinen Speichel mit etwas Erde, legte mir etwas von jenem Lehm auf die Augen und schickte mich zum

Waschen zum Teich von Schiloach; da ging ich hin und wusch mich, und als ich zurückkehrte, war ich sehend."

Der Hohepriester fragte ihn nach dem Namen jenes Mannes. Der Blindgeborene antwortete: „Er sagte mir nicht seinen Namen, aber ein Mann, der ihn sah, rief mich und sagte: ‚Geh hin und wasch dich, wie jener Mann es dir gesagt hat, denn er ist Jesus der Nazarener, ein Prophet und ein Heiliger des Gottes Israels.‘"

Da sagte der Hohepriester: „Hat er dich womöglich heute geheilt, das heißt, am Sabbat?"

Der Blinde antwortete: „Heute hat er mich geheilt."

Sagte der Hohepriester: „Sieh nur, was dieser für ein Sünder ist, er hält ja nicht den Sabbat!"

157. Der Blindgeborene wird verhört

DER BLINDGEBORENE ERWIDERTE: „Ob er ein Sünder ist, weiß ich nicht; aber das weiß ich, daß er mich erleuchtete, da ich blind war."

Die Pharisäer glaubten dies nicht; deshalb sprachen sie zu dem Hohenpriester: „Lasset seinen Vater und seine Mutter holen, denn sie werden uns die Wahrheit sagen." Sie ließen also den Vater und die Mutter des Blinden holen, und als sie kamen, befragte sie der Hohepriester mit den Worten: „Ist dieser Mann euer Sohn?"

Sie antworteten: „Er ist wahrlich unser Sohn."

Da sagte der Hohepriester: „Er sagt, er sei blind geboren und könne nun sehen; wie ist dies vor sich gegangen?"

Der Vater und die Mutter des Blindgeborenen antworteten: „Er ist wirklich blind geboren, aber wie er das Augenlicht erlangt haben mag, wissen wir nicht; er ist alt genug, fragt ihn, und er wird euch die Wahrheit sagen." Daraufhin ließ man sie gehen, und der Hohepriester sprach wiederum zu dem Blindgeborenen: „Gib Gott die Ehre und sprich die Wahrheit."

Der Vater und die Mutter des Blinden aber hatten Angst zu reden, da der Senat von Rom angeordnet hatte, daß jeder, der Jesus, dem Propheten der Juden, beistand, mit dem Tode bestraft werde. Diesen Erlaß hatte der Statthalter erwirkt, darum sagten sie: „Er ist alt genug, fragt ihn."

Da sagte der Hohepriester zu dem Blindgeborenen: „Gib Gott die Ehre und sprich die Wahrheit, denn wir wissen, daß dieser Mann ein Sünder ist, von dem du sagst, er habe dich geheilt."

Der Blindgeborene erwiderte: „Ob er ein Sünder ist, weiß ich nicht, aber dies weiß ich, daß ich nicht sehen konnte und daß er mich sehend gemacht hat. Mit Gewißheit ist von Anbeginn der Welt bis zu dieser Stunde noch niemand sehend geworden, der blind geboren war, und Gott erhört die Sünder nicht."

Sagten die Pharisäer: „Was hat er denn getan, als er dich sehend machte?"

Da verwunderte sich der Blindgeborene über ihren Unglauben und sagte: „Ich habe es euch gesagt, warum fragt ihr mich denn von neuem? Wollt auch ihr seine Jünger werden?"

Da beschimpfte ihn der Hohepriester und sagte: „Du bist ganz in Sünde geboren und möchtest uns belehren? Scher dich hinweg und werde doch Jünger eines solchen Mannes! Denn wir sind Jünger des Moses, und wir wissen, daß Gott zu Moses gesprochen hat, aber bei diesem Mann wissen wir nicht, wessen er ist." Und sie warfen ihn aus der Synagoge und aus dem Tempel hinaus und untersagten ihm, mit den Reinen Israels zu beten.

D ER B LINDGEBORENE GING zu Jesus hin, der tröstete ihn und sagte: „Zu keiner Zeit warst du so gesegnet, wie du es jetzt bist, denn du bist gesegnet von unserem Gott, welcher durch unseren Vater, den Propheten David, gegen die Freunde der Welt sprach und sagte: ‚Sie verfluchen und ich segne‘, und durch den Propheten Micha sprach er: ‚Ich verfluche deinen Segen.‘ Denn der Gegensatz zwischen Erde und Luft, Wasser und Feuer, Licht und Dunkelheit, Kälte und Hitze, zwischen Liebe und Haß ist nicht so groß wie der Gegensatz zwischen dem Willen Gottes und dem Willen der Welt.“

Die Jünger befragten ihn hierüber und sprachen: „Herr, groß sind deine Worte, erklär uns daher ihre Bedeutung, denn wir verstehen noch nicht.“

Jesus antwortete: „Wenn ihr die Welt erkennen werdet, werdet ihr sehen, daß ich die Wahrheit gesagt habe, und so werdet ihr die Wahrheit bei jedem Propheten erkennen.

Wisset denn, daß es drei Arten von Welten gibt, die unter einem einzigen Namen zusammengefaßt werden: Die eine steht für die Himmel und die Erde sowie Wasser, Luft und Feuer und alle Dinge, die dem Menschen untergeordnet sind.

Diese Welt folgt in allen Dingen dem Willen Gottes, denn wie David, der Prophet Gottes, sagte: ‚Gott hat ihnen ein Gebot gegeben, welches sie nicht übertreten.‘

Die zweite steht für alle Menschen, ebenso wie das ‚Haus eines Menschen‘ nicht die Mauern bezeichnet, sondern die Familie. Diese Welt wiederum liebt Gott; denn sie sehnt sich von Natur aus nach Gott, da alle sich naturgemäß nach Gott sehnen, obwohl sie Irrtümer begehen bei der Suche nach Gott. Und wißt ihr, warum alle sich nach Gott sehnen? Weil ein jeder sich nach etwas unendlich Gutem sehnt ohne jegliches Böse, und dies ist Gott allein. Darum hat der barmherzige Gott seine Propheten in diese Welt entsandt zu ihrer Rettung.

Die dritte Welt ist der Zustand der in Sünde gefallenen Menschen, die sich in ein Gesetz gewandelt hat gegen Gott, den Erschaffer der Welt. Jene läßt den Menschen den Dämonen ähnlich werden, den Feinden Gottes. Und diese Welt haßt unser Gott so sehr, daß er den Propheten, hätten sie diese Welt geliebt – was glaubt ihr? –, gewiß das Prophetentum weggenommen hätte.Und was soll ich sagen? So wahr Gott lebt, in dessen Gegenwart meine Seele steht: Wenn der Gesandte Gottes in die Welt kommen wird und Liebe für diese böse Welt hegen sollte, würde Gott ihm gewiß alles wegnehmen, was er ihm gab, als er ihn erschuf, und er würde ihn verdammen – so groß ist der Gegensatz zwischen Gott und dieser Welt."

159. Das Wesen der Sünde

DIE JÜNGER ERWIDERTEN: „O Herr, überaus groß sind deine Worte; darum hab Erbarmen mit uns, denn wir verstehen sie nicht."

Jesus sagte: „Denkt ihr vielleicht, Gott habe sich seinen Gesandten als Rivalen erschaffen, der sich womöglich Gott gleichstellen würde? Gewiß nicht, sondern vielmehr als seinen guten Diener, der nicht will, was sein Herr nicht will. Ihr könnt dies nicht verstehen, weil ihr nicht wißt, was für ein Ding die Sünde ist. Darum höret auf meine Worte. Wahrlich, wahrlich, ich sage euch, die Sünde kann im Menschen nur als Widerspruch zu Gott entstehen, da ja nur dies Sünde ist, was Gott nicht will; denn alles, was Gott will, ist der Sünde fern. Wenn also eure Hohenpriester und Priester sowie die Pharisäer mich verfolgen, weil das Volk Israel mich Gott genannt hat, würden sie etwas tun, was Gott gefällt, und Gott würde sie belohnen; da sie mich aber aus dem gegenteiligen Grunde verfolgen, weil sie nicht dulden, daß ich die Wahrheit sage, nämlich wie sie das Buch des Moses und des David und das der Propheten und Freunde Gottes beschmutzt haben durch ihre Gebräuche, und daß sie mich deshalb hassen und meinen Tod wünschen – darum verabscheut sie Gott.

Sagt mir – Moses tötete Menschen, und Ahab tötete Menschen: Ist dies in beiden Fällen Mord? Sicher nicht; denn Moses tötete Menschen, um die Götzendienerei abzuschaffen und den Dienst des wahren Gottes beizubehalten. Ahab jedoch tötete Menschen, um den Dienst des wahren Gottes abzuschaffen und die Götzendienerei beizubehalten. Daher wurde bei Moses aus dem Töten von Menschen ein Opfer, während es dem Ahab als Gotteslästerung angerechnet wurde, so daß eine und dieselbe Tat zwei entgegengesetzte Wirkungen hervorbrachte.

So wahr Gott lebt, in dessen Gegenwart meine Seele steht, wenn Satan zu den Engeln gesprochen hätte, um zu sehen, wie sehr sie Gott liebten, wäre er nicht von Gott verworfen worden; da er aber danach trachtete, sie von Gott abzuwenden, wurde er verworfen."

Da erwiderte der, der dies schreibt: „Wie ist dann das zu verstehen, was bei dem Propheten Micha geschrieben steht über die Lüge, die auf Gottes Geheiß hin durch den Mund falscher Propheten ausgesprochen wurde, wie es im Buch der Könige Israels geschrieben steht?"

Jesus antwortete: „O Barnabas, berichte kurz all das, was geschah, damit wir die Wahrheit deutlich erkennen mögen."

160. Über Ahab und den Propheten Micha

Da sprach der, der dies schreibt: „Folgendes schreibt der Prophet Daniel, als er die Geschichte der Könige Israels und seiner Herrscher berichtet: ‚Der König von Israel verbündete sich mit dem König von Juda, um gegen die Söhne des Belial – das heißt die Abtrünnigen – zu kämpfen, welche die Ammoniter waren. Vor Josafat, dem König von Juda, und Ahab, dem König von Israel – beide hatten einen Thron in Samaria inne –, standen nun vierhundert falsche Propheten, welche zu dem König von Israel sprachen: »Geh hinauf gegen die Ammoniter, denn Gott wird sie dir übergeben, und du wirst Ammon vernichten.«

Da sagte Josafat: »Gibt es hier einen Propheten des Gottes unserer Väter?«

Ahab antwortete: »Es gibt nur einen, und der ist schlecht, denn er sagt mir immer nur Schlechtes voraus; den halte ich gefangen.« Und dies nämlich »Es gibt nur einen« sagte er deshalb, weil alle, die man fand, auf Befehl des Ahab hin getötet worden waren, so daß die Propheten – genau wie du gesagt hast, o Herr – geflohen waren auf die Gipfel der Berge, wo keine Menschen wohnten.

Da sagte Josafat: »Laßt ihn hierherkommen, wir wollen sehen, was er sagt.«

Ahab befahl also, daß Micha zu ihm geführt wurde; dieser kam, an den Füßen gefesselt, sein Gesicht verstört wie einer, der zwischen Leben und Tod wohnt.

Ahab befragte ihn und sprach: »Sprich, Micha, im Namen Gottes. Sollen wir gegen die Ammoniter hinaufgehen? Wird Gott ihre Städte in unsere Hand geben?«

Micha antwortete: »Geh hinauf, geh hinauf, denn vom Glück begünstigt werdet ihr hinaufgehen, und noch größeres Glück wird mit euch sein, wenn ihr herunterkommt!«

Da priesen die falschen Propheten Micha als wahren Propheten Gottes und lösten ihm die Fesseln von den Füßen. Josafat, der unseren Gott fürchtete und niemals vor den Götzenbildern niedergekniet hatte, befragte Micha und sprach: »Um der Liebe zu dem Gott unserer Väter willen, sprich die Wahrheit, denn du hast den Ausgang dieses Krieges gesehen.«

Micha erwiderte: »O Josafat, ich fürchte dein Antlitz, darum sage ich dir, daß ich das Volk Israel sah als Schafe ohne Hirten.«

Da lächelte Ahab und sprach zu Josafat: »Ich sagte dir ja, daß dieser nur Schlechtes vorhersagt, aber du hast mir nicht geglaubt.«

Da sagten beide: »Woher weißt du denn dieses, o Micha?«

Micha antwortete: »Mich deuchte, daß sich ein Rat von Engeln versammelte in der Gegenwart Gottes, und ich hörte, wie Gott folgendes sprach: ,Wer wird Ahab täuschen, auf daß er hinaufgehe gegen Ammon und getötet werde?' Darauf sagte der eine dies, der andere jenes. Da kam ein Engel und sagte: ,Herr, ich werde gegen Ahab kämpfen und zu seinen falschen Propheten gehen und ihnen die Lüge in den Mund legen, und also wird er hinaufgehen und getötet werden.' Und als Gott dies hörte, sprach er: ,Nun geh hin und tu dies, denn du wirst obsiegen.'«

Da waren die falschen Propheten erzürnt, und ihr Oberster schlug Micha ins Gesicht und sagte: »O du von Gott Verworfener, wann ging der Engel der Wahrheit von uns hinweg und kam zu dir? Sag uns, wann kam der Engel zu uns, der die Lüge brachte?«

Micha antwortete: »Du wirst es wissen, wenn du fliehen wirst von Haus zu Haus aus Furcht, getötet zu werden, da du deinen König täuschtest.«

Da wurde Ahab zornig und sagte: »Ergreift Micha und legt ihm die Fesseln, die er an den Füßen hat, um den

Nacken und gebt ihm Gerstenbrot und Wasser bis zu meiner Wiederkehr; denn ich weiß nun noch nicht, mit welchem Tode ich ihn bestrafen werde.«

Da gingen sie hinauf, und es geschah, wie es Micha gesagt hatte. Denn der König der Ammoniter sprach zu seinen Dienern: »Sehet zu, daß ihr nicht gegen den König von Juda kämpft und auch nicht gegen die Fürsten Israels, sondern tötet den König von Israel, Ahab, meinen Feind.«'"

Da sagte Jesus: „Hier ende nun, Barnabas, denn es ist genug für unseren Zweck.

161. Worte des Propheten Amos

HABT IHR ALLES verstanden?" sagte Jesus.

Die Jünger antworteten: „Ja, Herr."

Da sprach Jesus: „Die Lüge ist wahrhaft Sünde, aber Mord ist schlimmer, denn die Lüge betrifft denjenigen, der sie ausspricht; Mord aber, während er denjenigen betrifft, der ihn begeht, ist solcherart, daß er auch das Liebste zerstört, welches Gott hier auf Erden hat, und das ist der Mensch. Und die Lüge kann wiedergutgemacht werden, indem man das Gegenteil sagt von dem, was gesagt wurde; Mord kann nicht wiedergutgemacht werden, da es unmöglich ist, dem Toten das Leben wiederzugeben. Nun sagt mir, sündigte Moses, der Diener Gottes, als er all jene tötete, welche er tötete?"

Die Jünger antworteten: „Gott bewahre; Gott bewahre, daß Moses sündigte, indem er Gott gehorchte, der ihm befahl!"

Da sprach Jesus: „Und ich sage, Gott bewahre, daß jener Engel sündigte, der Ahabs falsche Propheten durch jene Lüge täuschte; denn ebenso wie Gott das Töten von Menschen als Opfer ansah, so sah er die Lüge als Lobpreisung an. Wahrlich, wahrlich, ich sage euch, ebenso wie ein Kind im

Irrtum ist, welches sich Schuhe von der Größe eines Riesen anfertigen läßt, so ist jener im Irrtum, welcher Gott dem Gesetz unterwerfen will, so wie er selbst als Mensch dem Gesetz unterworfen ist. Wenn ihr demnach nur das für Sünde halten werdet, was Gott nicht will, werdet ihr die Wahrheit finden, so wie ich es euch gesagt habe. Und da Gott weder zusammengesetzt noch veränderlich ist, kann er auch nicht ein Ding wollen und es gleichzeitig nicht wollen; denn dann würde er mit sich selbst im Widerstreit liegen und demzufolge leiden, und er wäre nicht unendlich gesegnet."

Philippus erwiderte: „Wie sind aber die Worte des Propheten Amos zu verstehen, daß es kein Böses in der Stadt gibt, welches Gott nicht getan hat?"

Jesus antwortete: „Hieran siehst du nun, Philippus, welch große Gefahr darin liegt, beim buchstäblichen Sinn zu verweilen, wie es die Pharisäer tun, die für sich selbst ‚die Vorherbestimmung Gottes in den Auserwählten' erfunden haben, so daß sie wahrhaftig hingehen und sagen, daß Gott sündhaft sei und ein Lügner und Betrüger und daß er das Gericht hasse, welches über sie kommen wird.

Darum sage ich, daß Amos, Gottes Prophet, hier von dem Bösen spricht, welches die Welt böse nennt; denn hätte er die Sprache der Rechtschaffenen gesprochen, die Welt hätte ihn nicht verstanden. Denn alle Heimsuchungen sind gut, entweder weil sie uns von dem Bösen reinigen, das wir getan haben; oder sie sind gut, weil sie uns daran hindern, Böses zu tun, oder sie sind gut, weil sie dem Menschen begreiflich machen, was dieses Leben ist, damit wir das ewige Leben lieben und herbeisehnen mögen. Hätte der Prophet Amos also gesagt: ‚Es gibt kein Gutes in der Stadt, was nicht von Gott getan wurde', so hätte er den Betrübten Grund zur Verzweiflung gegeben, da sie glaubten, sie lebten in Trübsal und den Sündern ergehe es wohl. Und was noch schlimmer ist, viele, die glaubten, der Satan habe solch große Macht über den Menschen, hätten Satan gefürchtet und ihm gedient, um keine Heimsuchungen zu erleiden. Amos machte es also wie der römische Übersetzer, der auf seine Worte nicht wie jemand achtet, der in Anwesenheit des Hohenpriesters spricht, sondern den Willen und das Anliegen des Juden beachtet, der die hebräische Sprache nicht spricht.

162. Gutes und Böses im Urteil der Menschen

SO WAHR GOTT lebt, in dessen Gegenwart meine Seele steht, hätte Amos gesagt: ‚Es gibt kein Gutes in der Stadt, was nicht von Gott getan wurde‘, so hätte er einen großen Irrtum begangen; denn die Welt hält nichts für gut außer Bosheit und Sünde, die auf dem Pfade der Eitelkeit begangen werden. Dann hätten die Menschen noch viel mehr gesündigt, da sie glaubten, es gäbe keine Sünde oder Bosheit, ‚die Gott nicht getan hat‘, auf daß die Erde bebt, wenn sie dieses vernimmt.“ Und als Jesus so gesprochen hatte, erhob sich geradewegs ein großes Erdbeben, und ein jeder fiel wie tot zu Boden. Da richtete Jesus sie auf und sagte: „Seht nun, ob ich euch die Wahrheit gesagt habe. Und laßt es euch genügen, daß Amos die Welt meinte, als er sagte: ‚Gott hat Böses in der Stadt getan‘, und von Kümmernissen sprach, welche allein die Sünder böse nennen.

Laßt uns nun zur Vorherbestimmung kommen, über die ihr etwas wissen möchtet und von der ich zu euch in der Nähe des Jordan reden werde, morgen, so Gott will.“

163. Über die Vorherbestimmung

JESUS GING MIT seinen Jüngern in die Wildnis jenseits des Jordan, und als sie das Mittagsgebet verrichtet hatten, setzte er sich in die Nähe einer Palme, und in dem Schatten der Palme ließen sich seine Jünger nieder.

Da sprach Jesus: „Solch ein Geheimnis ist die Vorherbestimmung, o Brüder, und ich sage euch dies wahrlich, daß sie nur von einem einzigen Menschen klar verstanden werden wird. Er ist der, den die Völker erwarten, dem die Geheimnisse Gottes so klar sind, daß die gesegnet sein werden, die auf seine Worte hören, wenn er in die Welt kommen wird, denn Gott wird sie mit seiner Barmherzigkeit beschirmen, ebenso wie uns diese Palme beschirmt. Denn wie dieser Baum uns vor der sengenden Hitze der Sonne beschirmt, so wird die Gnade Gottes jene vor Satan schützen, die an jenen Menschen glauben."

Die Jünger erwiderten: „O Herr, wer wird jener Mensch sein, von dem du sprichst, der in die Welt kommen wird?" Jesus antwortete mit freudigem Herzen: „Es ist Mahomet, der Gesandte Gottes, und wenn er in die Welt kommen wird, wird er die Menschen dazu veranlassen, Gutes zu tun durch die überreiche Gnade, welche er bringen wird, so wie der Regen die Erde Früchte tragen läßt, wenn es lange Zeit nicht geregnet hat. Denn er ist eine weiße Wolke, voll der Gnade Gottes, und diese Gnade wird Gott wie Regen ausgießen über den Gläubigen."

164. Vorherbestimmung und freier Wille

ICH WERDE EUCH also das wenige Wissen mitteilen, das Gott mir über ebendiese Vorherbestimmung gewährte. Die Pharisäer sagen, alles sei so vorherbestimmt, daß aus einem, der auserwählt ist, kein Verdammter werden könne, und daß einer, der verdammt ist, keinesfalls ein Auserwählter werden könne; sie sagen, Gott habe ebenso das Wohlverhalten als einen Pfad vorherbestimmt, auf dem der Auserwählte dem Heile entgegenwandelt, wie Gott die Sünde als den Pfad vorherbestimmt habe, auf dem der Verdammte der Verdammnis entgegengeht. Verflucht sei die Zunge, die dies sprach, und auch die Hand, die es schrieb; denn dies ist der Glaube Satans. Daran mag man erkennen, von welcher Art die heutigen Pharisäer sind, denn sie sind gläubige Diener Satans.

Was kann Vorherbestimmung anderes bedeuten als der unbedingte Wille, einer Sache Sinn und Zweck zu geben, von welcher man die Mittel in der Hand hat? Denn man kann ohne die Mittel den Zweck nicht bestimmen. Wie soll denn der über ein Haus bestimmen, dem weder Steine noch Geld zur Verfügung stehen und der überdies noch nicht einmal so viel Land hat, daß er seinen Fuß darauf setzen könnte? Dies kann gewiß niemand. Ebensowenig, das sage ich euch, ist die Vorherbestimmung Gottes Gesetz, das etwa den freien Willen beseitigte, den Gott dem Menschen gab aus reiner Güte. Sicher würde dies nicht Vorherbestimmung bedeuten, sondern Verdammnis.

Daß der Mensch frei ist, zeigt das Buch Mose, in welchem unser Gott sprach, als er das Gesetz gab auf dem Berge Sinai: ,Mein Gebot ist nicht im Himmel, damit du dich nicht entschuldigest und sagest: »Wer wird nun gehen, uns das Gebot Gottes zu bringen? Und wer wird uns die Kraft geben, es einzuhalten?« Auch ist es nicht jenseits des Meeres, daß du dich in gleicher Weise entschuldigest. Sondern mein Gebot ist deinem Herzen nahe, damit, wenn du willst, du es einhalten mögest.'

Sagt mir: Wenn König Herodes einem alten Mann befehlen würde, jung zu werden, und einem kranken Mann befehlen würde, gesund zu werden, und wenn er sie umbringen ließe, wenn sie dies nicht tun, wäre dies gerecht?"

Die Jünger antworteten: „Wenn Herodes diesen Befehl gäbe, wäre er äußerst ungerecht und sündig."

Da seufzte Jesus und sagte: „Dies ist die Frucht der menschlichen Überlieferungen, o Brüder; denn indem sie sagen, Gott habe den Verdammten solcherart vorherbestimmt, daß er nicht zu einem Auserwählten werden könne, lästern sie Gott als sündig und ungerecht. Denn er befiehlt dem Sünder, nicht zu sündigen und, wenn er sündigt, zu bereuen, wohingegen solche Vorherbestimmung dem Sünder die Fähigkeit wegnimmt, nicht zu sündigen, und ihn gänzlich der Reue beraubt.

165. Sünde und Vorherbestimmung

ABER HÖRET, WAS Gott durch den Propheten Joel spricht: ‚So wahr ich, euer Gott, lebe, ich will nicht den Tod des Sünders, sondern ich trachte danach, daß er sich zur Buße bekehre.‘ Will Gott denn etwas vorherbestimmen, was er nicht will? Bedenket, was Gott sagt und was die heutigen Pharisäer sagen.

Weiterhin spricht Gott durch den Propheten Jesaja: ‚Ich habe gerufen, und ihr wolltet nicht auf mich hören.‘ Und wie sehr Gott gerufen hat, das höret durch denselben Propheten, welcher sagt: ‚Den ganzen Tag habe ich nach einem Volk die Hände ausgestreckt, das mir nicht glaubt, ja nur widerspricht.‘ Und wenn unsere Pharisäer sagen, daß aus einem Verdammten kein Auserwählter werden kann, was sagen sie dann anderes, als daß Gott den Menschen verspotte, ebenso wie der einen Blinden verspotten würde, welcher ihm etwas Weißes zeigte, und ebenso wie der einen Tauben verspotten würde, der ihm etwas ins Ohr sagte. Und bedenket, was unser Gott durch den Propheten Hesekiel sagt, daß der Auserwählte verdammt werden kann: ‚So wahr ich lebe‘, sagt Gott, ‚wenn der Gerechte seine Rechtschaffenheit verläßt und Schandtaten begeht, wird er untergehen, und nichts von seiner Rechtschaffenheit wird mir im Gedächtnis bleiben, denn wenn er sich auf diese verläßt, wird sie ihn eher als ich verlassen, und sie wird ihn nicht retten.‘

Und folgendes sagt Gott über die Berufung der Verdammten durch den Propheten Hosea: ‚Ich werde ein Volk

berufen, das nicht auserwählt ist, und ich werde es auserwählt nennen.' Gott ist wahrhaftig und kann nicht lügen;
denn da Gott die Wahrheit ist, spricht er die Wahrheit. Aber
die Pharisäer dieser heutigen Zeit widersprechen Gott mit
ihrer Lehre in allem."

166. Die Grundlage der Vorherbestimmung

ANDREAS ERWIDERTE: „WIE ist aber das zu verstehen, was
Gott zu Moses sagte, daß er mit jenen Erbarmen haben wird,
derer er sich erbarmen will, und daß er gegen jene Strenge
üben wird, mit denen er streng sein will?"

Jesus antwortete: „Gott sagt dies, damit der Mensch nicht
glauben soll, daß er durch seine eigene Tugend gerettet werde, und damit er begreift, daß ihm das Leben und die Gnade
Gottes von Gott in seiner Güte geschenkt wurden. Und er
sagt dies, damit die Menschen vor dem Glauben zurück-
schrecken, es gäbe außer ihm andere Götter.

Wenn er also Strenge übte gegen Pharao, so tat er dies,
weil jener unserem Volke Leid zugefügt hatte und es zu
vernichten suchte, indem er alle männlichen Kinder in Israel
umbrachte, weshalb Moses nahe daran war, sein Leben zu
verlieren.

Ich sage euch also wahrlich, daß die Grundlage der
Vorherbestimmung Gottes Gesetz und der menschliche
freie Wille sind. Ja, sogar wenn Gott die ganze Welt retten
könnte, so daß niemand unterginge, würde er dies nicht tun
wollen, um dem Menschen nicht die Freiheit zu nehmen,
welche er ihm erhält, damit er dem Satan zuwiderhandele,
auf daß dieses von dem Geist verschmähte Stück Lehm,
obwohl es sündigen wird – ebenso wie der Geist es tat –, die
Kraft haben möge zu bereuen und an jenem Ort Wohnung
nehmen möge, aus dem der Geist vertrieben wurde. Unser
Gott will, sage ich, dem freien Willen des Menschen mit

seiner Gnade folgen, und er will das Geschöpf nicht im Stich lassen in seiner Allmacht. Und so wird sich am Tag des Gerichtes niemand für seine Sünden entschuldigen können, da allen offenbar werden wird, wieviel Gott für ihre Bekehrung getan und wie oft er sie zur Buße gerufen hat.

167. Die göttlichen Geheimnisse und die Grenzen menschlichen Verstehens

WENN SICH EUER Verstand also hiermit nicht zufrieden gibt und ihr wiederum sagen möchtet: ‚Warum dies?‘, dann möchte ich euch ein ‚Warum‘ enthüllen. Es ist folgendes. Sagt mir, warum kann nicht ein einziger Stein auf der Oberfläche des Wassers bleiben, während die ganze Erde auf der Oberfläche des Wassers ruht? Sagt mir, warum ist dies so: Obwohl das Wasser das Feuer auslöscht und die Erde die Luft flieht, so daß niemand Erde, Luft, Wasser und Feuer in Harmonie vereinigen kann, sind sie dennoch im Menschen vereinigt und in Harmonie gehalten!

Wenn ihr dies also nicht wißt – denn alle Menschen als Menschen können dies nicht verstehen –, wie sollen sie dann verstehen, daß Gott das Weltall aus dem Nichts erschuf durch ein einziges Wort? Wie sollen sie die Ewigkeit Gottes verstehen? Es ist gewiß, daß sie dies unter keinen Umständen verstehen können; denn da der Mensch endlich ist und gebunden an seinen Körper, welcher durch seine Vergänglichkeit, wie der Prophet Salomon sagt, die Seele darniederdrückt, und da Gottes Werke in Übereinstimmung sind mit Gott, wie sollen sie in der Lage sein, sie zu begreifen?

Dies hatte der Prophet Jesaja im Sinn, als er den Ausspruch tat: ‚Wahrlich, du bist ein verborgener Gott‘.

Und über den Gesandten Gottes, wie Gott ihn erschuf, sagt er: ‚Wer soll seine Erschaffung verkünden?‘ Und von dem Wirken Gottes spricht er: ‚Wer war sein Ratgeber?‘

246

Darum spricht Gott zu den Menschenwesen: ‚Ebenso wie der Himmel sich über der Erde erhebt, so sind meine Wege erhaben über eure Wege und meine Gedanken über eure Gedanken.‘

Darum sage ich euch, das Wesen der Vorherbestimmung ist den Menschen nicht offenbar, wenngleich sie doch eine Tatsache ist, wie ich euch gesagt habe.

Sollte der Mensch denn die Tatsache leugnen, weil er die Wirkungsweise nicht ergründen kann? Ich habe gewiß noch nie gesehen, daß jemand Gesundheit nicht will, obwohl wir ihr Wesen nicht begreifen. Ich weiß ja noch nicht einmal, wie Gott durch meine Berührung die Kranken heilt."

168. Über ein Buch im Herzen Jesu

DA SAGTEN DIE Jünger: „Wahrlich, Gott spricht in dir, denn noch nie hat ein Mensch so gesprochen wie du."

Jesus erwiderte: „Glaubt mir, als Gott mich erwählte und mich dem Hause Israel entsandte, gab er mir ein Buch, das war wie ein klarer Spiegel. Und es senkte sich in mein Herz hinein, so daß alles, was ich rede, aus jenem Buche herauskommt. Und wenn jenes Buch nicht mehr aus meinem Munde herauskommen wird, dann werde ich aus der Welt heraufgeholt werden." Petrus erwiderte: „O Herr, steht das, was du jetzt redest, in jenem Buche geschrieben?"

Jesus antwortete: „Alles, was ich zur Erkenntnis und zum Dienste Gottes sage, zur Erkenntnis des Menschen und zum Heil der Menschheit – all dies kommt aus jenem Buche heraus, welches mein Evangelium ist."

Sprach Petrus: „Steht dort etwas über die Herrlichkeit des Paradieses geschrieben?"

Jesus antwortete: „Höret, und ich werde euch erzählen, von welcher Art das Paradies ist und wie die Heiligen und Gläubigen dort ohne Ende verweilen werden; denn dies ist eine der größten Segnungen des Paradieses, daß ein jedes Ding, wie groß es auch sein mag, klein wird, da es ein Ende hat, ja zunichte wird.

Das Paradies ist das Heim, in dem Gott seine Freuden aufbewahrt, welche so groß sind, daß der Boden, der von den Heiligen und Gesegneten betreten wird, so kostbar ist, daß eine Drachme hiervon kostbarer ist als tausend Welten. Diese Freuden schaute unser Vater David, Gottes Prophet, denn Gott zeigte sie ihm, da er ihn die Herrlichkeiten des Paradieses sehen ließ; als er daraufhin wieder zu sich kam, hielt er sich beide Hände vor die Augen und sagte weinend: ,Schauet nicht mehr auf diese Welt, o meine Augen, denn alles ist eitel, und es gibt nichts Gutes!'

Von jenen Freuden sagte der Prophet Jesaja: ,Die Augen des Menschen haben es nicht gesehen, seine Ohren haben es nicht gehört, und des Menschen Herz hat nicht empfangen, was Gott jenen bereitet hat, die ihn lieben.' Wißt ihr, warum sie solche Freuden nicht gesehen, gehört, empfangen haben? Es ist deshalb so, weil sie nicht würdig sind, solche Dinge zu sehen, solange sie hier unten leben. Darum sage ich euch, obwohl unser Vater David sie wahrhaft sah, sah er sie nicht mit menschlichen Augen, denn Gott nahm seine Seele zu sich, und so, vereinigt mit Gott, sah er sie durch göttliches Licht. So wahr Gott lebt, in dessen Gegenwart meine Seele steht, da die Freuden des Paradieses unendlich sind und der Mensch endlich ist, kann der Mensch sie nicht fassen, ebensowenig wie ein kleines irdenes Gefäß das Meer fassen kann.

Sehet nur, wie schön ist die Welt im Sommer, wenn alles Früchte trägt! Selbst der Bauer, trunken vor Freude über die nahende Ernte, läßt Berg und Tal widerhallen von seinem Gesang, denn er liebt seine Arbeit über alles. Ebenso erhebet nun eure Herzen zum Paradiese, wo alle Dinge Früchte tragen, die demjenigen angemessen sind, der sie angepflanzt hat.

So wahr Gott lebt, dieses Wissen über das Paradies ist ausreichend, da Gott das Paradies erschuf als Heim seiner Freuden. Glaubt ihr denn, daß die unermeßliche Güte nicht unermeßlich gute Dinge habe? Oder daß die unermeßliche Schönheit nicht unermeßlich schöne Dinge habe? Hütet euch, denn ihr irrt gewaltig, wenn ihr denkt, er habe sie nicht.

170. Die Güte Gottes im Paradiese

So spricht Gott zu dem, der ihm getreulich dient: ‚Ich kenne deine Werke, die du für mich wirkst. So wahr ich ewig lebe, deine Liebe soll meine Güte nicht übertreffen. Weil du mir als Gott, deinem Schöpfer, in dem Wissen dienst, daß du mein Werk bist, und nichts von mir verlangst als die Gnade und Gunst, mir getreulich zu dienen, weil du mir unaufhörlich dienst in dem Wunsche, mir auf ewig zu dienen: Darum will ich das Gleiche tun, denn ich will dich belohnen, als wärest du Gott, meinesgleichen. Denn ich werde in deine Hände nicht nur die Fülle des Paradieses geben, sondern ich werde mich selbst dir zum Geschenk geben; und ebenso wie du gerne für immer mein Diener wärest, so werde ich dich für immer belohnen.‘

171. Der Lohn des Paradieses

Wie denkt ihr", sagte Jesus zu seinen Jüngern, „über das Paradies? Welcher Verstand vermöchte solche Freuden und Reichtümer zu fassen? Das Wissen des Menschen müßte größer als das Wissen Gottes sein, wenn er wüßte, was Gott seinen Dienern zu geben gewillt ist.

Habt ihr gesehen, wenn Herodes einem seiner Lieblings-
vasallen ein Geschenk macht, auf welche Weise er es über-
reicht?"

Johannes antwortete: „Ich habe es zweimal gesehen, und
gewiß wäre der zehnte Teil dessen, was er gibt, ausreichend
für einen Armen."

Sagte Jesus: „Wenn aber ein Armer vor Herodes geführt
würde, was wird er ihm geben?"

Johannes antwortete: „Einen oder zwei Heller."

„Nun lasset dies euer Buch sein, durch welches ihr Wissen
über das Paradies erwerbt", sagte Jesus, „denn alles, was Gott
dem Menschen in dieser gegenwärtigen Welt für seinen
Körper gab, ist so, als gäbe Herodes einem Armen einen
Heller; aber was Gott der Seele und dem Körper im Paradies
geben wird, das ist, als gäbe Herodes einem seiner Diener
alles, was er hat, und dazu sein eigenes Leben.

172. Die Unermeßlichkeit der Belohnung

SO SPRICHT GOTT zu dem, der ihn liebt und der ihm getreulich dient: ‚Geh hin und betrachte den Sand des Meeres, o
mein Diener, wie viel es ist! Wenn nun das Meer dir ein einziges Sandkorn gäbe, würde es dir als wenig vorkommen? Ja,
gewiß. So wahr ich, dein Schöpfer, lebe: Alles, was ich in
dieser Welt allen Fürsten und Königen der Erde gab, ist
weniger als ein Sandkorn, das dir das Meer gäbe, verglichen
mit dem, was ich dir in meinem Paradiese geben werde.'

173. Über den Überfluß und
den Eingang des Körpers ins Paradies

BETRACHTET NUN", SPRACH Jesus, „den Überfluß des Paradieses. Denn wenn Gott dem Menschen in dieser Welt eine
Unze von Wohlgefühl gab, dann wird er ihm im Paradiese das
Zehnhunderttausendfache davon geben. Betrachtet die Vielfalt an Früchten, die auf dieser Welt sind, die Vielfalt an Speisen, die Vielfalt an Blumen und die Vielzahl von Dingen, die
dem Menschen untertan sind. So wahr Gott lebt, in dessen
Gegenwart meine Seele steht: So wie das Meer immer noch
Sand in Hülle und Fülle hat, wenn man ein Korn hiervon wegnimmt, ebenso wird die Güte und Menge der Feigen im Paradiese größer sein als die Art Feigen, die wir hier essen. Und
ebenso ist es mit jedem anderen Ding im Paradiese. Und mehr
noch sage ich euch wahrlich: So wie ein Berg von Gold und
Perlen kostbarer ist als der Schatten einer Ameise, ebenso sind
die Freuden des Paradieses kostbarer als alle Freuden, welche
die Fürsten der Welt hatten und haben werden bis hin zum
Tag des Gottesgerichtes, wenn die Welt ein Ende haben wird."
    Petrus erwiderte: „Wird denn unser Körper, welchen wir
nun haben, ins Paradies eingehen?"
    Jesus erwiderte: „Hüte dich, Petrus, daß du nicht zum
Sadduzäer wirst, denn die Sadduzäer sagen, daß das Fleisch
nicht auferstehen werde und daß es keine Engel gäbe. Darum ist ihrer Seele und ihrem Körper der Zugang zum Paradies verwehrt, und verwehrt sind ihnen in dieser Welt die
Dienste der Engel. Hast du denn Hiob vergessen, den Propheten und Freund Gottes, wie er spricht: ‚Ich weiß, daß
mein Gott lebt; und am letzten Tage werde ich in meinem
Fleische auferstehen, und mit meinen Augen werde ich
Gott, meinen Erlöser, schauen'?
    Aber glaub mir, dieses unser Fleisch wird so geläutert sein,
daß es keine einzige von jenen Eigenschaften mehr haben

wird, die es jetzt hat; denn es wird von jeder bösen Begierde gereinigt sein, und Gott wird es in den Zustand zurückführen, in dem Adam war, bevor er sündigte.

Zwei Menschen dienen einem Herrn durch eine und dieselbe Arbeit. Einer führt nur die Aufsicht und erteilt dem anderen Befehle, und dieser führt alles aus, was der eine befohlen hat. Erscheint es euch als gerecht, sage ich, daß der Herr nur jenen belohne, der die Aufsicht führt und Befehle gibt, und denjenigen, der sich bei der Arbeit angestrengt hat, aus dem Haus verjage? Sicherlich nicht.

Wie denn sollte Gottes Gerechtigkeit dies dulden? Die Seele und der Körper sowie die Sinne des Menschen dienen Gott: Die Seele überwacht und befiehlt nur den Dienst, denn die Seele ißt kein Brot und fastet nicht, die Seele geht nicht, fühlt nicht Kälte und Hitze, wird nicht krank und nicht getötet, weil die Seele unsterblich ist; sie leidet nicht unter jenen körperlichen Schmerzen, unter denen der Körper aufgrund der Elemente leidet. Ist es denn gerecht, sage ich, daß die Seele allein ins Paradies eingehe und nicht der Körper, der sich so sehr abgemüht hat, Gott zu dienen?"

Petrus erwiderte: „O Herr, der Körper hat die Seele zur Sünde veranlaßt und sollte nicht ins Paradies kommen."

Jesus antwortete: „Wie sollte denn der Körper sündigen ohne die Seele? Das ist gewiß unmöglich. Darum verdammst du die Seele zur Hölle, wenn du den Körper der göttlichen Gnade beraubst.

174. Der Körper im Paradies

SO WAHR GOTT lebt, in dessen Gegenwart meine Seele steht: Unser Gott verspricht dem Sünder seine Gnade, indem er spricht: ‚In jener Stunde, in der der Sünder seine Sünde beweinen wird, werde ich durch mich selbst seiner Missetaten nicht auf ewig gedenken.'

Und wer sollte die Speisen des Paradieses essen, wenn der Körper nicht dorthin ginge? Die Seele? Sicher nicht, sie ist ja Geist."

Petrus erwiderte: „Dann werden also die Gesegneten im Paradiese essen; wie sollen die Speisen aber ausgeschieden werden ohne Verunreinigung?"

Jesus antwortete: „Wie soll der Körper denn Freude haben, wenn er weder ißt noch trinkt? Es ziemt sich doch, einer Sache die Ehre zu geben, die ihr gebührt. Aber du irrst, Petrus, wenn du glaubst, daß solche Speise auf unreine Weise ausgeschieden werde, denn gegenwärtig ißt dieser Körper verderbliche Speisen, und so entsteht Fäulnis; im Paradiese aber wird der Körper unverweslich sein, unvergänglich und unsterblich und frei von allem Elend; und die Speisen, welche ohne jeden Makel sind, werden keine Fäulnis erzeugen.

175. Das Festmahl des Paradieses

So spricht Gott durch den Propheten Jesaja und tadelt die Verdammten: ‚Meine Diener werden in meinem Hause an meinem Tische sitzen und ein fröhliches Festmahl halten, in Freuden und unter Harfen- und Orgelklängen, und ich werde nicht dulden, daß es ihnen an irgend etwas fehlen wird. Aber ihr, die ihr meine Feinde seid, werdet fort von mir getrieben werden, wo ihr im Elend sterben werdet, während ein jeder meiner Diener euch verachtet.'

Wozu dient es denn, wenn gesagt wird: ‚Sie werden ein Festmahl halten'?", sagte Jesus zu seinen Jüngern, „Gott spricht sicherlich deutlich. Aber zu welchem Zweck sind im Paradies vier Flüsse mit kostbarer Flüssigkeit und vielen Früchten? Gewiß ißt Gott nicht, die Engel essen nicht, die Seele ißt nicht, die Sinne essen nicht, sondern vielmehr das Fleisch, welches unser Körper ist. Darum ist die Herrlichkeit des Paradieses für den Körper die Speise und für die Seele und die Sinne Gott und die Rede der Engel und der gesegneten Geister. Jene Herrlichkeit wird durch den Gesandten Gottes deutlicher offenbar werden, der – da Gott alle Dinge aus Liebe zu ihm erschaffen hat – alle Dinge besser kennt als jedes Geschöpf."

Sagte Bartholomäus: „O Herr, wird die Herrlichkeit des Paradieses für jeden Menschen gleich sein? Wenn sie gleich wäre, dann wäre es nicht gerecht, und wenn sie nicht gleich wäre, dann würde der Geringere den Größeren beneiden."

Jesus antwortete: „Sie wird nicht gleich sein, denn Gott ist gerecht; und ein jeder wird zufrieden sein, weil es dort keinen Neid gibt. Sag mir, Bartholomäus: Da ist ein Herr, der viele Diener hat, und er bekleidet all jene von seinen Dienern mit dem gleichen Tuch. Beklagen sich denn Knaben, die die Kleidung von Knaben tragen, weil sie nicht die Gewänder von erwachsenen Männern haben? Im Gegenteil, sie wären sicher zornig, wenn die Eltern ihnen ihre größere Kleidung anziehen würden, denn da die Kleidung nicht passend für ihre Größe ist, würden sie glauben, daß man sich über sie lustig mache.

Nun, Bartholomäus, erhebe dein Herz zu Gott im Paradiese, und du wirst sehen, daß die all-eine Herrlichkeit keinerlei Neid erzeugen wird, obgleich sie für den einen mehr und für den anderen weniger ist."

177. Das Licht des Paradieses

DA SAGTE DER, der dies schreibt: „O Herr, hat das Paradies Licht von der Sonne, wie diese Welt es hat?"

Jesus antwortete: „So hat Gott zu mir gesprochen, o Barnabas: ‚Die Welt, worin ihr Menschen weilt, die ihr Sünder seid, hat die Sonne und den Mond und die Sterne zum Schmuck, zu eurem Nutzen und zu eurer Freude; denn dies habe ich erschaffen.

Glaubt ihr denn, daß das Haus, in dem meine Gläubigen wohnen werden, nicht besser sei? Wenn ihr dies glaubt, so irrt ihr gewißlich: Denn ich, euer Gott, bin die Sonne des Paradieses; und mein Gesandter ist der Mond, der alles von mir empfängt; und die Sterne sind meine Propheten, die euch meinen Willen gepredigt haben. Und darum werden meine Gläubigen, ebenso wie sie mein Wort von meinen Propheten empfingen, in gleicher Weise Freude und Wonne durch sie erlangen im Paradiese meiner Freuden.'

178. Über die Größe des Paradieses

UND DIES SOLL euch genug Wissen über das Paradies sein", sagte Jesus. Darauf sprach Bartholomäus von neuem: „O Herr, hab Geduld mit mir, wenn ich ein Wort von dir erbitte."

Jesus erwiderte: „Sag, was du wünschst."

Bartholomäus sagte: „Das Paradies ist sicherlich groß, denn da solch großes Gut darinnen ist, muß es ja groß sein."

Jesus antwortete: „Das Paradies ist so groß, daß kein Mensch es ermessen kann. Wahrlich, ich sage dir, daß der Himmel neun sind und daß sich zwischen ihnen die Planeten befinden, welche voneinander so weit entfernt sind, wie ein Mensch für eine Reise von fünfhundert Jahren braucht; und gleichermaßen ist die Entfernung zwischen der Erde und dem ersten Himmel so weit wie eine Reise von fünfhundert Jahren.

Nun halt ein beim Ermessen des ersten Himmels, welcher um so vieles größer ist als die ganze Erde, wie die ganze Erde größer ist als ein Sandkorn. So ist auch der zweite Himmel größer als der erste, und der dritte größer als der zweite, und so ist bis hin zum letzten Himmel ein jeder entsprechend größer als der vorherige. Und wahrlich sage ich dir, daß das Paradies größer ist als die ganze Erde und alle Himmel, ebenso wie die ganze Erde größer ist als ein Sandkorn."

Da sagte Petrus: „O Herr, das Paradies muß ja größer sein als Gott, da Gott dort drinnen zu sehen ist."

Jesus erwiderte: „Schweig, Petrus, denn du lästerst und weißt es nicht."

179. Über die Größe Gottes

DA KAM DER Engel Gabriel zu Jesus und zeigte ihm einen Spiegel, strahlend wie die Sonne, worin er diese Worte geschrieben sah: ‚So wahr ich ewig lebe: So wie das Paradies größer ist als alle Himmel und die Erde und so wie die ganze Erde größer ist als ein Sandkorn, ebenso bin ich größer als das Paradies und um so viele Male mehr, wie das Meer Sandkörner hat, wie Wassertropfen auf dem Meere sind, wie Gras auf dem Erdboden ist, wie Blätter an den Bäumen sind, wie die Tiere Felle haben und um so viele Male mehr, wie Sandkörner in die Himmel und das Paradies hineingingen, und mehr.'

Da sprach Jesus: „Lasset uns unserem Gott die Ehre erweisen, der auf immer gesegnet ist." Darauf beugten sie hundertmal das Haupt und warfen sich betend mit dem Gesicht zur Erde nieder.

Nach dem Gebet rief Jesus den Petrus und erzählte ihm und allen Jüngern, was er gesehen hatte. Und zu Petrus sagte er: „Deine Seele, welche größer ist als die ganze Erde, sieht mit einem Auge die Sonne, welche tausendmal größer als die ganze Erde ist."

„Es ist wahr", sagte Petrus.

Dann sagte Jesus: „Ebenso wirst du durch das Paradies Gott unseren Schöpfer sehen." Und als Jesus so gesprochen hatte, sagte er Gott unserem Herrn Dank und betete für das Haus Israel und für die heilige Stadt. Und ein jeder antwortete: „So sei es, Herr."

180. Über Gottes Wort zu Abraham: „Ich werde deine große Belohnung sein"

EINES TAGES, ALS Jesus in der Halle des Salomon war, kam ein Schriftgelehrter zu ihm hin, einer von jenen, die zum Volk predigten, und sagte zu ihm: „O Herr, viele Male habe ich diesen Leuten gepredigt, und ich habe einen Abschnitt aus der Schrift im Sinn, den ich nicht verstehen kann."

Jesus erwiderte: „Und welcher ist es?"

Der Schriftgelehrte sagte: „Jener, wo Gott zu unserem Vater Abraham sprach: ,Ich werde deine große Belohnung sein.' Wie könnte aber der Mensch eine Belohnung verdienen?"

Da wurde Jesu Geist von Freude erfüllt, und er sprach: „Du bist gewiß nicht weit entfernt von Gottes Königreich! Höre, damit ich dir den Sinn dieser Lehre erläutere. Da Gott unendlich ist und der Mensch endlich, kann der Mensch Gott nicht verdienen: Ist dies nun dein Zweifel, Bruder?"

Der Schriftgelehrte antwortete weinend: „Herr, du kennst mein Herz, so sprich, denn meine Seele verlangt nach deiner Stimme."

Da sagte Jesus: „So wahr Gott lebt, der Mensch verdient nicht das Wenige an Atem, das er in jedem Augenblick empfängt."

Der Schriftgelehrte war außer sich, als er dies hörte, und ebenso verwunderten sich die Jünger, denn ihnen war im Gedächtnis geblieben, was Jesus gesagt hatte, nämlich daß ihnen alles hundertfach vergolten würde, was sie aus Liebe zu Gott gäben.

Da sprach er: „Wenn jemand euch hundert Goldstücke leihen würde und ihr dieses Geld vergeuden würdet, könntet ihr zu jenem Manne sagen: ‚Ich habe dir ein welkes Weinblatt gegeben; gib mir also dein Haus, weil ich es verdiene‘?"

Der Schriftgelehrte antwortete: „Nein, Herr, denn er muß zuerst seine Schulden bezahlen, und wenn er dann noch etwas wünscht, möge er ihm gute Dinge geben. Wozu aber ist ein welkes Blatt nütze?"

181. Alles Gute kommt von Gott

JESUS ERWIDERTE: „WOHL hast du gesprochen, o Bruder, darum sag mir: Wer erschuf den Menschen aus dem Nichts? Gewiß war es Gott, und dazu gab er ihm die ganze Welt zu seinem Nutzen. Aber der Mensch hat durch sein Sündigen alles vergeudet, denn aufgrund der Sünde hat sich die ganze Welt gegen den Menschen gewandt, und der Mensch in seinem Elend hat Gott nichts zu geben als seine Werke, die durch Sünde verdorben sind. Denn indem er jeden Tag sündigt, verdirbt er seine Werke; daher sagt der Prophet Jesaja: ‚Unsere Rechtschaffenheit ist wie ein Tuch, befleckt von Menstruationsblut.‘

Wie denn könnte der Mensch irgend etwas verdienen, wo er doch keine Genugtuung zu geben vermag? Sündigt der Mensch denn etwa nicht? Es ist gewiß, daß unser Gott durch seinen Propheten David spricht: ‚Siebenmal am Tag fällt der Gerechte‘; wie fällt dann der Ungerechte? Und wenn unsere Gerechtigkeit verdorben ist, wie verabscheuenswert ist dann unsere Ungerechtigkeit! So wahr Gott lebt, nichts sollte der

Mensch mehr scheuen als diese Worte: ‚Ich verdiene'. Laß den Menschen, Bruder, die Werke seiner Hände sehen, und sogleich wird er seine Verdienste sehen. Jedes gute Ding, das vom Menschen herkommt, wahrlich, nicht der Mensch tut es, sondern Gott wirkt es in ihm; denn sein Sein ist von Gott, der ihn erschuf.

Was der Mensch tut, das ist, Gott, seinem Schöpfer, zu widersprechen und zu sündigen, weshalb er keine Belohnung verdient, sondern Qualen.

182. Über die Ohnmacht des Menschen und die Pflicht zur Demut

NICHT NUR HAT Gott den Menschen erschaffen, sage ich, sondern er erschuf ihn vollkommen. Er hat ihm die ganze Welt gegeben; nach dem Scheiden aus dem Paradiese hat er ihm zwei Engel gegeben, ihn zu behüten; er hat die Propheten zu ihm geschickt; er hat ihm das Gesetz geschenkt; er hat ihm den Glauben geschenkt; in jedem Augenblick errettet er ihn vor dem Satan; er will ihm das Paradies geben, mehr noch, Gott will sich selbst dem Menschen geben. Nun bedenkt die Schuld, ob sie groß ist! Um sie zu tilgen, müßtet ihr den Menschen aus euch selbst aus dem Nichts erschaffen haben, ihr müßtet so viele Propheten erschaffen haben, wie Gott entsandt hat, und dazu eine Welt und ein Paradies, ja mehr noch, mit einem Gott, so groß und gut, wie es unser Gott ist, und ihr müßtet Gott alles geben. Dann wäre die Schuld getilgt, und es bliebe euch nur noch die Pflicht, Gott zu danken. Da ihr aber nicht imstande seid, auch nur eine Fliege zu erschaffen, und da es nur einen Gott gibt, der Herr aller Dinge ist, wie wäret ihr in der Lage, eure Schuld zu tilgen? Würde jemand euch einhundert Goldstücke leihen, so wäre es gewiß eure Pflicht, einhundert Goldstücke zurückzuzahlen.

Der Sinn hiervon, o Bruder, ist also, daß Gott, welcher Herr des Paradieses und aller Dinge ist, sagen kann, was ihm gefällt, und geben kann, was immer ihm gefällt. Als er deshalb zu Abraham sprach: ‚Ich werde deine große Belohnung sein‘, konnte Abraham darum nicht sagen: ‚Gott ist meine Belohnung‘, sondern er mußte sagen: ‚Gott ist mein Geschenk und meine Schuld.‘ Wenn du also zum Volke sprichst, o Bruder, solltest du diesen Abschnitt folgendermaßen deuten, daß Gott dem Menschen diese und jene Dinge geben wird, wenn der Mensch Gutes tut.

Wenn Gott zu dir spräche, o Mensch, und sagte: ‚O mein Diener, du hast Gutes getan aus Liebe zu mir, welche Belohnung erbittest du von mir, deinem Gott?‘, dann antworte: ‚Herr, da ich das Werk deiner Hände bin, geziemt es sich nicht, daß Sünde in mir sei, welche der Satan liebt. Darum, Herr, um deiner eigenen Ehre willen, hab Erbarmen mit dem Werk deiner Hände.‘

Und wenn Gott sagte: ‚Ich habe dir verziehen, und nun würde ich dich gern belohnen‘, dann antworte: ‚Herr, ich verdiene Strafe für das, was ich getan habe, und du verdienst es, verherrlicht zu werden für das, was du getan hast. Bestrafe das an mir, Herr, was ich getan habe, und rette das, was du vollbracht hast.‘

Und wenn Gott sagte: ‚Welche Strafe erscheint dir angemessen für deine Sünde?‘, so antworte: ‚So viel, o Herr, wie alle Verdammten erleiden werden.‘

Und wenn Gott sagte: ‚Warum erbittest du eine so schwere Strafe, o mein gläubiger Diener?‘, so antworte: ‚Weil ein jeder von ihnen dir mit größerer Treue gedient hätte, wenn er so viel von dir bekommen hätte, wie ich bekommen habe.‘

Und wenn Gott sagte: ‚Wann willst du diese Strafe empfangen, und für wie lange Zeit?‘, so antworte: ‚Jetzt und ohne Ende.‘

So wahr Gott lebt, in dessen Gegenwart meine Seele steht, solch ein Mensch würde Gott mehr gefallen als alle heiligen Engel. Denn Gott liebt die wahre Demut und haßt den Stolz."

Daraufhin dankte der Schriftgelehrte Jesus und sagte zu ihm: „Herr, laßt uns zum Hause deines Dieners gehen, denn dein Diener will dir und deinen Jüngern zu essen geben."

Jesus erwiderte: „Ich werde dort hinkommen, wenn du versprichst, mich ,Bruder' zu nennen und nicht ,Herr', und wenn du sagst, du bist mein Bruder und nicht mein Diener."

Der Mann versprach es, und Jesus ging zu seinem Hause hin.

183. Die wahre Demut

WÄHREND SIE ASSEN, sagte der Schriftgelehrte: „O Herr, du sagtest, daß Gott die wahre Demut liebt. Sag uns also, was Demut ist und wieso sie wahr oder falsch sein kann."

Jesus antwortete: „Wahrlich, ich sage euch, daß der, der nicht wird wie ein kleines Kind, nicht in das Königreich des Himmels eingehen wird."

Ein jeder war verwundert, als er dies hörte, und sie sagten zueinander: „Wie soll denn einer ein kleines Kind werden, der dreißig oder vierzig Jahre alt ist? Dies sind gewiß harte Worte."

Jesus antwortete: „So wahr Gott lebt, in dessen Gegenwart meine Seele steht, meine Worte sind wahr. Ich sagte zu euch, daß man wie ein kleines Kind werden muß; denn dies ist wahre Demut. Wenn ihr nämlich ein kleines Kind fragt: ,Wer hat deine Kleider gemacht?', wird es antworten: ,Mein Vater.' Wenn ihr es fragt, wem das Haus gehört, in dem es lebt, wird es sagen: ,Meinem Vater.'

Wenn ihr sagt: ,Wer gibt dir zu essen?', wird es antworten: ,Mein Vater.' Wenn ihr sagt: ,Wer hat dich das Gehen und

das Sprechen gelehrt?', wird es antworten: ,Mein Vater.'
Aber wenn ihr sagt: ,Wer hat dich an der Stirn verletzt, da du
diesen Verband um die Stirn trägst?', wird es antworten: ,Ich
bin hingefallen, und da habe ich mich am Kopf verletzt.'
Wenn ihr sagt: ,Wie bist du denn hingefallen?', wird es
antworten: ,Seht ihr nicht, daß ich noch klein bin und nicht
genug Kraft habe, um zu gehen und zu laufen wie ein er-
wachsener Mann? Und darum muß mich mein Vater an die
Hand nehmen, wenn ich sicher gehen will. Aber damit ich
lerne, richtig zu gehen, ließ mich mein Vater ein wenig
alleine, und weil ich laufen wollte, fiel ich hin.' Wenn ihr
sagt: ,Und was hat dein Vater gesagt?', wird es antworten:
,Warum bist du denn nicht ganz langsam gegangen? Sieh zu,
daß du mir in Zukunft nicht von der Seite weichst.'

184. Die falsche Demut

SAGT MIR, IST das wahr?" sagte Jesus.

Die Jünger und der Schriftgelehrte antworteten: „Es ist
sehr wahr."

Da sagte Jesus: „Wer in der Wahrheit des Herzens Gott als
den Urheber alles Guten erkennt und sich selbst als den
Urheber der Sünde, der ist wahrhaft demütig. Wer aber mit
der Zunge spricht wie ein Kind und diesem aber in seinem
Tun widerspricht, der hat gewiß falsche Demut und wahren
Stolz.

Denn dann ist der Stolz auf seinem Höhepunkt angelangt, wenn er sich demütige Dinge zunutze macht, damit
der Mensch ihn nicht tadeln und schmähen kann.

Wahre Demut ist eine Niedrigkeit der Seele, durch welche sich der Mensch in Wahrheit erkennt; falsche Demut
aber ist ein Nebel aus der Hölle, welcher das Erkennen der
Seele so verdunkelt, daß der Mensch das Gott zuschreibt,
was er sich selbst zuschreiben sollte, und daß er sich selbst das

zuschreibt, was er Gott zuschreiben sollte. Ein Mensch von falscher Demut wird also sagen, daß er ein arger Sünder ist; sagt aber jemand zu ihm, er sei ein Sünder, so wird er in Zorn geraten gegen ihn und ihn verfolgen.

Ein Mensch von falscher Demut wird sagen, Gott habe ihm alles gegeben, was er hat, er für seinen Teil habe aber nicht geschlafen, sondern gute Werke getan.

Und die Pharisäer dieser heutigen Zeit, Brüder, sagt mir, wie sie wandeln."

Der Schriftgelehrte antwortete weinend: „O Herr, die Pharisäer der heutigen Zeit haben die Gewänder und den Namen der Pharisäer, aber im Herzen und in ihrem Tun sind sie Kanaaniter. Und wollte Gott, sie würden diesen Namen nicht mißbrauchen, denn dann würden sie die Einfältigen nicht in die Irre führen! O du alte Zeit, wie grausam bist du zu uns gewesen, daß du die wahren Pharisäer von uns hinweggenommen und uns die falschen übriggelassen hast!"

185. Der Prophet Haggai

JESUS ERWIDERTE: „BRUDER, nicht die Zeit hat dies getan, sondern vielmehr die böse Welt. Denn es ist zu allen Zeiten möglich, Gott in Wahrheit zu dienen; da die Menschen sich aber mit der Welt eingelassen haben und dadurch mit den schlechten Sitten, sind sie zu allen Zeiten schlecht.

Weißt du denn nicht, daß Gehazi, Diener des Propheten Elischa, als er seinen Herrn belog und betrog, das Geld und Gewand von Naaman dem Syrer nahm? Und doch hatte Elischa eine große Schar Pharisäer, denen er auf Gottes Geheiß hin prophezeite.

Wahrlich, ich sage dir, so sehr sind die Menschen den bösen Taten zugeneigt und so sehr verleitet die Welt sie dazu und verführt der Satan sie zum Bösen, daß die Pharisäer der heutigen Zeit jedes gute Werk und jedes heilige Beispiel meiden; und das Beispiel des Gehazi genügt ihnen, um von Gott verdammt zu werden."

Der Schriftgelehrte erwiderte: „Es ist sehr wahr", worauf Jesus sagte: „Ich möchte, daß du mir das Beispiel von Haggai und Hosea erzählst, die beide Propheten Gottes waren, damit wir den wahren Pharisäer erkennen."

Der Schriftgelehrte erwiderte: „O Herr, was soll ich sagen? Viele werden es gewiß nicht glauben, obwohl es beim Propheten Daniel geschrieben steht; aber aus Gehorsam zu dir werde ich die Wahrheit berichten.

Als Haggai fünfzehn Jahre alt war, verkaufte er sein Erbe und gab es den Armen, und er verließ Anatot, um dem Propheten Obadja zu dienen. Der alte Obadja aber, welcher die Demut des Haggai kannte, gebrauchte ihn wie ein Buch, durch das er seine Jünger lehrte. Er beschenkte ihn daher des öfteren mit Kleidung und köstlichen Speisen, aber Haggai sandte den Boten stets zurück mit den Worten: ‚Geh zurück zu deinem Haus, denn du hast dich geirrt. Wie kann denn Obadja mir solche Dinge schicken? Das kann nicht sein, er weiß doch, daß ich zu nichts tauge und nur Sünden begehe.'

Und wenn Obadja etwas Schlechtes hatte, gab er es für gewöhnlich dem, der Haggai am nächsten war, damit er es sehen könne. Wenn Haggai es dann sah, sagte er zu sich selbst: ‚Sieh an, Obadja hat dich gewiß vergessen, denn dieses steht nur mir allein zu, denn ich bin der Schlechteste von allen. Und nichts ist so gering, daß es nicht ein Schatz wäre, wenn ich es von Obadja empfange, durch dessen Hand Gott es mir zum Geschenk macht.'

186. Haggais Gebet

WENN OBADJA JEMANDEN das Beten lehren wollte, rief er
für gewöhnlich Haggai und sagte: ‚Sprich hier dein Gebet,
auf daß ein jeder deine Worte höre.' Daraufhin sagte Haggai
dann: ‚Herr Gott Israels, schau in Gnade auf deinen Diener,
der zu dir ruft, denn du hast ihn erschaffen. Gerechter Herr
Gott, gedenke deiner Gerechtigkeit und bestrafe die Sünden
deines Dieners, damit ich dein Werk nicht beschmutze.
Herr mein Gott, ich kann dich nicht um die Freuden bitten,
die du deinen gläubigen Dienern gewährst, denn ich tue
nichts anderes als zu sündigen. Wenn du also, Herr, einem
deiner Diener eine Krankheit geben willst, so bedenke mich,
deinen Diener, um deiner eigenen Ehre willen.'

Und wenn Haggai dies tat", sagte der Schriftgelehrte,
„dann liebte Gott ihn so sehr, daß ein jeder, der seinerzeit bei
ihm war, von Gott die Gabe des Prophetentums erhielt. Und
nichts erbat Haggai im Gebet, was Gott ihm verweigerte."

187. Der Prophet Hosea

DER GUTE SCHRIFTGELEHRTE weinte, als er dies sagte, wie
ein Seemann weint, der sieht, wie sein Schiff zerstört wird.

Und er sagte: „Als Hosea ging, um Gott zu dienen, war er
der Fürst des Stammes Naphtali und vierzehn Jahre alt.
Nachdem er also sein Erbe verkauft und es den Armen gegeben hatte, ging er, um ein Jünger des Haggai zu werden.

Hosea war so von Mildtätigkeit erfüllt, daß er sagte, wenn
man ihn um etwas bat: ‚Dies hat Gott mir für dich gegeben,
o Bruder, nimm es also an.'

Daher hatte er bald nur noch zwei Gewänder übrig, nämlich ein Untergewand aus Sackleinen und einen Umhang aus
Fell. Er verkaufte, wie ich sagte, sein Erbe und gab es den Armen, denn sonst durfte sich niemand Pharisäer nennen.

Hosea hatte das Buch Mose, das er mit größtem Eifer las. Eines Tages nun sagte Haggai zu ihm: ‚Hosea, wer hat dir alles genommen, was du hattest?‘

Er antwortete: ‚Das Buch Mose.‘

Es geschah, daß ein Jünger eines benachbarten Propheten gerne nach Jerusalem gehen wollte, aber er hatte kein Gewand. Da er von Hoseas Mildtätigkeit gehört hatte, ging er zu ihm hin und sagte zu ihm: ‚Bruder, gern würde ich nach Jerusalem gehen, um unserem Gott ein Opfer zu bringen, aber ich habe kein Gewand und weiß also nicht, was ich tun soll.‘

Als Hosea dies hörte, sagte er: ‚Verzeih mir, Bruder, denn ich habe mich schwer versündigt gegen dich: Gott hat mir ja ein Gewand gegeben, damit ich es dir gebe, und ich hatte es vergessen. Nimm es darum jetzt an und bete zu Gott für mich.‘

Der Mann glaubte dies, nahm Hoseas Mantel an und ging. Und als Hosea zum Hause Haggais kam, sagte Haggai: ‚Wer hat dir dein Gewand weggenommen?‘

Hosea antwortete: ‚Das Buch Mose.‘

Haggai war hocherfreut, als er das hörte, denn er erkannte die Güte des Hosea.

Es geschah, daß ein Armer von Räubern seiner Kleider beraubt und nackt zurückgelassen wurde. Und als Hosea ihn sah, zog er sein eigenes Unterkleid aus und gab es dem, der nackt war; ihm selbst blieb nur ein kleines Stück Ziegenhaut übrig, welches seine Blöße bedeckte. Und da er Haggai nicht besuchte, dachte der gute Haggai, Hosea sei krank. Darum ging er ihn mit zwei Jüngern suchen, und sie fanden ihn in Palmblätter eingewickelt. Da sagte Haggai: ‚Sag mir nun, warum bist du nicht mehr zu mir gekommen?‘

Hosea antwortete: ‚Das Buch Mose hat mir mein Untergewand weggenommen, und ich fürchtete mich, ohne ein Untergewand zu kommen.‘ Daraufhin gab ihm Hosea ein anderes Untergewand.

Es geschah, daß ein junger Mann weinte, als er Hosea das Buch Mose lesen sah und sagte: ‚Ich würde auch gerne lesen lernen, wenn ich ein Buch hätte.‘ Als Hosea das hörte, gab er ihm das Buch und sagte: ‚Bruder, dieses Buch ist deines; denn Gott gab es mir, damit ich es jemandem gebe, der weinend ein Buch begehrt!‘

Der Mann glaubte ihm und nahm das Buch an.

188. *Hosea wird verkauft*

Da war ein Jünger des Haggai nahe bei Hosea; dieser ging Hosea besuchen, da er sehen wollte, ob sein eigenes Buch wohlgeschrieben war, und er sagte zu ihm: ‚Bruder, nimm dein Buch und laßt uns nachsehen, ob es genauso ist wie meines.‘

Hosea erwiderte: ‚Man hat es mir weggenommen.‘

‚Wer hat es dir weggenommen?‘ sagte der Jünger.

Hosea antwortete: ‚Das Buch Mose.‘ Als der andere dies hörte, ging er zu Haggai und sagte zu ihm: ‚Hosea ist verrückt geworden, weil er sagt, das Buch Mose habe ihm das Buch Mose weggenommen.‘

Haggai erwiderte: ‚Wollte Gott, o Bruder, daß ich auf dieselbe Art verrückt wäre und daß alle verrückten Menschen wären wie Hosea!‘

Als nun die syrischen Räuber das Land Judäa geplündert hatten, ergriffen sie den Sohn einer armen Witwe, die nahe beim Berge Karmel war, wo die Propheten und Pharisäer wohnten. Es begab sich also, daß Hosea, als er zum Holzfällen unterwegs war, der Frau begegnete, welche weinte. Daraufhin begann er sofort zu weinen; denn immer, wenn er jemanden lachen sah, lachte er, und immer, wenn er jemanden weinen sah, weinte er. Hosea fragte die Frau daraufhin nach dem Grund ihres Weinens, und sie erzählte ihm alles.

Da sagte Hosea: ‚Komm, Schwester, denn Gott will dir deinen Sohn wiedergeben.‘

Und sie gingen beide nach Hebron, wo Hosea sich selbst verkaufte und der Witwe das Geld gab, die nicht wußte, wie er zu dem Geld gekommen war, es annahm und ihren Sohn loskaufte.

Derjenige, welcher Hosea gekauft hatte, brachte ihn nach Jerusalem, wo er eine Wohnung hatte, und er wußte nichts über Hosea. Als Haggai sah, daß Hosea nicht zu finden war, fiel er hierüber in Trauer. Da erzählte ihm der Engel Gottes, wie jener als Sklave nach Jerusalem gebracht worden war.

Als der gute Haggai dies hörte, weinte er über die Trennung von Hosea, so wie eine Mutter weint über die Trennung von ihrem Sohn. Und er rief zwei Jünger zu sich und ging nach Jerusalem. Und durch Gottes Willen begegnete er bei seiner Ankunft in der Stadt dem Hosea, welcher mit Brot beladen war, das er den Arbeitern im Weinberg seines Herrn bringen sollte.

Als Haggai ihn erkannte, sagte er: ‚Sohn, wie kann es sein, daß du deinen alten Vater vergessen hast, der dich voller Trauer sucht?‘

Hosea antwortete: ‚Vater, ich wurde verkauft.‘

Da sagte Haggai voller Zorn: ‚Wer ist der Schurke, der dich verkauft hat?‘

Hosea antwortete: ‚Gott vergebe dir, o mein Vater; denn der mich verkauft hat, ist so gut, daß niemand heilig werden würde, wenn er nicht auf der Welt wäre.‘

‚Wer ist es denn?‘ sagte Haggai.

Hosea antwortete: ‚O mein Vater, es war das Buch Mose.‘

Da geriet der gute Haggai schier außer sich und sagte: ‚Wollte Gott, mein Sohn, daß das Buch Mose auch mich und all meine Kinder verkaufte, so wie es dich verkauft hat!‘

Und Haggai ging mit Hosea zum Hause seines Herrn; dieser sprach, als er Haggai sah: ‚Gesegnet sei unser Gott, der seinen Propheten meinem Hause sandte', und er eilte, seine Hand zu küssen.

Da sagte Haggai: ‚Bruder, küß die Hand deines Sklaven, den du gekauft hast, denn er ist besser als ich.' Und er berichtete ihm alles, was geschehen war, worauf der Herr dem Hosea die Freiheit gab.

Und das ist alles, wonach du gefragt hattest, o Herr."

189. Die Verfälschung der göttlichen Lehre durch das Priestertum

DA SAGTE JESUS: „Dies ist wahr, denn ich habe hierüber Gewißheit von Gott. Darum, damit ein jeder wisse, daß dies die Wahrheit ist, soll im Namen Gottes die Sonne stillstehen und sich zwölf Stunden lang nicht bewegen!" Und so geschah es zum großen Entsetzen von ganz Jerusalem und Judäa.

Und Jesus sagte zu dem Schriftgelehrten: „O Bruder, was begehrst du von mir zu lernen, wo du doch ein solches Wissen hast? So wahr Gott lebt, dies ist genug zur Rettung der Menschen, da die Demut des Haggai sowie die Barmherzigkeit des Hosea das ganze Gesetz und alle Propheten erfüllen.

Sag mir, Bruder, als du in den Tempel kamst, um mich zu befragen, dachtest du womöglich, daß Gott mich entsandte, um das Gesetz und die Propheten zu zerstören? Es ist gewiß, daß Gott dies nicht tun will, da er unveränderlich ist, und darum ließ Gott durch alle Propheten sagen, welchen Weg er zum Heile der Menschen bestimmt hat. So wahr Gott lebt, in dessen Gegenwart meine Seele steht: Wenn das Buch Mose sowie das Buch unseres Vaters David nicht verfälscht worden wären durch die menschlichen Überlieferungen der falschen Pharisäer und der Doktoren, so hätte Gott nicht sein Wort an mich gegeben. Aber was rede ich vom Buche

Mose und vom Buche Davids! Jede Prophezeiung haben sie verfälscht, so daß heute eine Sache nicht befolgt wird, weil Gott sie befohlen hat, sondern die Menschen danach schauen, was die Doktoren sagen, und die Pharisäer es befolgen, so als wäre Gott im Irrtum und als könnten die Menschen nicht irren.

Wehe darum diesem ungläubigen Geschlecht, denn über sie wird das Blut aller Propheten und rechtschaffenen Menschen kommen und das Blut des Zachariah, Sohn des Berachiah, den sie zwischen Tempel und Altar töteten!

Welchen Propheten haben sie nicht verfolgt? Welchen rechtschaffenen Menschen haben sie eines natürlichen Todes sterben lassen? Kaum einen! Und nun wollen sie mich töten. Sie rühmen sich, Söhne Abrahams zu sein und den schönen Tempel zu besitzen. So wahr Gott lebt, sie sind Söhne Satans, und darum tun sie seinen Willen. Darum werden der Tempel und auch die heilige Stadt zerstört werden, und dabei wird kein Stein des Tempels auf dem anderen bleiben.

190. Jesus ermahnt den Schriftgelehrten zur Aufrichtigkeit

SAG MIR, BRUDER, der du ein Gelehrter bist und bewandert im Gesetz: An wen erging das Versprechen des Messias, das unserem Vater Abraham gegeben wurde? An Isaak oder an Ismael?"

Der Schriftgelehrte antwortete: „O Herr, ich fürchte mich, es dir zu sagen, wegen der Todesstrafe."

Da sagte Jesus: „Bruder, es betrübt mich, daß ich in dein Haus gekommen bin, um Brot zu essen, da du dieses gegenwärtige Leben mehr liebst als Gott, deinen Schöpfer; und du fürchtest aus diesem Grunde, dein Leben zu verlieren, aber du fürchtest nicht, den Glauben und das ewige Leben zu verlieren, welches verloren ist, wenn die Zunge gegen das spricht, was das Herz weiß von Gottes Gesetz."

Da weinte der gute Schriftgelehrte und sagte: „O Herr, hätte ich mich darauf verstanden, Früchte zu tragen, dann hätte ich viele Dinge gepredigt, die ich ungesagt ließ, damit im Volke kein Aufstand entfacht werde."

Jesus erwiderte: „Du sollst weder auf das Volk achten noch auf die Welt, weder auf die Heiligen noch auf die Engel, wenn dies dazu führen könnte, Gott zu beleidigen. Darum soll eher die ganze Welt zugrundegehen, als daß du Gott, deinen Schöpfer, beleidigst; und bewahre in ihr nicht die Sünde. Denn die Sünde zerstört und bewahrt nicht, und Gott hat die Macht, so viele Welten zu erschaffen, wie Sand am Meer ist, und mehr."

191. Das wahre Buch Mose

DER SCHRIFTGELEHRTE SAGTE darauf: „Vergib mir, o Herr, denn ich habe gesündigt."

Jesus sagte: „Gott verzeihe dir, denn gegen ihn hast du gesündigt."

Worauf der Schriftgelehrte sagte: „Ich habe ein altes Buch gesehen, geschrieben von der Hand des Moses und des Josua – der die Sonne stillstehen ließ, ebenso wie du es tatest –, Gottes Diener und Propheten, welches das wahre Buch Mose ist. Dort steht geschrieben, daß Ismael der Vater des Messias ist und Isaak der Vater des Gesandten des Messias. Und also heißt es in dem Buche, daß Moses sagte: ‚Herr, Gott Israels, mächtig und gnädig, offenbare deinem Diener den Glanz deiner Herrlichkeit.'

Darauf zeigte Gott ihm seinen Gesandten in den Armen Ismaels und Ismael in den Armen Abrahams. Nahe bei Ismael stand Isaak, in dessen Armen war ein Kind, das mit dem Finger auf den Gesandten Gottes zeigte und sagte: ‚Dieser ist es, für den Gott alle Dinge erschaffen hat.'

Darauf rief Moses voller Freude: ‚O Ismael, du hast in deinen Armen die ganze Welt und das Paradies! Gedenke meiner, des Dieners Gottes, auf daß ich Gnade finden möge im Angesichte Gottes durch die Fürsprache deines Sohnes, für den Gott alles gemacht hat.'

192. Jesus geht nach Bethanien

IN JENEM BUCHE steht nicht, daß Gott das Fleisch von Rindern oder Schafen ißt; in jenem Buche steht nicht, daß Gott seine Gnade allein Israel vorbehalten hat, sondern vielmehr, daß Gott Erbarmen hat mit jedem Menschen, der wahrhaft nach Gott, seinem Schöpfer, verlangt.

Alles in diesem Buche konnte ich nicht lesen, weil der Hohepriester, in dessen Bibliothek ich war, es mir verbot und sagte, ein Ismaelit habe es geschrieben."

Da sagte Jesus: „Sieh zu, daß du nie wieder die Wahrheit verschweigst, denn durch den Glauben an den Messias wird Gott die Menschen erlösen, und ohne ihn wird niemand gerettet werden."

Und damit endete Jesus seine Rede. Und als sie dann aßen, siehe, da kam Maria, die zu Füßen Jesu geweint hatte, in das Haus des Nikodemus, denn so hieß der Schriftgelehrte, und weinend warf sie sich Jesus zu Füßen und sagte: „Herr, deine Dienerin, welche Gnade bei Gott gefunden hat durch dich, hat eine Schwester und einen Bruder, der nun todkrank darniederliegt."

Jesus erwiderte: „Wo ist dein Haus? Sag es mir, dann kann ich dort hinkommen und Gott um Gesundheit für ihn bitten."

Maria antwortete: „Mein Bruder und meine Schwester sind aus Bethanien, denn mein eigenes Haus ist Magdala; darum ist mein Bruder in Bethanien."

Da sagte Jesus zu der Frau: „Geh geradewegs zum Hause deines Bruders und warte dort auf mich, denn ich will kommen, ihn zu heilen. Und fürchte dich nicht, denn er wird nicht sterben."

Die Frau ging davon, und als sie nach Bethanien kam, erfuhr sie, daß ihr Bruder an jenem Tage gestorben war, worauf man ihn in die Grabstätte seiner Väter gelegt hatte.

193. Die Erweckung des Lazarus

JESUS BLIEB ZWEI Tage lang im Hause des Nikodemus, und am dritten Tage brach er auf nach Bethanien. Und als er in der Nähe der Stadt war, schickte er zwei seiner Jünger vor, um Maria sein Kommen anzukündigen. Sie lief aus der Stadt hinaus, und als sie Jesus gefunden hatte, sagte sie weinend: „Herr, du sagtest, mein Bruder werde nicht sterben, und nun ist er schon seit vier Tagen begraben. Wollte Gott, du wärest gekommen, bevor ich dich rief, denn da war er noch nicht gestorben."

Jesus erwiderte: „Dein Bruder ist nicht tot, sondern er schläft, darum bin ich gekommen, ihn aufzuwecken."

Maria antwortete weinend: „Herr, aus einem solchen Schlaf wird er am Tage des Gerichts geweckt werden, wenn Gottes Engel die Trompete erschallen läßt."

Jesus erwiderte: „Maria, glaub mir, daß er vorher aufstehen wird, denn Gott gab mir Gewalt über seinen Schlaf, und ich sage dir in Wahrheit: Er ist nicht tot, denn nur der ist tot, welcher stirbt, ohne Gnade bei Gott zu finden."

Maria kehrte geschwind um, um ihrer Schwester Martha Jesu Kommen anzukündigen.

Nun hatten sich aber beim Tode des Lazarus eine große Schar von Juden aus Jerusalem zusammengefunden und viele Schriftgelehrte und Pharisäer. Als Martha von ihrer Schwester Maria erfahren hatte, Jesus werde kommen, erhob sie

sich rasch und lief hinaus, und zahlreiche Juden, Schriftgelehrte und Pharisäer folgten ihr, um sie zu trösten, da sie
glaubten, sie ginge zum Grabe hin, um ihren Bruder zu
beweinen.

Und wie Martha also zu dem Ort kam, an dem Jesus zu
Maria gesprochen hatte, sagte sie unter Tränen: „Herr,
wollte Gott, du wärest hier gewesen, denn dann wäre mein
Bruder nicht gestorben."

Da trat Maria weinend hinzu, und Jesus kamen die
Tränen, und seufzend sprach er: „Wohin habt ihr ihn gelegt?" Sie antworteten: „Komm und sieh."

Die Pharisäer sprachen zueinander: „Dieser Mann aber,
der den Sohn der Witwe in Nain auferstehen ließ, warum
ließ er es zu, daß dieser Mann starb, wo er doch gesagt hatte,
er werde nicht sterben?"

Jesus ging zu dem Grabe hin, wo ein jeder weinte, und
sprach: „Weint nicht, denn Lazarus schläft, und ich bin
gekommen, um ihn aufzuwecken."

Die Pharisäer sagten zueinander: „Wollte Gott, daß du so
schliefst."

Da sagte Jesus: „Meine Stunde ist noch nicht gekommen;
wenn sie aber kommen wird, werde ich in gleicher Weise
schlafen und geschwind geweckt werden." Dann sagte Jesus
von neuem: „Nehmet den Stein vom Grabe weg."

Martha sagte: „Herr, er stinkt, da er seit vier Tagen tot ist."

Jesus sagte: „Warum bin ich denn hierhergekommen,
Martha? Glaubst du denn nicht an mich, daß ich ihn
aufwecken werde?"

Martha antwortete: „Ich weiß, daß du der Heilige Gottes
bist, welcher dich in diese Welt gesandt hat."

Da erhob Jesus die Hände zum Himmel und sprach:
„Herr, Gott Abrahams, Gott Ismaels und Isaaks, Gott unserer Väter, hab Erbarmen mit dem Leid dieser Frauen und
verherrliche deinen heiligen Namen." Und als ein jeder

geantwortet hatte: „Amen", sagte Jesus mit lauter Stimme: „Lazarus, komm heraus."

Da stand der Tote auf, und Jesus sagte zu seinen Jüngern: „Bindet ihn los." Denn er war in Grabtücher eingewickelt und hatte das Tuch auf dem Gesicht, so wie es bei der Bestattung Brauch unserer Väter war.

Viele von den Juden und einige von den Pharisäern glaubten an Jesus, denn groß war das Wunder. Diejenigen, die in ihrem Unglauben blieben, brachen auf nach Jerusalem und berichteten dem Obersten der Priester von der Auferstehung des Lazarus, und wie so viele zu Nazarenern geworden waren; denn so wurden die genannt, die zur Reue bekehrt wurden durch Gottes Wort, welches Jesus predigte.

194. Über das Leben und den Tod

DIE SCHRIFTGELEHRTEN UND Pharisäer beschlossen mit dem Hohenpriester, Lazarus zu töten; denn viele ließen von ihren Überlieferungen ab und glaubten an Jesu Wort, weil das Wunder des Lazarus groß war, da sie sahen, daß Lazarus mit den Menschen sprach und Speise und Trank zu sich nahm. Weil er aber mächtig war, Anhänger in Jerusalem hatte und ihm und seiner Schwester Magdala und Bethanien gehörten, wußten sie nicht, was sie tun sollten.

Jesus kam nach Bethanien zum Hause des Lazarus; und Martha und Maria bewirteten ihn.

Eines Tages, als Maria zu Füßen Jesu saß und auf seine Worte hörte, sagte Martha zu Jesus: „Herr, siehst du nicht, daß meine Schwester sich nicht um dich kümmert und dich und deine Jünger nicht mit Essen versorgt?"

Jesus antwortete: „Martha, Martha, sorge du dich um das, was du tun sollst; denn Maria hat einen Teil erwählt, welcher ihr niemals genommen werden wird."

Jesus saß zu Tisch mit einer großen Schar derer, die an ihn glaubten, und sprach: „Brüder, ich habe nur noch wenig Zeit, bei euch zu bleiben, denn die Zeit ist nahe, da ich diese Welt verlassen muß. Darum erinnere ich euch an die Worte, die Gott zu dem Propheten Hesekiel sprach, welche lauten: ‚So wahr ich, euer Gott, ewig lebe: Die Seele, die sündigt, sie wird sterben; wenn aber der Sünder bereut, wird er nicht sterben, sondern leben.‘ Darum ist der gegenwärtige Tod kein Tod, sondern vielmehr das Ende eines langen Todes; ebenso wie der Körper, wenn er durch eine Ohnmacht von den Sinnen getrennt wird, obwohl er die Seele in sich hat, den Toten und Begrabenen nichts anderes voraus hat, als daß der begrabene Körper auf Gott wartet, daß er ihn erwecke, der Ohnmächtige aber darauf wartet, daß die Sinne wiederkehren.

Sehet nun das gegenwärtige Leben, daß es Tod ist, da es kein Gefühl von Gott hat.

195. Der Tod der Seele

DIE AN MICH glauben, werden auf ewig nicht sterben, denn durch mein Wort werden sie Gott in sich spüren und darum ihre Errettung erwirken.

Was ist der Tod anderes als eine Tat, die die Natur tut auf Gottes Geheiß! Wie wäre es, wenn einer einen Vogel angebunden hätte und die Leine mit der Hand hielte, und wenn der Kopf wollte, daß der Vogel wegfliegt, was täte er? Er wird der Hand doch natürlich befehlen, sich zu öffnen, und der Vogel wird dann sofort entfliehen.

‚Unsere Seele‘, so sagt der Prophet David, ‚ist wie ein Sperling, der befreit ist aus dem Fallstrick des Vogelfängers‘, wenn der Mensch unter dem Schutze Gottes wohnt. Und unser Leben ist wie eine Schnur, durch welche die Natur die Seele gebunden hält an Körper und Sinne des Menschen.

Wenn Gott also will und der Natur befiehlt, sich zu öffnen, dann erlischt das Leben, und die Seele entweicht in die Hände des Engels, dem Gott befohlen hat, die Seelen zu empfangen.

So mögen denn die Freunde nicht weinen, wenn ihr Freund tot ist, denn unser Gott hat es so gewollt. Aber weinen ohne Unterlaß möge einer, wenn er sündigt; denn es stirbt die Seele, wenn sie sich scheidet von Gott, dem wahren Leben.

Wenn der Körper schrecklich ist ohne seine Verbindung zur Seele, um wie vieles fürchterlicher ist dann die Seele ohne Verbindung zu Gott, der sie durch seine Gnade und Barmherzigkeit verschönt und belebt."

Und als Jesus so gesprochen hatte, dankte er Gott; darauf sagte Lazarus: „Herr, dieses Haus gehört Gott, meinem Schöpfer, mit allem, was er in meine Obhut gegeben hat, damit es den Armen dienlich sei. Da du also arm bist und eine große Schar Jünger hast, so komm und wohne hier, wann es dir gefällt und solange es dir gefällt, dann wird dir Gottes Diener dienen, solange es nötig ist, aus Liebe zu Gott."

196. Über Wissen und Verantwortung

JESUS WAR ERFREUT, als er dies hörte, und sagte: „Sehet nur, wie gut es ist zu sterben! Lazarus starb nur einmal und hat ein solches Wissen erworben, wie es die weisesten Menschen der Welt nicht haben, die mit Büchern alt geworden sind. Wollte Gott, daß ein jeder Mensch nur einmal sterbe und zur Welt zurückkehre wie Lazarus, damit die Menschen lernen zu leben."

Johannes erwiderte: „O Herr, ist es mir erlaubt, ein Wort zu sprechen?"

„Sprich tausend", antwortete Jesus, „denn ebenso wie der Mensch dazu bestimmt ist, sein Hab und Gut im Dienste

Gottes zu verteilen, so ist er auch dazu bestimmt, Wissen zu verbreiten; und er tue dies um so mehr, als das Wort es vermag, die Seele zur Buße zu bewegen; hingegen können Hab und Gut dem Toten nicht das Leben zurückgeben. Darum ist der ein Mörder, der einem armen Menschen zu helfen vermag, welcher verhungert, da er ihm nicht hilft; ein schlimmerer Mörder ist jedoch der, der den Sünder zur Buße bekehren könnte durch Gottes Wort, ihn aber nicht bekehrt, sondern dasteht, so sagt Gott, ‚wie ein stummer Hund‘. Gegen solche spricht Gott: ‚Die Seele der Sünder, die untergehen werden, weil du mein Wort versteckt hast, werde ich aus deinen Händen zurückfordern, o treuloser Diener.‘

In welcher Lage sind denn wohl die Schriftgelehrten und Pharisäer, die den Schlüssel haben und nicht in das ewige Leben eingehen werden, ja sogar ein Hindernis sind für die, die gerne dort eingingen?

Du bittest um Erlaubnis, o Johannes, ein Wort zu sprechen, nachdem du Hunderttausenden von meinen Worten zugehört hast. Wahrlich, ich sage dir, für jedes, was du von mir angehört hast, muß ich dir zehnmal zuhören. Und wer einem anderen nie zuhören will, der sündigt jedesmal, wenn er spricht; denn wir müssen mit anderen so tun, wie wir es für uns selbst wünschen, und nicht mit anderen etwas tun, was wir nicht zurückbekommen wollen.“

Da sagte Johannes: „O Herr, warum hat Gott den Menschen dies nicht gewährt, nämlich einmal zu sterben und zurückzukehren, wie es Lazarus getan hat, damit sie lernen mögen, sich selbst und ihren Schöpfer zu erkennen?“

197. Das Gleichnis vom rechten Gebrauch der Axt

JESUS ANTWORTETE: „SAG mir, Johannes: Da war ein Hausmann, der gab einem seiner Diener eine fehlerlose Axt, um damit die Bäume niederzufällen, die den Blick auf sein Haus versperrten.

Aber der Arbeiter vergaß die Axt und sagte: ‚Wenn der Herr mir eine alte Axt gäbe, würde ich die Bäume mit Leichtigkeit fällen.‘ Sag mir, Johannes, was sagte der Herr? Gewiß war er zornig, und er nahm die alte Axt, schlug ihm auf den Kopf und sagte: ‚Narr und Schurke! Ich gab dir eine Axt, mit der du ohne Mühe Bäume fällen konntest, du aber suchst dir diese Axt aus, mit der man sich so sehr abmühen muß, und alles niedergefällte Holz ist verdorben und zu nichts nütze! Ich verlange, daß du die Bäume so fällst, daß deine Arbeit gut ist.‘ Ist dies wahr?“

Johannes antwortete: „Es ist sehr wahr.“ Da sagte Jesus: „‚So wahr ich ewig lebe‘, sagt Gott, ‚ich habe jedem Menschen eine gute Axt gegeben, und dies ist der Anblick der Beerdigung eines Toten. Wer diese Axt wohl zu führen weiß, der entfernt den Wald der Sünde ohne Schmerzen aus seinem Herzen; darum wird er meine Gnade und Barmherzigkeit empfangen, die ihm den Lohn des ewigen Lebens geben werden für seine guten Werke. Der aber, der vergißt, daß er sterblich ist, obwohl er immer wieder sieht, daß andere sterben, und der sagt: »Wenn ich das andere Leben sähe, würde ich gute Werke tun«, über den wird mein Zorn kommen, und ich werde ihn so mit dem Tode treffen, daß er nie wieder etwas Gutes empfangen wird.‘ O Johannes“, sagte Jesus, „wie sehr ist der im Vorteil, der aus dem Fall der anderen lernt, auf seinen Füßen zu stehen!“

DA SAGTE LAZARUS: „Herr, wahrlich sage ich dir, ich kann mir keine Strafe für jemanden vorstellen, der immer wieder sieht, wie die Toten zu Grabe getragen werden, und Gott, unseren Schöpfer, nicht fürchtet. Ein solcher beleidigt seinen Schöpfer, der ihm alles gegeben hat um der Dinge dieser Welt willen, von denen er gänzlich ablassen sollte."

Da sagte Jesus zu seinen Jüngern: „Ihr nennt mich Herr, und ihr tut gut daran, weil Gott euch durch meinen Mund lehrt. Aber wie wollt ihr dann Lazarus nennen? Wahrhaft ist dieser hier Lehrer all der Lehrer, die in dieser Welt lehren. Ich habe euch fürwahr gelehrt, gut zu leben, aber Lazarus wird euch lehren, gut zu sterben. So wahr Gott lebt, er hat die Gabe des Prophetentums erhalten: Höret also auf seine Worte, die die Wahrheit sind. Und ihr solltet um so mehr auf ihn hören, als ein gutes Leben vergebens ist, wenn einer schlecht stirbt."

Lazarus sagte: „O Herr, ich danke dir, weil durch dich die Wahrheit Wertschätzung erlangt; dafür wird Gott dich reich belohnen."

Da sagte der, der dies schreibt: „O Herr, wie kann es sein, daß Lazarus die Wahrheit spricht, indem er zu dir sagt: ‚Du wirst belohnt werden', wo du doch zu Nikodemus sagtest, daß der Mensch nichts als Strafe verdiene? Wirst du also von Gott bestraft werden?"

Jesus antwortete: „Möge es Gott gefallen, daß Gott mich in dieser Welt bestrafe, weil ich ihm nicht so treu gedient habe, wie ich sollte.

Aber so sehr hat Gott mich geliebt in seiner Gnade, daß jegliche Strafe von mir genommen wird, und ein anderer wird für mich leiden. Denn Strafe verdiente ich, da die Menschen mich Gott genannt haben; da ich aber nicht nur bekannt habe, daß ich nicht Gott bin, wie es die Wahrheit ist, sondern auch bekannt habe, daß ich nicht der Messias bin, darum hat Gott die Strafe von mir genommen und wird einen Übeltäter in meinem Namen leiden lassen, so daß ich nur die Schande tragen werde. Darum sage ich dir, mein Barnabas, daß einer sagen soll – wenn er davon spricht, was Gott seinem Nächsten gibt –, daß sein Nächster es verdiene; er soll aber darauf achten – wenn er davon spricht, was Gott ihm selber gibt –, daß er sage: ,Gott gibt mir.' Und er soll darauf achten, daß er nicht sage: ,Ich verdiene', denn Gott gefällt es, seine Gnade seinen Dienern zu gewähren, wenn sie bekennen, daß sie für ihre Sünden die Hölle verdienen.

199. Über Verdienst und Gnade

GOTT IST SO reich an Gnade, daß das Wasser von tausend Meeren – wenn man so viele finden könnte – nicht einen Funken der Höllenflammen auslöschen könnte; hingegen löscht eine einzige Träne von einem, der traurig ist, weil er Gott beleidigt hat, die ganze Hölle aus durch die große Gnade, mit der Gott ihm Hilfe bringt. Darum will Gott, um Satan zu verwirren und seine eigene Güte zu zeigen, jede gute Tat seines getreuen Dieners verdienstvoll nennen angesichts seiner Gnade, und er will, daß er über seinen Nächsten das gleiche sagt. Aber bei sich selbst muß der Mensch sich davor hüten zu sagen: ,Ich verdiene', denn er würde verdammt werden."

200. Jesus geht nach Jerusalem

JESUS WANDTE SICH darauf zu Lazarus und sagte: „Bruder, ich muß noch für eine kurze Zeit in der Welt verbleiben; wenn ich aber in der Nähe deines Hauses sein werde, werde ich nie irgend woanders hingehen, denn nicht aus Liebe zu mir wirst du mich beherbergen, sondern aus Liebe zu Gott."

Das Passafest der Juden war nahe, darum sagte Jesus zu seinen Jüngern: „Laßt uns nach Jerusalem gehen, um das Osterlamm zu essen." Und er schickte Petrus und Johannes in die Stadt und sagte: „Ihr werdet in der Nähe des Stadttores eine Eselin finden mit ihrem Füllen; bindet es los und bringt es hierher, denn ich muß auf ihm reiten, wenn ich in Jerusalem einziehe. Und wenn euch jemand fragt und sagt: ‚Warum bindet ihr es los?', dann sagt zu ihnen: ‚Der Meister bedarf seiner', und sie werden euch erlauben, es hierherzubringen."

Die Jünger gingen und fanden alles so, wie Jesus es ihnen gesagt hatte, und also brachten sie die Eselin und das Füllen. Die Jünger legten ihre Mäntel auf das Füllen, und Jesus ritt darauf. Und es geschah, als die Menschen in Jerusalem hörten, daß Jesus von Nazareth kam, da gingen die Menschen mit ihren Kindern hinaus und drängten sich danach, Jesus zu sehen; in den Händen trugen sie Palmen- und Olivenzweige, und sie sangen: „Gesegnet sei er, der im Namen Gottes zu uns kommt; Hosianna, Sohn Davids!"

Als Jesus in der Stadt war, breiteten die Menschen zu den Füßen der Eselin ihre Kleider aus und sangen: „Gesegnet sei, der im Namen Gottes, unseres Herrn, zu uns kommt; Hosianna, Sohn Davids!"

Die Pharisäer schalten Jesus und sagten: „Siehst du nun, was diese sagen? Bring sie zum Schweigen!"

Da sagte Jesus: „So wahr Gott lebt, in dessen Gegenwart meine Seele steht, und sollten die Menschen schweigen, die Steine würden aufschreien gegen den Unglauben boshafter Sünder." Und als Jesus dies gesagt hatte, da schrien alle Steine Jerusalems laut auf: „Gesegnet sei er, der zu uns kommt im Namen Gottes des Herrn!"

Doch die Pharisäer blieben weiterhin in ihrem Unglauben, und als sie sich versammelt hatten, beschlossen sie, ihn in seiner Rede zu fangen.

201. Die Ehebrecherin

ALS JESUS IN den Tempel kam, brachten die Schriftgelehrten und Pharisäer eine Frau zu ihm, die des Ehebruchs überführt worden war. Sie sprachen zueinander: „Wenn er sie errettet, ist es gegen das Gesetz Mose, und wir werden ihn für schuldig befinden, und wenn er sie verurteilt, ist es gegen seine eigene Lehre, denn er predigt Erbarmen." Darum kamen sie zu Jesus und sagten: „Herr, wir haben diese Frau beim Ehebruch gefunden. Moses gebot, eine solche zu steinigen: Was sagst denn du?"

Da beugte Jesus sich hinunter und machte mit dem Finger einen Spiegel auf den Boden, in dem ein jeder seine eigenen Verfehlungen sah. Da sie weiter auf eine Antwort drängten, erhob sich Jesus und sagte, indem er mit dem Finger auf den Spiegel zeigte: „Wer von euch ohne Sünde ist, der soll der erste sein, sie zu steinigen." Und erneut beugte er sich hinunter und formte den Umriß des Spiegels.

Als die Männer dies sahen, gingen sie einer nach dem anderen hinaus, bei dem Ältesten angefangen, denn sie schämten sich, als sie ihre Vergehen sahen.

Als Jesus sich erhob und außer der Frau niemanden mehr sah, sagte er: „Frau, wo sind die, die dich verurteilten?"

Die Frau antwortete weinend: „Herr, sie sind weggegangen; und wenn du mir verzeihen wirst, so wahr Gott lebt, werde ich nicht mehr sündigen."

Da sagte Jesus: „Gesegnet sei Gott! Geh deinen Weg in Frieden und sündige nicht mehr, denn Gott hat mich nicht gesandt, dich zu verurteilen."

Als sich die Schriftgelehrten und Pharisäer wieder versammelt hatten, sprach Jesus zu ihnen: „Sagt mir: Wenn einer von euch hundert Schafe hätte und eines von ihnen verlöre, würdet ihr nicht hinausgehen und es suchen und die neunundneunzig verlassen? Und wenn ihr es gefunden hättet, würdet ihr es nicht auf eure Schultern legen, eure Nachbarn zusammenrufen und zu ihnen sagen: ‚Freut euch mit mir, denn ich habe das Schaf gefunden, das ich verloren hatte?‘ Gewiß würdet ihr dies tun.

Sagt mir doch, soll denn unser Gott den Menschen weniger lieben, für den er die Welt gemacht hat? So wahr Gott lebt, ebenso ist Freude bei den Engeln Gottes über einen Sünder, der bereut, weil Gottes Gnade an den Sündern offenbar wird.

202. Über die gerechten Ungerechten

Sagt mir, von wem wird der Arzt mehr geliebt, von denen, die nie irgendeine Krankheit hatten, oder von denen, die der Arzt von schwerer Krankheit geheilt hat?"

Die Pharisäer sagten zu ihm: „Wie soll denn der, der gesund ist, den Arzt lieben? Gewiß wird er diesen nur insofern lieben, als er nicht krank ist, und ohne Erfahrung von Krankheit wird er den Arzt nur wenig lieben."

Da sprach Jesus mit dem Feuer des Geistes und sagte: „So wahr Gott lebt, eure eigenen Zungen verdammen euren Stolz, weil ja unser Gott mehr geliebt wird von dem reuigen Sünder, der weiß, daß Gottes große Gnade über ihm ist, als von dem Gerechten. Denn der Gerechte hat kein Wissen von der Gnade Gottes. Darum ist bei den Engeln Gottes mehr Freude über einen reuigen Sünder als über neunundneunzig Gerechte.

Wo sind die Gerechten in unserer Zeit? So wahr Gott lebt, in dessen Gegenwart meine Seele steht, groß ist die Zahl der gerechten Ungerechten, sie sind von gleicher Art wie Satan."

Die Schriftgelehrten und Pharisäer antworteten: „Wir sind Sünder, darum wird Gott Erbarmen mit uns haben." Und dies sagten sie, um ihn zu versuchen; denn für die

Schriftgelehrten und Pharisäer ist es die schlimmste Beleidigung, Sünder genannt zu werden.

Da sagte Jesus: „Ich fürchte, ihr seid gerechte Ungerechte. Denn wenn ihr gesündigt habt und eure Sünde leugnet, indem ihr euch Gerechte nennt, seid ihr ungerecht; und wenn ihr euch im Herzen für Gerechte haltet und eure Zungen sagen, daß ihr Sünder seid, dann seid ihr auf doppelte Weise gerechte Ungerechte."

Als die Schriftgelehrten und Pharisäer dies hörten, waren sie verwirrt, gingen ihrer Wege und ließen Jesus und seine Jünger in Frieden, und diese gingen zum Hause Simons des Aussätzigen, den er vom Aussatz gereinigt hatte. Die Bewohner hatten die Kranken zum Hause des Simon gebracht und baten Jesus um die Heilung der Kranken.

Da wußte Jesus, daß seine Stunde nahe war, und sagte: „Ruft die Kranken, so viele wie da sind, denn Gott ist mächtig und erbarmt sich, sie zu heilen."

Sie antworteten: „Wir wissen nichts davon, daß es noch andere Kranke hier in Jerusalem gibt."

Jesus antwortete weinend: „O Jerusalem, o Israel, ich weine über dich, da du deine Heimsuchung nicht kennst; denn wie gerne wollte ich dich zur Liebe zu Gott, deinem Schöpfer, versammeln, wie eine Henne ihre Küken unter ihren Flügeln versammelt, und du wolltest nicht! Darum spricht Gott zu dir:

203. *Gottes Strafe über Jerusalem*

‚O STADT, HARTHERZIG und verdorben im Geiste, ich habe zu dir meinen Diener entsandt, damit er dich deinem Herzen zuwende und du bereuen mögest; du aber, o Stadt der Verwirrung, hast all das vergessen, was ich Ägypten und Pharao angetan habe aus Liebe zu dir, o Israel. Viele Male weinest du, auf daß mein Diener deinen Körper von Krankheit heilen möge; und du suchst meinen Diener zu töten, weil er danach trachtete, deine Seele von Sünde zu heilen.

Sollst denn du allein meiner Strafe entgehen? Sollst du denn ewig leben? Und soll dein Stolz dich denn aus meinen Händen erretten? Gewiß nicht.

Denn ich werde Fürsten mit einem Heer gegen dich aussenden, und sie werden dich mit Macht umringen, und solcherart werde ich dich in ihre Hände geben, daß dein Stolz in die Hölle hinunterfallen wird.

Ich werde nicht den alten Männern vergeben oder den Witwen, ich werde den Kindern nicht vergeben, sondern ich werde euch alle der Hungersnot, dem Schwert und der Schande übergeben; und den Tempel, auf den ich in Gnade geschaut habe, werde ich verwüsten und auch die Stadt, so daß ihr den Völkern wie eine Sage, ein Spott und ein Hohn sein werdet. So verharrt mein Zorn über dir, und meine Empörung ruhet nicht!'"

204. Gottes Zorn über Jerusalem

ALS JESUS DIES gesagt hatte, sprach er von neuem: „Wißt ihr nicht, daß es andere Kranke gibt? So wahr Gott lebt, in Jerusalem gibt es weniger von denen, deren Seele gesund ist, als von den körperlich Kranken. Und damit ihr die Wahrheit wisset, sage ich zu euch, o ihr kranken Menschen, im Namen Gottes weiche eure Krankheit von euch!"

Und als er dies gesagt hatte, waren sie sofort geheilt. Die Leute weinten, als sie von Gottes Zorn über Jerusalem hörten, und beteten um Gnade, als Jesus sprach: „„Wenn Jerusalem seine Sünden beweint und Buße tut und auf meinen Wegen wandelt', spricht Gott, ,werde ich seiner Sünden nicht mehr gedenken, und ich werde ihm nichts von dem Bösen antun, über das ich gesprochen habe. Aber Jerusalem beweint seinen Untergang und nicht die Schande, die es über

mich bringt, durch die es meinen Namen unter den Völkern schmäht. Hieran entzündet sich mein Zorn noch mehr. So wahr ich ewig lebe, würden meine Diener Hiob, Abraham, Samuel, David und Daniel sowie Moses für dieses Volk beten, mein Zorn über Jerusalem käme nicht zur Ruhe.'"
Und als Jesus so gesprochen hatte, kehrte er in das Haus zurück, während ein jeder in Furcht blieb.

205. Judas verbündet sich mit den Priestern

ALS JESUS MIT seinen Jüngern im Hause Simons des Aussätzigen aß, siehe, da kam Maria herein, die Schwester des Lazarus, zerbrach ein Gefäß und salbte Jesu Haupt und Gewand mit Salböl. Als Judas, der Verräter, dies sah, wollte er Maria daran hindern und sagte: „Geh und verkauf das Salböl und bring mir das Geld, damit ich es den Armen gebe."

Jesus sagte: „Warum hinderst du sie? Laß sie in Frieden, denn die Armen werdet ihr immer um euch haben, mich aber werdet ihr nicht immer haben."

Judas erwiderte: „O Herr, dieses Salböl könnte man für dreihundert Geldstücke verkaufen; sieh doch, wie vielen Armen man helfen würde."

Jesus antwortete: „O Judas, ich kenne dein Herz, hab also Geduld, und ich werde dir alles geben."

Ein jeder aß in Furcht, und die Jünger waren betrübt, weil sie wußten, daß Jesus bald von ihnen gehen mußte. Judas aber war empört, weil er wußte, daß er dreißig Geldstücke für das nichtverkaufte Salböl verlor, denn er stahl ja den zehnten Teil von allem, was Jesus gegeben wurde.

Er ging hin zu dem Hohenpriester, der sich mit den Priestern, Schriftgelehrten und Pharisäern zu einer Beratung versammelt hatte; zu ihnen sprach Judas und sagte: „Was wollt ihr mir geben, wenn ich Jesus, der König von Israel werden will, in eure Hände übergeben werde?"

Sie antworteten: „Wie willst du ihn denn in unsere Hände übergeben?"

Sagte Judas: „Wenn ich erfahren werde, daß er aus der Stadt hinausgeht, um zu beten, dann werde ich es euch sagen und euch dorthin führen, wo er sich befinden wird; denn ihn in der Stadt zu ergreifen, wird unmöglich sein ohne einen Aufstand."

Der Hohepriester antwortete: „Wenn du ihn in unsere Hände übergeben wirst, werden wir dir dreißig Goldstücke geben, und du wirst sehen, wie gut ich dich behandeln werde."

206. Streitgespräch mit dem Hohenpriester

ALS ES TAG geworden war, ging Jesus zum Tempel hinauf und mit ihm eine große Menschenmenge. Da näherte sich der Hohepriester und sagte: „Sag mir, o Jesus, hast du vergessen, daß du ausdrücklich bekannt hast, daß du nicht Gott bist und nicht Sohn Gottes und auch nicht der Messias?"

Jesus antwortete: „Nein, gewiß habe ich es nicht vergessen; denn dies ist mein Bekenntnis, das ich vor den Richterstuhl Gottes tragen werde am Tage des Gerichts. Denn alles ist sehr wahr, was im Buche Mose geschrieben steht, nämlich daß Gott allein unser Schöpfer ist; und ich bin Gottes Diener und wünsche dem Gesandten Gottes zu dienen, den ihr Messias nennt."

Der Hohepriester sagte: „Wie geziemt es sich dann, mit solch einer großen Menschenmenge zum Tempel zu kommen? Trachtest du etwa danach, König von Israel zu werden? Hüte dich, daß dir kein Leid zustößt!"

Jesus erwiderte: „Würde ich nach meiner eigenen Ehre trachten und meinen Anteil an dieser Welt begehren, dann wäre ich nicht geflohen, als das Volk von Nain mich zum

König machen wollte. Glaubet mir wahrlich, daß ich in dieser Welt nichts begehre."

Da sagte der Hohepriester: „Wir wollen eine Sache wissen, die den Messias betrifft." Und dann formten die Priester, Schriftgelehrten und Pharisäer einen Kreis um Jesus herum.

Jesus antwortete: „Was ist das für eine Sache, die du über den Messias zu wissen begehrst? Ist es etwa die Lüge? Die Lüge werde ich dir gewiß nicht erzählen. Denn wenn ich gelogen hätte, hättest du mich angebetet und ebenso die Schriftgelehrten, die Pharisäer und ganz Israel; weil ich euch aber die Wahrheit sage, haßt ihr mich und sucht mich zu töten."

Der Hohepriester sagte: „Nun wissen wir, daß du den Teufel im Rücken hast; denn du bist ein Samariter und hast keine Achtung vor dem Priester Gottes."

207. Mahnung zum Erbarmen mit dem Sünder

JESUS ERWIDERTE: „So wahr Gott lebt, ich habe nicht den Teufel im Rücken, sondern ich suche den Teufel auszutreiben. Also stachelt darum der Teufel die Welt auf gegen mich, weil ich nicht von dieser Welt bin, sondern Gott zu verherrlichen suche, der mich in die Welt gesandt hat. Höret mich also an, und ich werde euch sagen, wer den Teufel im Rücken hat. So wahr Gott lebt, in dessen Gegenwart meine Seele steht: Wer den Willen des Teufels tut, der hat den Teufel im Rücken, welcher ihm die Zügel seines Willens angelegt hat, ihn nach seinem Gutdünken lenkt und macht, daß er in jede Schandtat hineinläuft.

Ebenso wie ein Gewand den Namen wechselt, wenn es den Besitzer wechselt, obwohl es aus genau demselben Tuch ist, so sind auch die Menschen, obwohl sie alle aus einem Stoff sind, verschieden aufgrund der Werke dessen, der in dem Menschen wirkt.

Wenn ich – was ich weiß – gesündigt habe, warum tadelt ihr mich dann nicht wie einen Bruder, anstatt mich zu hassen wie einen Feind? Wahrlich, die Glieder eines Körpers helfen einander, wenn sie mit dem Haupte verbunden sind, und die vom Haupte abgeschnittenen geben ihm keine Hilfe. Denn die Hände des einen Körpers fühlen nicht den Schmerz in den Füßen eines anderen Körpers, sondern den des Körpers, mit dem sie verbunden sind. So wahr Gott lebt, in dessen Gegenwart meine Seele steht: Wer Gott, seinen Schöpfer, fürchtet und liebt, der fühlt Erbarmen mit denen, derer sich Gott, sein Haupt, erbarmt; und da Gott ja nicht den Tod des Sünders will, sondern wartet, daß ein jeder bereue: Wenn ihr von jenem Körper wäret, zu dem ich gehöre, so wahr Gott lebt, ihr würdet mir helfen, im Einklang mit meinem Haupte zu wirken.

208. Jesus zieht sich in das Haus des Nikodemus zurück

WENN ICH BÖSES tue, tadelt mich, und Gott wird euch lieben, weil ihr seinen Willen tut; wenn mich aber niemand der Sünde tadeln kann, ist es ein Zeichen dafür, daß ihr weder Söhne Abrahams seid, wie ihr euch nennt, noch jenem Haupte zugehört, dem Abraham zugehörte. So wahr Gott lebt: So sehr liebte Abraham Gott, daß er nicht nur die falschen Götzenbilder in Stücke zerschlug und Vater und Mutter verließ, sondern willens war, seinen eigenen Sohn zu töten aus Gehorsam zu Gott."

Der Hohepriester erwiderte: „Hierüber befrage ich dich, und ich suche dich nicht zu töten, darum sag uns: Wer war dieser Sohn des Abraham?"

Jesus antwortete: „Der Eifer um deine Ehre, o Gott, entflammt mich, und ich kann nicht schweigen. Wahrlich sage ich, der Sohn des Abraham war Ismael, von dem der Messias abstammen muß, der dem Abraham versprochen war, daß in ihm alle Völker der Erde gesegnet seien."

Als der Hohepriester dies hörte, wurde er zornig und rief aus: „Laßt uns diesen gottlosen Gesellen steinigen, denn er ist ein Ismaelit und hat Moses und das Gesetz Gottes gelästert."

Da hoben alle Schriftgelehrten und Pharisäer sowie die Ältesten des Volkes Steine auf, um Jesus zu steinigen, der vor ihren Augen verschwand und aus dem Tempel hinausging. Und dann, da sie so sehr darauf drängten, Jesus zu töten, blind vor Zorn und Haß, schlugen sie derart aufeinander ein, daß eintausend Menschen starben; und sie verunreinigten den heiligen Tempel. Die Jünger und Gläubigen, die Jesus aus dem Tempel hinausgehen sahen – denn vor ihnen war er nicht verborgen –, folgten ihm zum Hause des Simon.

Darauf kam Nikodemus dorthin und riet Jesus, wegzugehen von Jerusalem, jenseits des Baches Kidron, und er sagte: „Herr, ich habe einen Garten mit einem Haus jenseits des Baches Kidron, ich bitte dich darum, geh dorthin mit einigen deiner Jünger und bleib dort, bis der Haß unserer Priester vergangen ist, und ich werde euch mit dem Nötigen versehen. Und laß die Schar der Jünger hier im Hause des Simon und in meinem Hause, denn Gott wird für alles sorgen." Und dies tat Jesus, und nur die ersten Zwölf, Apostel genannt, wollte er um sich haben.

209. Maria erfährt von Jesu Verfolgung

Zu dieser Zeit, als die Jungfrau Maria, die Mutter Jesu, im Gebet stand, kam der Engel Gabriel zu ihr und berichtete ihr die Verfolgung ihres Sohnes und sagte: „Fürchte dich nicht, Maria, denn Gott wird ihn vor der Welt beschützen." Darum ging Maria weinend weg aus Nazareth und kam nach Jerusalem zum Haus der Maria Salome, ihrer Schwester, auf der Suche nach ihrem Sohn.

Aber da er sich im geheimen jenseits des Baches Kidron zurückgezogen hatte, konnte sie ihn in dieser Welt nicht mehr sehen, erst nach der Schandtat, da der Engel Gabriel und die Engel Michael, Rafael und Uriel ihn zu ihr brachten auf Gottes Geheiß.

210. Die Verschwörung gegen Jesus

ALS DIE VERWIRRUNG im Tempel sich durch Jesu Weggehen gelegt hatte, stieg der Hohepriester hoch hinauf, und mit einer Handbewegung bat er um Ruhe und sagte: „Brüder, was tun wir? Seht ihr nicht, daß er alle Welt getäuscht hat mit seiner teuflischen Kunst? Wie konnte er denn verschwinden, wenn er nicht ein Zauberer ist? Wäre er ein Heiliger und ein Prophet, so würde er gewiß nicht Gott lästern und seinen Diener Moses und den Messias, der die Hoffnung Israels ist. Und was soll ich sagen? Er hat unsere ganze Priesterschaft gelästert, darum sage ich euch wahrlich: Wenn er nicht aus der Welt beseitigt wird, wird Israel verunreinigt werden, und unser Gott wird uns den Völkern übergeben. Sehet doch, wie dieser heilige Tempel verunreinigt wurde durch ihn."

Und auf solche Weise sprach der Hohepriester, daß viele sich von Jesus abwandten, weshalb aus der geheimen Verfolgung eine offene wurde, so daß der Hohepriester persönlich zu Herodes ging und zum römischen Statthalter, und er beschuldigte Jesus, er wolle König von Israel werden; und hierfür hatten sie falsche Zeugen.

Daraufhin wurde eine allgemeine Versammlung gegen Jesus einberufen, da der Erlaß der Römer sie ängstigte. Denn es war so, daß der römische Senat zweimal einen Erlaß, Jesus betreffend, ausgesandt hatte: In einem Erlaß wurde es unter Todesstrafe verboten, Jesus von Nazareth, den Propheten der Juden, Gott oder Sohn Gottes zu nennen; in dem anderen wurde unter schwerster Strafe verboten, über Jesus von Nazareth, den Propheten der Juden, zu streiten.

Aus diesem Grunde also war eine große Uneinigkeit unter ihnen. Einige wollten, daß man von neuem nach Rom schreibe gegen Jesus; andere sagten, daß man Jesus in Frieden lassen solle wie einen Narren ungeachtet dessen, was er sagt; andere führten die großen Wunder an, die er wirkte.

Der Hohepriester sagte also, daß unter Androhung des Bannfluches niemand ein Wort zu Jesu Verteidigung sprechen dürfe; und er sprach zu Herodes und zu dem Statthalter und sagte: „In jedem Falle stehen die Dinge ungünstig für uns; denn wenn wir diesen Sünder töten, haben wir gegen den Erlaß Cäsars gehandelt, und wenn wir ihn leben lassen und er sich zum König macht, wie wird die Sache ausgehen?" Da erhob sich Herodes, drohte dem Statthalter und sagte: „Hüte dich, daß in diesem Land kein Aufstand entsteht dadurch, daß du diesen Mann begünstigst; denn ich werde dich vor Cäsar als einen Aufrührer beschuldigen." Da fürchtete der Statthalter den Senat und schloß Freundschaft mit Herodes – denn zuvor waren sie einander auf den Tod verhaßt gewesen –, und sie schlossen sich zusammen, um Jesus zu töten, und sagten zu dem Hohenpriester: „Gib uns Nachricht, wann immer du erfährst, wo der Übeltäter ist, und wir werden dir Soldaten geben." Dies geschah, damit sich Davids Prophezeiung erfülle, der über Jesus, den Propheten Israels, geweissagt hatte: „Die Fürsten und Könige der Erde sind vereinigt gegen den Heiligen Israels, weil er die Errettung der Welt verkündet."

Darauf begann man an jenem Tage, in ganz Jerusalem nach Jesus zu suchen.

211. Jesus tröstet seine Jünger

JESUS WAR IM Hause des Nikodemus jenseits des Baches Kidron, und er tröstete seine Jünger und sprach: „Die Stunde ist nahe, daß ich von der Welt fortgehen muß; seid guten Mutes und seid nicht traurig, denn da, wo ich hingehe, werde ich keinen Kummer verspüren.

Seid ihr denn meine Freunde, wenn ihr traurig seid über mein Wohlergehen? Sicherlich nicht, sondern vielmehr meine Feinde. Wenn die Welt sich freut, dann seid traurig, weil die Freude der Welt in Weinen verwandelt wird; eure Traurigkeit aber wird in Freude verwandelt werden, und niemand soll euch eure Freude nehmen; denn die Freude, die das Herz fühlt in Gott, seinem Schöpfer, die kann die ganze Welt nicht hinwegnehmen. Sehet zu, daß ihr die Worte nicht vergeßt, die Gott zu euch durch meinen Mund gesprochen hat. Seid ihr meine Zeugen gegen jeden, der das Zeugnis verfälscht, mit dem ich durch mein Evangelium Zeugnis abgelegt habe gegen die Welt und gegen die, die die Welt lieben."

212. Jesu Gebet für die Jünger

DANN BETETE ER, die Hände zum Herrn erhebend, und sprach: „Herr unser Gott, Gott Abrahams, Gott Ismaels und Isaaks, Gott unserer Väter, hab Erbarmen mit denen, die du mir gegeben hast, und errette sie vor der Welt. Ich sage nicht: ‚Nimm sie von der Welt hinweg', denn es ist nötig, daß sie Zeugnis ablegen gegen die, die mein Evangelium verfälschen. Aber ich bitte dich darum, sie vor dem Bösen zu bewahren, damit sie am Tag des Gerichtes mit mir kommen mögen, um Zeugnis abzulegen gegen die Welt und gegen das Haus Israel, das dein Testament verfälscht hat.

Herr Gott, stark und eifernd, der du die Götzendienerei rächest an den Söhnen der götzendienerischen Väter bis in das vierte Geschlecht hinein, verfluche du auf ewig einen jeden, der mein Evangelium, das du mir gabst, verfälschen wird, wenn sie schreiben, daß ich dein Sohn sei. Denn ich, Lehm und Staub, bin Diener deiner Diener, und nie habe ich von mir geglaubt, dir ein guter Diener zu sein; denn ich kann dir nichts zurückgeben für das, was du mir gegeben hast, denn alle Dinge sind dein.

Herr Gott, du Barmherziger, der du Erbarmen zeigst an denen, die dich fürchten durch tausend Geschlechter hindurch: Hab Erbarmen mit denen, die meinen Worten glauben, welche du mir gegeben hast. Denn ebenso wie du wahrer Gott bist, so ist dein Wort wahr, welches ich gesprochen habe; denn es ist deines, habe ich doch stets gesprochen wie einer, der liest und der nur das lesen kann, was in dem Buche geschrieben steht, das er liest. Ebenso habe ich das gesagt, was du mir gegeben hast.

Herr Gott, du Retter, errette die, die du mir gegeben hast, damit Satan ihnen nichts antun kann, und errette nicht nur sie, sondern einen jeden, der ihnen glaubt.

Herr, gütig und reich an Gnade, gewähre deinem Diener, am Tage des Gerichts in der Gemeinschaft deines Gesandten zu sein, und nicht nur mir, sondern einem jeden, den du mir gegeben hast, und auch all jenen, die an mich glauben durch ihre Lehre. Und dies tue, Herr, um deiner selbst willen, auf daß Satan sich nicht gegen dich brüste, Herr.

Herr Gott, der du durch deine Vorsorge dein Volk Israel mit allem Nötigen versorgst, gedenke all der Völker der Erde, die du durch deinen Gesandten zu segnen versprachst, für den du die Welt erschaffen hast. Hab Erbarmen mit der Welt und entsende geschwind deinen Gesandten, auf daß Satan, dein Feind, seine Herrschaft verlieren möge." Und als er so gesprochen hatte, sagte Jesus dreimal: „So sei es, Herr, groß und barmherzig!"

Und sie antworteten weinend: „So sei es", außer Judas, denn er glaubte nichts.

213. Jesus begeht das Passafest
mit seinen Jüngern

ALS DER TAG gekommen war, das Lamm zu essen, schickte Nikodemus heimlich das Lamm zu dem Garten für Jesus und seine Jünger, und er berichtete alles, was Herodes sowie der Statthalter und der Hohepriester angeordnet hatten. Da freute sich Jesus im Geiste und sagte: „Gesegnet sei dein heiliger Name, o Herr, da du mich nicht getrennt hast von der Schar deiner Diener, die von der Welt verfolgt und getötet wurden. Ich danke dir, mein Gott, weil ich dein Werk vollendet habe." Und er wandte sich zu Judas und sagte zu ihm: „Freund, warum zögerst du? Meine Zeit ist nahe, darum geh und tu, was du tun mußt."

Die Jünger dachten, Jesus schicke Judas etwas kaufen für den Tag des Passa; aber Jesus wußte, daß Judas ihn verriet, und da er wünschte, die Welt zu verlassen, sprach er so.

Judas antwortete: „Herr, laß mich essen, und ich werde gehen."

„Laßt uns essen", sagte Jesus, „denn ich habe mir sehr gewünscht, dieses Lamm zu essen, bevor ich von euch scheide." Und als er sich erhoben hatte, nahm er ein Handtuch und gürtete seine Lenden, und er goß Wasser in eine Schüssel und machte sich daran, seinen Jüngern die Füße zu waschen. Angefangen bei Judas, kam Jesus zu Petrus.

Sagte Petrus: „Herr, willst du meine Füße waschen?"

Jesus antwortete: „Was ich tue, weißt du jetzt nicht, aber hiernach wirst du es wissen."

Petrus erwiderte: „Du wirst niemals meine Füße waschen." Da erhob sich Jesus und sagte: „Und du wirst nicht bei meinem Gefolge sein am Tage des Gerichts."

Petrus antwortete: „Wasch mir nicht nur die Füße, Herr, sondern die Hände und das Haupt."

Als die Jünger gewaschen waren und zu Tische saßen, um zu essen, sagte Jesus: „Ich habe euch gewaschen, doch seid ihr nicht alle rein, da alles Wasser des Meeres den nicht waschen wird, der mir nicht glaubt." Dies sagte Jesus, weil er wußte, wer ihn verriet.

Die Jünger waren betrübt über diese Worte, als Jesus von neuem sprach: „Wahrlich sage ich euch, daß einer von euch mich verraten wird, so daß man mich verkaufen wird wie ein Schaf; aber wehe ihm, denn er wird all das erfüllen, was unser Vater David von solch einem sagte, daß ‚er in die Grube fallen wird, die er für andere gegraben hat.'"

Da schauten die Jünger einander an und sagten bekümmert: „Wer wird der Verräter sein?"

Judas sagte darauf: „Werde ich es sein, o Herr?"

Jesus antwortete: „Du hast mir gesagt, wer es sein wird, der mich verraten wird." Und die elf Apostel hörten es nicht.

Als das Lamm gegessen war, ging der Teufel in Judas hinein, und er ging aus dem Hause hinaus. Jesus sagte wiederum zu ihm: „Tu geschwind das, was du tun mußt."

214. Der Verrat des Judas

ALS JESUS VON dem Hause weggegangen war, zog er sich in den Garten zurück, um zu beten, so wie es seine Gewohnheit zu beten war, indem er hundertmal die Knie beugte und sich mit dem Gesicht zur Erde warf. Judas also, der wußte, an welchem Ort Jesus mit seinen Jüngern war, ging zu dem Hohenpriester und sagte: „Wenn ihr mir das gebt, was versprochen war, dann werde ich euch heute nacht Jesus ausliefern, den ihr sucht, denn er ist alleine mit elf Gefährten."

Der Hohepriester erwiderte: „Wieviel verlangst du?"

Sagte Judas: „Dreißig Goldstücke."

Da zählte ihm der Hohepriester sogleich das Geld hin und schickte einen Pharisäer zum Statthalter und zu Herodes, um Soldaten zu holen, und sie gaben eine Legion von ihnen, weil sie das Volk fürchteten; so nahmen sie ihre Waffen und gingen mit Fackeln und Laternen aus Jerusalem hinaus.

215. Jesus wird von den Engeln hinweggenommen

ALS DIE SOLDATEN und mit ihnen Judas sich dem Ort näherten, wo Jesus war, hörte Jesus, daß sich viele Menschen näherten, weshalb er sich voller Furcht in das Haus zurückzog. Und die Elf schliefen.

Da befahl Gott angesichts der Gefahr seines Dieners seinen Sendboten Gabriel, Michael, Rafael und Uriel, Jesus von der Welt hinwegzunehmen.

Die heiligen Engel kamen und trugen Jesus hinaus durch das Fenster, das nach Süden hin liegt. Sie trugen ihn und brachten ihn in den dritten Himmel, begleitet von Engeln, die Gott auf ewig preisen.

216. Die Verwandlung des Judas

JUDAS DRANG UNGESTÜM vor allen anderen in das Gemach ein, aus dem Jesus emporgehoben worden war. Und die Elf schliefen. Da tat der wunderbare Gott Wunderbares in solcher Weise, daß Judas in Sprache und Aussehen eine solche Ähnlichkeit mit Jesus annahm, daß wir glaubten, er sei Jesus. Und als er uns geweckt hatte, suchte er überall, wo der Herr war. Da verwunderten wir uns und erwiderten: „Du, Herr, bist unser Meister, hast du uns nun vergessen?"

Und lächelnd sagte er: „Nun seid ihr töricht, daß ihr nicht wißt, daß ich Judas Ischariot bin!"

Und indem er dies sagte, kamen die Soldaten herein und legten Hand an Judas, weil er genauso aussah wie Jesus.

Als wir die Worte des Judas gehört und die große Schar der Soldaten gesehen hatten, flohen wir, als wären wir außer uns.

Und Johannes, der in ein Leinentuch eingewickelt war, erwachte und floh, und als ihn ein Soldat an dem Leinentuch packte, ließ er das Leinentuch los und entfloh nackt. Denn Gott hörte das Gebet Jesu und bewahrte die Elf vor dem Bösen.

217. Judas wird verhört, gefoltert und gekreuzigt

DIE SOLDATEN NAHMEN Judas und banden ihn, nicht ohne Spott. Denn er leugnete wahrheitsgemäß, Jesus zu sein; und die Soldaten verlachten ihn und sagten: „Herr, fürchte dich nicht, denn wir sind gekommen, um dich zum König von Israel zu machen, und wir haben dich gebunden, weil wir wissen, daß du die Königswürde verweigerst."

Judas erwiderte: „Nun habt ihr euren Verstand verloren! Ihr seid gekommen, um Jesus von Nazareth festzunehmen wie einen Räuber mit Waffen und Lampen; und ihr habt mich, der euch geführt hat, gebunden, um mich zum König zu machen!"

Da verloren die Soldaten die Geduld, und mit Schlägen und Tritten begannen sie, Judas zu verhöhnen, und sie führten ihn voller Wut nach Jerusalem.

Johannes und Petrus folgten den Soldaten aus der Ferne; und sie bestätigten dem, der dies schreibt, daß sie das ganze Verhör sahen, dem Judas durch den Hohenpriester und durch den Rat der Pharisäer ausgesetzt wurde, die zusammengekommen waren, um Jesus zu Tode zu bringen. Darauf sprach Judas viele Worte der Verrücktheit, so daß ein jeder von Lachen ergriffen wurde in dem Glauben, er sei wirklich Jesus und täusche aus Angst vor dem Tode Wahnsinn vor. Da verbanden ihm die Schriftgelehrten die Augen mit einer Binde und verspotteten ihn und sagten: „Jesus,

Prophet der Nazarener", denn so nannte man die, die an Jesus glaubten, „sag uns, wer war es, der dich schlug?" Und sie schlugen ihn und spuckten ihm ins Gesicht.

Als es Morgen war, versammelte sich der Hohe Rat der Schriftgelehrten und der Ältesten des Volkes; und der Hohepriester und mit ihm die Pharisäer suchten falsches Zeugnis gegen Judas in dem Glauben, er sei Jesus; und sie fanden nicht, was sie suchten. Und warum sage ich, daß die obersten Priester glaubten, Judas sei Jesus? Ja sogar alle Jünger glaubten es, und mit ihnen der, der dies schreibt; und mehr noch, die arme jungfräuliche Mutter Jesu glaubte es und mit ihr seine Verwandten und Freunde, und der Kummer eines jeden war unglaublich. So wahr Gott lebt: Der, der dies schreibt, vergaß alles, was Jesus gesagt hatte, nämlich daß er von der Welt hinweggenommen werden würde und daß er in einer dritten Person leiden werde und daß er nicht sterben werde, bis das Ende der Welt nahe sei. Darum ging er mit der Mutter Jesu und mit Johannes zum Kreuz.

Der Hohepriester ließ Judas gebunden zu sich bringen und befragte ihn über seine Jünger und über seine Lehre.

Hierauf gab Judas keine Antwort, als wäre er außer sich. Der Hohepriester beschwor ihn darauf bei dem lebendigen Gott Israels, er solle ihm die Wahrheit sagen.

Judas antwortete: „Ich habe euch gesagt, daß ich Judas Ischariot bin, der versprach, Jesus von Nazareth in eure Hände zu übergeben; ihr aber, durch welche Kunst weiß ich nicht, seid außer euch, denn ihr wollt es mit allen Mitteln so haben, daß ich Jesus sein soll."

Der Hohepriester erwiderte: „O du verderbter Verführer, du hast ganz Israel getäuscht, angefangen von Galiläa bis hierher nach Jerusalem, mit deiner Lehre und falschen Wundern; und nun glaubst du, der verdienten Strafe zu entkommen, die dir angemessen ist, da du vorgibst, verrückt zu sein? So wahr Gott lebt, du wirst ihr nicht entrinnen!" Und als er das gesagt hatte, befahl er seinen Dienern, ihn zu schlagen und zu treten, damit ihm der Verstand in den Kopf zurückkehre. Die Verhöhnung, die er durch die Diener des Hohenpriesters erlitt, übertrifft jede Vorstellung. Denn eifrig dachten sie sich ständig etwas Neues aus, um dem Rat Vergnügen zu bereiten. So verkleideten sie ihn als Jongleur und traktierten ihn derart mit Händen und Füßen, daß es selbst die Kanaaniter zu Mitgefühl gerührt hätte, wenn sie jenen Anblick erlebt hätten. Aber die Hohenpriester und Pharisäer und die Ältesten des Volkes hatten ihre Herzen so gegen Jesus verhärtet, daß sie – in dem Glauben, Judas sei wirklich Jesus – Vergnügen daran fanden, ihn so behandelt zu sehen.

Dann führten sie ihn gebunden zum Statthalter, der Jesus im geheimen liebte. Und in der Annahme, Judas sei Jesus, führte er ihn in seine Kammer und sprach mit ihm, und er fragte ihn, aus welchem Grunde ihn die Hohenpriester und das Volk in seine Hände übergeben hätten.

Judas antwortete: „Wenn ich dir die Wahrheit sage, wirst du mir nicht glauben; denn womöglich täuschst du dich, wie die obersten Priester und die Pharisäer sich täuschen."

Der Statthalter erwiderte, in der Annahme, er wolle über das Gesetz sprechen: „Weißt du denn nicht, daß ich kein Jude bin? Aber die Hohenpriester und die Ältesten deines Volkes haben dich in meine Hände übergeben; sag uns darum die Wahrheit, damit ich tue, was rechtens ist. Denn ich habe die Macht, dich freizulassen oder dich dem Tode zu übergeben."

Judas antwortete: „Herr, glaub mir, wenn du mich dem Tode übergibst, wirst du ein großes Unrecht tun, denn dann wirst du einen Unschuldigen töten; ich bin ja Judas Ischariot und nicht Jesus, welcher ein Zauberer ist und mich durch seine Kunst so verwandelt hat."

Als der Statthalter dies hörte, war er so verwundert, daß er ihm die Freiheit geben wollte. Der Statthalter ging also hinaus und sagte lächelnd: „In dem einen Falle wenigstens hat dieser Mann nicht den Tod verdient, sondern Mitgefühl. Dieser Mann sagt", sprach der Statthalter, „daß er nicht Jesus sei, sondern ein gewisser Judas, der die Soldaten zu Jesus geführt habe, ihn festzunehmen, und er sagt, daß Jesus der Galiläer ihn durch seine Zauberkunst so verwandelt habe. Wenn dies also wahr wäre, wäre es ein großes Unrecht, ihn zu töten, da er ja unschuldig ist. Wenn er aber Jesus ist und leugnet, daß er es ist, dann hat er gewiß den Verstand verloren, und es wäre Sünde, einen Narren zu töten."

Da erhob sich ein Rufen und Schreien unter den obersten Priestern und den Ältesten des Volkes sowie den Schriftgelehrten und Pharisäern, und sie sprachen: „Er ist Jesus von Nazareth, denn wir kennen ihn; denn wäre er nicht der Übeltäter, dann hätten wir ihn nicht in deine Hände übergeben. Er ist auch nicht verrückt, sondern vielmehr bösartig, denn durch diese Kunst sucht er unseren Händen zu entkommen, und der Aufstand, den er anstiften würde, wenn er entkäme, wäre schlimmer als der vorherige."

Pilatus – denn dies war der Name des Statthalters – sagte, um sich der Sache zu entledigen: „Er ist ein Galiläer, und Herodes ist König von Galiläa; darum steht es mir nicht zu, einen solchen Fall zu beurteilen, bringt ihn also zu Herodes."

Also brachte man Judas zu Herodes, der seit langem den Wunsch hatte, daß Jesus in sein Hause komme. Jesus aber hatte nie zu seinem Hause gehen wollen, weil Herodes ein Heide war und die falschen und lügnerischen Götter anbetete, und er lebte nach der Weise der unreinen Heiden. Als Judas nun dort hingeführt worden war, befragte Herodes ihn über viele Dinge, auf die Judas Antworten gab, die nicht zur Sache gehörten, leugnend, daß er Jesus sei.

Da verspottete ihn Herodes, und mit ihm sein ganzer Hof, und ließ ihn in Weiß kleiden, wie die Narren gekleidet sind, und er schickte ihn zurück zu Pilatus und ließ ihm sagen: „Laß es dem Volke Israel nicht an Gerechtigkeit fehlen!"

Und dies schrieb Herodes, weil ihm die obersten Priester und Schriftgelehrten und die Pharisäer eine große Menge Geldes gegeben hatten. Als der Statthalter durch einen Diener des Herodes erfuhr, daß dies so war, gab er vor, Judas auf freien Fuß setzen zu wollen, damit auch er sich Geld verdiene. Darauf ließ er ihn durch seine Sklaven geißeln, die von den Schriftgelehrten dafür bezahlt wurden, ihn unter den Peitschenhieben zu töten. Gott aber, bei dem der Ausgang beschlossen war, bewahrte Judas für das Kreuz, damit er jenen schrecklichen Tod erleide, für den er einen anderen verkauft hatte. Er ließ es nicht zu, daß Judas unter den Peitschenhieben starb, obwohl die Soldaten ihn so arg geißelten, daß sein Körper Blut regnete. Darauf kleideten sie ihn zum Spott in ein altes purpurnes Gewand und sagten: „Es geziemt sich, unseren neuen König einzukleiden und ihn zu krönen." Also sammelten sie Dornen und machten eine Krone wie jene aus Gold und Edelsteinen, die die Könige auf dem Haupte tragen. Und diese Krone aus Dornen setzten sie dem Judas aufs Haupt, und sie gaben ihm ein Schilfrohr als Zepter in die Hand und ließen ihn an einer erhöhten Stelle Platz nehmen. Und die Soldaten traten vor ihn hin, verbeugten sich zum Spott und grüßten ihn als König der Juden. Und sie streckten die Hände aus, um Gaben zu empfangen, so wie sie neue Könige zu geben pflegen; und da sie nichts bekamen, schlugen sie Judas und sagten: „Wieso wurdest du wohl gekrönt, törichter König, wenn du deine Soldaten und Diener nicht bezahlen willst?"

Da die obersten Priester und mit ihnen die Schriftgelehrten und Pharisäer sahen, daß Judas unter den Peitschenhieben nicht starb und da sie fürchteten, Pilatus werde ihn auf freien Fuß setzen, machten sie dem Statthalter ein Geldgeschenk, und dieser, als er es bekommen hatte, übergab Judas den Schriftgelehrten und Pharisäern als des Todes schuldig. Darauf verurteilten sie mit ihm zwei Räuber zum Tode am Kreuz.

Also führten sie ihn zum Kalvarienberge, wo man Übeltäter zu hängen pflegte, und dort kreuzigten sie ihn nackt, damit die Schande um so größer war.

Judas tat wahrhaft nichts anderes als auszurufen: „Gott, warum hast du mich verlassen, da der Übeltäter entkommen ist und ich zu Unrecht sterbe?"

Wahrlich sage ich, daß Judas in Stimme, Gesicht und Gestalt Jesus so sehr gleich war, daß seine Jünger und Anhänger ganz und gar glaubten, er sei Jesus; darum fielen einige von Jesu Lehre ab in dem Glauben, Jesus sei ein falscher Prophet gewesen und habe die Wunder, die er gewirkt hatte, durch Zauberkunst vollbracht; denn Jesus hatte gesagt, daß er nicht sterben werde, bis das Ende der Welt nahe sei, denn zu jener Zeit werde man ihn aus der Welt hinwegnehmen.

Die aber, die fest in Jesu Lehre standen, waren so von Kummer überwältigt, als sie den sterben sahen, der vollkommene Ähnlichkeit mit Jesus hatte, daß sie nicht dessen gedachten, was Jesus gesagt hatte. Und so gingen sie in Begleitung der Mutter Jesu zum Kalvarienberge, und sie erlebten nicht nur den Tod des Judas mit, währenddessen sie fortwährend weinten, sondern mit Hilfe des Nikodemus und des Joseph von Arimatäa wurde ihnen vom Statthalter der Leichnam des Judas zur Bestattung übergeben. Darauf nahmen sie ihn von dem Kreuz herunter, und sie weinten so sehr, daß es gewiß niemand glauben würde, und nachdem sie ihn mit einhundert Pfund kostbarer Salbe eingerieben hatten, begruben sie ihn in der neuen Grabstätte des Joseph.

218. Die Verwirrung über Jesus und
der Bannfluch des Hohenpriesters

DANN KEHRTE EIN jeder in sein Haus zurück. Der, der dies schreibt, ging mit Johannes und seinem Bruder Jakobus und mit der Mutter Jesu nach Nazareth.

Jene Jünger, die Gott nicht fürchteten, gingen des Nachts hin, stahlen den Leichnam des Judas und verbargen ihn, und sie verbreiteten ein Gerücht, nach dem Jesus auferstanden sei, woraufhin große Verwirrung entstand. Der Hohepriester befahl darauf, daß unter der Strafe des Bannfluches niemand über Jesus von Nazareth reden dürfe. Und so entstand eine große Verfolgung, und viele wurden gesteinigt und viele geschlagen und viele des Landes verwiesen, weil sie nicht Schweigen bewahren konnten über eine solche Angelegenheit.

Es gelangte die Kunde nach Nazareth, wie Jesus, ihr Bewohner, der am Kreuz gestorben sei, wiederauferstanden sei. Da bat der, der dies schreibt, die Mutter Jesu, sie möge doch aufhören zu weinen, weil ihr Sohn auferstanden sei. Als die Jungfrau Maria dies hörte, sagte sie weinend: „Laßt uns nach Jerusalem gehen, meinen Sohn zu finden. Wenn ich ihn gesehen habe, werde ich zufrieden sterben."

219. Jesus erscheint seinen Vertrauten

DIE JUNGFRAU KEHRTE nach Jerusalem zurück, und mit ihr der, der dies schreibt, und Jakobus und Johannes, an jenem Tage, als der Hohepriester jenen Befehl anordnete.

Obwohl die Jungfrau, die Gott fürchtete, wußte, daß der Befehl des Hohenpriesters ungerecht war, befahl sie jenen, die bei ihr weilten, ihren Sohn zu vergessen. Wie ergriffen da ein jeder war! Gott, der das Herz der Menschen kennt, weiß, daß wir und mit uns die Mutter Jesu verzehrt wurden von dem Kummer über den Tod des Judas – den wir für unseren Herrn Jesus hielten – und dem Wunsche, ihn auferstanden zu sehen.

Also stiegen die Engel, die Maria beschützten, zum dritten Himmel hinauf, wo Jesus war in Begleitung von Engeln, und sie berichteten ihm alles.

Darum bat Jesus Gott, er möge ihm dazu verhelfen, daß er seine Mutter und seine Jünger sehen könne. Da befahl der barmherzige Gott seinen vier Lieblingsengeln, welche sind Gabriel, Michael, Rafael und Uriel, Jesus in das Haus seiner Mutter zu tragen und dort drei Tage lang ständig über ihm zu wachen, und nur die sollten ihn sehen dürfen, die an seine Lehre glaubten.

Jesus kam, in Glanz gehüllt, in die Kammer, wo die Jungfrau Maria mit ihren zwei Schwestern weilte und Martha und Maria Magdalena und Lazarus und dem, der dies schreibt, und Johannes und Jakobus und Petrus. Darauf fielen sie aus Furcht wie tot zu Boden. Und Jesus richtete seine Mutter und die anderen auf und sagte: „Fürchtet euch nicht, denn ich bin Jesus, und weint nicht, denn ich bin lebendig und nicht tot." Lange Zeit blieb ein jeder von ihnen wie außer sich über Jesu Anwesenheit, denn sie glaubten fest daran, daß Jesus tot sei. Da sagte die Jungfrau weinend: „Sag mir, mein Sohn, warum ließ Gott, der dir die Kraft gab, Tote zu erwecken, es zu, daß du starbst zur Schande deiner Verwandten und Freunde und zur Schande deiner Lehre? Denn ein jeder, der dich liebt, ist gewesen wie tot."

220. Das Zeugnis der Engel und
Jesu Deutung der Ereignisse

JESUS ANTWORTETE, INDEM er seine Mutter umarmte: „Glaub mir, Mutter, denn ich sage dir wahrlich, daß ich gar nicht tot war, denn Gott hat mich bewahrt, bis das Ende der Welt nahe ist." Und als er dies gesagt hatte, bat er die vier Engel, sich zu offenbaren und Zeugnis abzulegen darüber, wie sich die Sache zugetragen hatte.

Da offenbarten sich die Engel wie vier strahlende Sonnen, so daß wiederum jeder zu Boden fiel aus Furcht.

Da gab Jesus den Engeln vier Leintücher, sich zu bedekken, damit sie von seiner Mutter und ihren Gefährten gesehen und ihre Rede gehört werden konnten. Und als er einen jeden aufgerichtet hatte, tröstete er sie und sagte: „Diese sind die Diener Gottes: Gabriel, der Gottes Geheimnisse verkündet, Michael, der Gottes Feinde bekämpft, Rafael, der die Seelen derer empfängt, die sterben, und Uriel, der am letzten Tage einen jeden zum Gerichte Gottes rufen wird."

Da berichteten die vier Engel der Jungfrau, wie Gott nach Jesus geschickt hatte und Judas verwandelt hatte, damit er die Strafe erleide, zu der er einen anderen verkauft hatte.

Da sagte der, der dies schreibt: „O Herr, ist es rechtens für mich, dich nun zu befragen, wie es rechtens war für mich, als du unter uns weiltest?"

Jesus antwortete: „Frag, wie es dir beliebt, Barnabas, und ich werde dir antworten."

Da sagte der, der dies schreibt: „O Herr, warum hat Gott, der doch barmherzig ist, uns so gequält, indem er uns glauben machte, du seiest tot? Und deine Mutter hat so um dich geweint, daß sie nahezu tot gewesen ist; und du, der du ein Heiliger Gottes bist, dich hat Gott der Verleumdung anheimfallen lassen, daß du auf dem Kalvarienberge unter Räubern getötet worden seist."

Jesus antwortete: „Glaub mir, Barnabas, daß Gott jede Sünde, wie klein sie auch sein mag, mit strenger Strafe bestraft, da Gott an der Sünde Anstoß nimmt. Und da meine Mutter und meine getreuen Jünger, die bei mir waren, mich ein wenig mit irdischer Liebe liebten, hat es also der gerechte Gott so gewollt, daß diese Liebe durch den gegenwärtigen Kummer bestraft werde, damit sie nicht in den Flammen der Hölle bestraft werde. Und obwohl ich unschuldig war in der Welt, da die Menschen mich ‚Gott‘ und ‚Sohn Gottes‘ nannten, hat Gott, damit ich am Tag des Gerichtes nicht von den Dämonen verspottet werde, es so gewollt, daß ich von den Menschen in dieser Welt verspottet werde durch den Tod des Judas, indem er alle Menschen glauben machte, daß ich am Kreuz gestorben sei. Und dieser Spott wird andauern bis zur Ankunft Mahomets, Gottes Gesandten, der, wenn er kommen wird, diese Täuschung jenen klarmachen wird, die an Gottes Gesetz glauben.“

Nachdem Jesus so gesprochen hatte, sagte er: „Du bist gerecht, o Herr unser Gott, denn dir allein gehören Ehre und Herrlichkeit ohne Ende.“

221. Jesus fährt zum Himmel auf

UND JESUS WANDTE sich dem zu, der dies schreibt, und sagte: „Sieh zu, Barnabas, daß du unter allen Umständen mein Evangelium niederschreibst und all das berichtest, was sich durch mein Verweilen in der Welt zugetragen hat. Und schreib ebenso nieder, was Judas widerfahren ist, damit die Täuschung von den Gläubigen hinweggenommen werde und ein jeder die Wahrheit glauben möge.“

Da antwortete der, der dies schreibt: „Alles werde ich tun, so Gott will, o Herr, aber wie es sich mit Judas zugetragen hat, weiß ich nicht, denn ich sah nicht alles.“

Jesus erwiderte: „Hier sind Johannes und Petrus, die alles gesehen haben, und sie werden dir alles berichten, was geschehen ist."

Und Jesus ließ uns darauf seine getreuen Jünger zu sich rufen, daß sie ihn sehen mögen. Da gingen Jakobus und Johannes hin und riefen die sieben Jünger zusammen und mit ihnen Nikodemus und Joseph und viele andere von den Zweiundsiebzig, und sie aßen mit Jesus.

Am dritten Tag sagte Jesus: „Gehet zum Ölberg mit meiner Mutter, denn dort werde ich erneut zum Himmel hinaufsteigen, und ihr werdet sehen, wer mich emporheben wird."

Also gingen alle dorthin, außer fünfundzwanzig von den zweiundsiebzig Jüngern, die aus Furcht nach Damaskus geflohen waren. Und als sie alle im Gebet standen, kam Jesus am Mittag mit einer großen Schar Engel, welche Gott lobpreisten; und der Glanz seines Angesichtes flößte ihnen große Furcht ein, und sie fielen mit dem Gesicht zur Erde nieder. Aber Jesus richtete sie auf, und er tröstete sie und sagte: „Fürchtet euch nicht, ich bin euer Herr."

Und er tadelte viele, die geglaubt hatten, er sei gestorben und wiederauferstanden, und sagte: „Haltet ihr denn Gott und mich für Lügner? Gewährte Gott mir doch zu leben, bis das Ende der Welt nahe ist. Wahrlich sage ich euch, ich starb nicht, sondern Judas, der Verräter. Gebt acht, denn Satan wird alles daransetzen, euch zu täuschen, ihr aber sollt meine Zeugen sein in ganz Israel und der ganzen Welt von all den Dingen, die ihr gehört und gesehen habt."

Und als er so gesprochen hatte, bat er Gott um die Rettung der Gläubigen und die Bekehrung der Sünder. Und als er sein Gebet beendet hatte, umarmte er seine Mutter und sagte: „Friede sei mit dir, meine Mutter, ruhe du in Gott, der dich und mich erschuf."

Und als er so gesprochen hatte, wandte er sich zu seinen Jüngern und sagte: „Mögen Gottes Gnade und Erbarmen mit euch sein."

Dann trugen ihn die vier Engel vor ihren Augen in den Himmel hinauf.

222. *Nach Jesu Weggehen*

ALS JESUS HINWEGGEGANGEN war, verteilten sich die Jünger auf verschiedene Gegenden Israels und der Welt, und die Wahrheit, von Satan gehaßt, wurde verfolgt von der Lüge, so wie es noch heute ist. Denn gewisse böse Menschen, die sich als Jünger ausgaben, predigten, daß Jesus gestorben und nicht wiederauferstanden sei. Andere predigten, er sei wirklich gestorben, aber wiederauferstanden. Andere, von denen Paulus getäuscht wurde, predigten und predigen es noch, Jesus sei Gottes Sohn. Wir aber, so wie ich es geschrieben habe, wir predigen jenen, die Gott fürchten, damit sie gerettet werden mögen am letzten Tage des Gottesgerichtes. Amen.

*

* *

ENDE DES EVANGELIUMS

Übersicht der Kapitel